明 哲 文 选

文化双融
执两用中的战略新思维

AMBICULTURALISM
Strategic Middle-Way
Thinking for the Modern World

[美] 陈明哲 著

机械工业出版社
CHINA MACHINE PRESS

图书在版编目（CIP）数据

文化双融：执两用中的战略新思维 /（美）陈明哲著. —北京：机械工业出版社，2020.11（2023.5 重印）
（明哲文选）

ISBN 978-7-111-66866-4

I. 文… Ⅱ. 陈… Ⅲ. ① 东西文化 - 比较文化 - 研究　② 管理学 - 文化学　Ⅳ. ① G04　② C93-05

中国版本图书馆 CIP 数据核字（2020）第 240715 号

北京市版权局著作权合同登记　图字：01-2020-4289 号。

文化双融：执两用中的战略新思维

出版发行：机械工业出版社（北京市西城区百万庄大街22号　邮政编码：100037）	
责任编辑：岳晓月	责任校对：殷　虹
印　　刷：北京建宏印刷有限公司	版　　次：2023 年 5 月第 1 版第 3 次印刷
开　　本：170mm×230mm　1/16	印　　张：19.5
书　　号：ISBN 978-7-111-66866-4	定　　价：119.00 元

客服电话：(010) 88361066　68326294

版权所有 • 侵权必究
封底无防伪标均为盗版

谨以此书敬献给生我养我育我的父母

| 目 录 |

推荐序一
推荐序二
推荐序三
自序
导读
本书架构

|第一篇|
东-西双融

第1章 西方遇见东方：文化双融的管理取向　3
第2章 关系视角的商业思维：来自东西方的
　　　管理启示　15
第3章 连接东西方的文化双融大使　38
第4章 融合东西文化的"文化双融"管理者　62
第5章 动态竞争：中西合璧的战略观　66

|第二篇|
竞争-合作双融

第6章 重构竞争-合作的关系：一个超悖论的
　　　视角　71

第7章	重构动态竞争：一个多维度的框架	100
第8章	由动态竞争到动态合作	129
第9章	动态竞争观点下的动态合作分析	133

|第三篇|

古-今双融

第10章	源于东方、成于西方的动态竞争理论	139
第11章	超悖论："中庸之道"	163
第12章	从四书五经中提出"动态竞争"理论？	188
第13章	论王道企业家	192
第14章	陈明哲与陆雄文：如何培养当代的"士"	203
第15章	夏之大者，执两用中，体用归元	218

|第四篇|

宏观-微观双融

| 第16章 | 期望-效价模型在动态竞争中的应用 | 233 |

|第五篇|

文化双融的应用

第17章	文化双融：两种价值体系的和合	249
第18章	文化双融：乐高如何在好莱坞舞台上赢得机会	251
第19章	中庸之道在企业中的应用	254

| 推荐序一 |

学为人师 行为世范

古今中外，概莫能外。弟子为老师记录言行并编纂流播是一种美德，正是感于明哲先生的弟子的诚意，写点对《明哲文选》的读后感。

我与明哲先生有缘当面交流。2013年，在时任国际管理学会（AOM）主席的明哲先生的推动下，我出席了第73届AOM年会并做了有关海尔人单合一模式探索的演讲。通过AOM的顶级学术平台，人单合一模式得到国际知名管理学者的关注和热议。年会期间的研讨交流，对年轻的人单合一模式的发展和完善作用匪浅。这是一场管理学界的盛会，之前，鲜有企业家获邀发表主题演讲，即使有，也是小范围的。选择让我做年会的主题演讲，体现了明哲先生的理念。他说，"AOM年会要做的事就是追求典范的力量，海尔无疑是商业模式创新与变革的鲜明代表"。也是在那次会议上，我对明哲先生的"动态竞争""文化双融"理论体系有了深入的了解。

管理，作为一门学问，源于发生工业革命的西方。在相当长的时间里，管理的理论和方法基本上就是西方管理的代名词。全球企业遵循的经典管理模式也来自西方，比如福特模式、丰田模式。丰田虽然是日本企业，但丰田模式的管理理论源于美国管理学家戴明的"全面质量管理"。海尔在创业初期也曾学习美国企业、日本企业的管理方法，但在互联网时代，西方经典管理模式暴露出致命的缺陷：工具理性肆意泛滥，完全压倒了价值理性，以理性经济人为假设前提的主客二分体系禁锢了员工的创造力，许多显赫一时的企业巨头也并非大而不倒。我一直在思考这个问题，从管理学领域没找到答案，却在文化范畴发现了曙光。西方固有的线性思维和"原子论"观念体系，可能是导致经典管理模式走入死胡同的根源，而中国传统文化的"系统论"基因正是突破这一困境的良药。从2005年起，我们就在探索一种全新的人单合一模式。这种新的管理模式以"人的价值第一"为出发点，相对于西方企业普遍奉行的"股东第一"，完全是颠覆性的，所以我们在探索的过程中找不到现成的借鉴，一度备受质疑。我也曾遍访"竞争战略之父"迈克尔·波特、IBM前CEO郭士纳等学界、企业界泰斗，希望得到理论和实践方面的指导，但除了对海尔挑战传统管理的勇气的嘉许，所获甚微。这是两个时代，就像两条道上跑的车，没有可比性。直到遇到明哲先生，我的信心才更加坚定。"动态竞争"和"文化双融"挣脱了工具理性的牢笼，它对人的价值的根本性关心，为管理学在新时代的发展提供了新的可能。

也许是遍尝探索人单合一模式的艰辛，我对明哲先生独创两个新的研究领域心生尊敬，也心有戚戚。我们知道，任何一种思想上的创新体系都必然同时受到外部环境和自身主观性两种因素的作用与影响。明哲先生刚到美国投身管理研究的20世纪80年代，正是美国管理理论和企业实践最活跃的时期。也就是说，明哲先生在大师云集的时间和地点入行，学而优则创，直至开宗立派，其艰难程度可想而知，其坚韧可想而知。这或许就是哲学家福柯所描绘的一种境界——从被动依赖权威中走出，运用自我的理性来进行主动思考。这是极不容易做到的，福柯将其定义为"启蒙"。追溯明哲先生管理思想的渊源，儒家思想是源头，但不仅如此，明哲先生在管理学领域的勇猛精进也大有"知其不可为而为之"的精神。《明哲文选》为读者提供了藏在文字背后的答案。这套书就好在全景、全视角地再现了一位管理大家的成长历程和新研究领域的形成过程。很少见到这样的个案，他的学术创业、实践创业与他的个人经历、思想演变完美融合。

所学即所教，所知即所行，无怪乎他的学生无论课堂内外始终追随他。书中有这样一段话令人印象深刻：东方学者的首要职责是树立道德、伦理规范，"传承"祖制及先贤智慧，传播知识，弘扬文化。也许，正是由于东方学者的这种使命感，国际管理界的智慧清单里才会出现源于东方智慧的贡献。在互联网和物联网时代，东方智慧正在创造具有普适性的解决方案。正如书中所说，文化双融理论的核心在于回答这样一个问题：管理人员和企业如何在纷乱却又互联，甚至有些自相矛盾的全球化世界中应对商业的复杂性。这是一个正确的问题，答案未必单一绝对，但过去的答案一定不适应现在的挑战。当下，全世界正面临着新冠疫情的困扰，更需要这样思考，更需要这样行动。

值得欣慰的是，从7年前人单合一模式正式登上国际管理学会的殿堂起，国际学术界、企业界对人单合一模式越来越认可，不少欧美企业也放弃原来的模式，转而学习人单合一。文化双融理论也在广泛的实践领域得到进一步验证。在我们并购的欧美企业中也是如此，我称之为"沙拉式文化融合"，不同国家的文化都得到尊重，就像蔬菜各不相同，但沙拉酱是一样的，那就是基于"人的价值第一"的人单合一模式。

最后，引用明哲先生的一句话作为结语，并与本书的读者共勉：

我们只有一个竞争者，即我们自己。

张瑞敏

海尔集团董事局主席、首席执行官

2020 年 3 月

| 推荐序二 |

明哲老师:"精一"与"双融"

也许是因为动态竞争战略贯穿着文化、系统性知识、直接面向应用的独特魅力,第一次遇见它时,我就被深深折服,并因此在理论中认识了明哲老师。作为动态竞争理论的创始人和国际管理学会前主席,明哲老师享誉海内外,是全球著名的管理学者,更是华人管理学界的榜样和骄傲。

最让我想不到的是,2017年7月接到明哲老师发来的邮件,我们约定9月在他主持的论坛上相见。9月如期而至,明哲老师早早在酒店门口等我到来,他的平易近人令我非常感动。完整聆听完他讲授的"文化-战略-执行三环链",我真正理解了明哲老师所强调的"精一",即战略必须有一致性和连贯性,其关键就是专注;我感知到"双融",即融合东西文化。我内心暗暗钦佩明哲老师深厚的中华文化的根基,以及对西方文化的融通。此后,明哲老师和我有了更多近距离的交流,只要明哲老师来京的时候有时间,我们就会进行深入的讨论,那是一种纯粹的对话,令我受益匪浅。

明哲老师自己就是"精一"与"双融"的典范,他不仅在研究中独创了动态竞争理论,还将其应用于自己的管理教学和企业咨询之中,实现了理论与实践的真正统一。他不仅倡导文化双融,更将这一理念贯穿于自己的研究和教学之中,使自己成为学贯中西、融通古今的学者典范。他将中国传统智慧运用于当代管理理论的构建,引领了战略管理研究的国际潮流。他强调"立人立群",创立和领导各种国际学术社群,倾尽全力培养适合未来的管理研究者和管理实践者。

面对这样一位做出如此卓越贡献的学者，我一直很想向明哲老师请教，他究竟是如何走过来的？他开创的理论体系为何能够影响全球？他坚持的思维习惯和处世哲学是什么？他对管理研究、管理教育以及企业实践分别有哪些忠告和建议？

当被邀请为《明哲文选》作序时，我第一时间通读了这套文选，我发现我想要的答案全部呈现在这套文选里，而且其内容远远超出这些答案本身，从而使我更深地感知到一位前辈学者的拳拳之心。透过这些文字，明哲老师将自己关于工作和人生的全部智慧倾囊相授。我相信，每位阅读这套文选的人，一定会有属于自己的启示。

如果你是一位管理研究者，明哲老师的学术创业历程会对你极具启发意义，这也是让我尤为感动的。从无到有地开创一个全新的研究领域，引领这一领域不断发展，并最终形成一套完整的理论体系，这样的学术经历，不仅在华人世界，而且在全球范围内都较为罕见，而明哲老师做到了。他创立了著名的动态竞争理论，并使之成为当代最重要的战略管理理论之一。《明哲文选》详细地介绍了这一学术创业的全过程，以及每一阶段的关键成功要素。驱动这一过程的核心力量，源于明哲老师对现实中动态而复杂的竞争现象的深刻体察，以及对"竞争是什么"这一基本问题的不断追问。

《明哲文选》也汇集了明哲老师关于动态竞争理论的学术著作，能够帮助对此感兴趣的学者深入了解这一重要理论体系及其发展动态，也可以作为随时查阅的案头工具书。文选还包含了大量明哲老师对于研究和教学的心得体会。例如，他介绍了自己在研究中如何进行构思、管理写作时间以及处理审稿意见，在MBA教学中如何安排课程内容、了解学生背景以及设计课堂互动，并总结出"明哲方法与心法"。这些"成功诀窍"的分享细致且深入，非常有借鉴意义。

如果你是一位企业管理者，《明哲文选》包含的大量对企业实践具有指导意义的理论和建议，会让你受益良多。因为贴近现实中的管理现象，并受中国传统智慧的影响，明哲老师的研究和理论更易于为中国企业管理者所理解和接受。他关于动态竞争的一系列研究，为管理者洞察竞争的本质、多层面地理解竞争行为、准确地预测竞争对手的响应、构建更具可持续性的竞争合作战略，提供了直接又极具价值的指导。当前，如何在东方与西方文化、微观与宏观管理、长期与短期经营、竞争与合作及全球化与本土化等可能的矛盾中找到平衡甚至超越对立，是中国企业管理者面临的巨大挑战。明哲老师提出的"文化双融"理念，对如何应对这些重要挑战给出了答案，是当代管理者必须理解和具备的。

如果你是一位初学者，也可以从这套文选中受益颇多。明哲老师的成长历程，对于任何追求卓越和突破极限的人都极具启发意义。正如他为自己的导师威廉·纽曼教授写的纪念文所言，明哲老师从导师纽曼教授那里秉承的"对很多事情坚持却和顺"的秉性，是一个优秀者内在的定力。

透过《明哲文选》，读者可以感受到明哲老师身上所彰显的学者风范，也可以更好地理解"坚持却和顺"的"中和"之道。孔子认为"君子和而不流，强哉矫"（《中庸》）是"强"的最高境界，明哲老师便是践行的典范，正如明哲老师在给我的邮件中所言，"其实，文化双融只不过是中庸之道的现代英文白话版。从我的角度来看，'中'的运用，不管是对中国人还是对中国企业而言，都可能是华夏智慧与现代中国管理对世界文明的最大价值。"明哲老师做到了，期待更多的中国学者和中国企业管理者也能够做到。

陈春花

2020 年 4 月 3 日于上海

| 推荐序三 |
陈明哲教授文选推荐序[一]

这套重要的系列作品代表了国际知名企业战略学者、美国弗吉尼亚大学达顿商学院讲座教授陈明哲博士毕生的深远贡献。在这套文选中，陈明哲教授对战略管理学术研究与企业实践方面的核心议题提供了诸多洞见。更重要的是，他透过这套文选告诉我们，他如何身体力行地成为一位具有社会责任感与人文关怀的学者和老师，以及一名"反求诸己"、有德性的管理实务行践者。

明哲终其一生严于律己，致力于成为诸多领域中的典范。他的许多开创性研究与思想贡献都一一呈现在这套文选中，这套文选无疑将会成为企业战略管理领域的经典著作，在今后的历史长河中影响管理学学者和企业管理者。让我对这套文选中的三本书分别略抒己见。

在系列之一《承传行践：全方位管理学者的淬炼》中，陈教授指出了现今管理学领域中狭隘地、过度地聚焦于研究、教学或实践单一领域的贫瘠。他强调研究、教学与实践三者之间整合与融合的必要性。更重要的是，他展示了自己如何从三者的本质来进行互补与协同。其中，诸多示例的展示生动地描述了学者若仅专注于对任何单一路径的追求，可能会阻碍管理学的学术严谨性、实践相关性与深度。事实上，研究、教学与实践的整合一直以来被

[一] 后附此推荐序的英文版 Preface of "Selected Works of Ming-Jer Chen"。

管理学者所忽视，管理学者将自己关在象牙塔内，对于现实中管理实践的挑战与发展漠不关心。这使得他们错失了许多机会，比如大学课堂或高管教育能够将管理学研究、教学与实践加以整合的机会。同样地，企业管理者日复一日地投身管理事务，忽略了从现状中跳脱出来，汲取管理学理论层面与理论洞察中的养分，因而陷入"见树不见林"的情境之中。在这套文选中，陈教授通过自身经历以及诸多发人深省的经典示例，向我们呈现出如何进行"全方位管理学者的淬炼"，并通过这些"淬炼"去更好地整合与联结当下研究、教学与实践之间的割裂，进而启发这三个领域的发展。这也对我们这些投身于学术研究、教学与实践的学术工作者提出了更高的要求。

在系列之二《动态竞争：后波特时代的竞争优势》中，陈教授作为动态竞争理论的主要创始人之一，系统地回顾了动态竞争理论的演化与发展。在动态竞争理论提出之前，战略管理的主要理论都采用静态的视角，这一视角使得企业战略管理研究脱离企业经营现实，特别是当分析企业之间你来我往的竞争行为时，这种静态视角的局限性尤为明显。在战略管理中开创性地提出动态竞争理论的这一过程中，陈教授和他的同事对企业战略管理思想的形成与实践发挥了极为重要的影响与推进作用。比如，陈教授首次在研究中提出"竞争决策组合"这个概念，在这个概念之下，竞争行为的简化、惯性以及一致性的起源和影响都得到了更全面的探讨。通过"竞争决策组合"等一系列研究，陈教授和他的同事让管理学者以及企业管理者得以更好地理解那些有效和无效的组织学习、组织模仿与组织变革的行为。

在后续研究中，陈教授基于期望－效价理论中的部分观点，开创性地提出"察觉－动机－能力"这一动态竞争理论的基本分析框架。这一分析框架几乎成为所有动态竞争理论学者的研究基石，其影响不仅源于它的理论内涵以及强大的预测能力，更重要的是，它将企业战略管理领域中两个极为重要却看似难以融合的理论（资源基础理论和波特的竞争理论）进行了完美的整合。

在"察觉－动机－能力"这一理论分析框架的基础上，陈教授提出了更具洞见的"关系视角"。他将动态竞争理论中从交易出发、两两对立的竞争视角，引向更为长期导向的关系视角。在关系视角中，更为广义的利益相关者（包括员工、客户、供应商和社群等）都被纳入分析框架当中。可以说，陈教授在动态竞争理论领域的一系列研究，是那些想要探寻与理解企业竞争行为的学者与实践者的必读经典之作。

从世界范围来看，管理学研究一直以来都被西方的管理学观点与视角所主宰。比如，西方的管理学研究视角重视竞争、破坏性创新与精英统治，强调对手而忽视伙伴，强调交易而忽视合作，强调短期思维而忽视长期思维。简言之，西方的管理学研究视角是一种狭隘的、赢者通吃的逻辑。与此相反，东方管理学研究与实践采用的是一种海纳式的、长远的、更为强调利益相关者之间联系的视角，当然这其中也包含着家长式管理、家族绑定、信任亲信等一些极具东方色彩的元素。

在系列之三《文化双融：执两用中的战略新思维》中，陈教授将他近年来开创性提出的文化双融理论及其应用做了翔实的呈现。文化双融理论强调整合看似对立或不兼容的两方（或多方）的优点，同时最大限度地摒弃各自的缺点。事实上，文化双融理论源自东方哲学思维中的"执两用中"，陈教授由此指出我们应当更好地整合东西方思想中的精华，从而避免二者取其一的极端，这种文化双融的思维不仅可以应用到企业的战略思考中，还可以应用到我们每个人的生活中。我们不难看出，陈教授始终在深思与反思人类行为与人文社会学领域的一些基本问题，始终"精一"地推动各种矛盾的协调与整合。陈教授毕生都在推动东西方管理学思想的"双融"，这对于管理学学术与实践的发展有着深远的影响与贡献。

我强烈推荐陈教授的这套书给大家,这套书将会帮助从学生、教授到企业管理者等各个行业与领域的人,更为有效地理解企业战略管理,并将这些理解应用于实践当中。

丹尼·米勒[⊖]

2020 年 3 月于蒙特利尔高等商学院

附

Preface of "Selected Works of Ming-Jer Chen"

This vital series of works marks a lifetime of profound contribution by Professor Ming-Jer Chen of the Darden School of the University of Virginia, one of the world's great scholars of strategy. In this collection, Ming-Jer Chen has provided insight into vital topics in strategic management scholarship and practice. More importantly, he tells us what it takes to lead a life of socially responsible academic research and teaching, and lays bare the core elements of what it takes to become a reflective and moral business practitioner.

Ming-Jer has devoted his life to and served as a role model in all of these spheres. Happily, his pathbreaking contributions are highlighted in each of the three thematic works in this important collection, which no doubt will serve as classics in strategic wisdom for scholars and managers alike for many decades

---

⊖ 丹尼·米勒教授几乎是全球最为高产且极具影响力的战略管理学者(陈明哲教授曾说,作为战略管理学者,米勒教授是目前全球顶尖者中的顶尖者)。这里有一个有趣的小故事:陈明哲教授之前从未和米勒教授提到这三本中文书,但当米勒教授收到这套中文书稿并受邀撰写推荐序后,他很快就发来了这篇推荐序。从他的推荐序中可以看出,他不仅非常了解书中的内容和思路,而且似乎他也懂中文!

to come. Please let me say a little about each of the volumes in the collection.

In the first volume of this series *Passing the Baton: Becoming a Renaissance Management Scholar*, Professor Chen highlights the poverty of an exclusive and excessive focus only on research, teaching, or practice. He argues for the integral connections among these vital areas of society, namely, scholarship, instruction and the conduct of management. More importantly, he demonstrates their essential complementary and synergy among these domains. In so doing, he vividly demonstrates that the pursuit of any one single path hobbles its relevance, rigour and depth. The importance of complementarity has been neglected by too many academics who have failed to become informed by real world challenges and developments, and have failed thereby to enrich and in turn become enriched by their university classroom and executive education experiences. It has also been ignored by too many managers who are so focussed on the day to day tasks at hand that they neglect to learn from more conceptually fundamental strategic insights and thereby fail to " see the forest for the trees " . Using poignant real-world and personal examples and deep perspective, Ming-Jer Chen shows how " becoming a Renaissance management scholar " can bridge the current chasms that exist between teaching and research, and research and practice, thereby enlightening all three domains. In so doing he raises the bar for all of us working in academic research, instruction, and executive practice.

In the second volume of this series, *Competitive Dynamics: Competitive Advantage in the Post-Porter Era*, Professor Chen traces a scholarly trajectory of evolution, beginning with his roots as one of the primary founders of competitive dynamics. Before the advent of the competitive dynamics perspective, research in strategy was static, too far removed from the realities and give and take of true rivalry—of competitive action and response. In pioneering this critical area of research, Professor Chen, along with his colleagues, significantly advanced strategic thinking and practice. He initiated research into hitherto neglected competitive repertoires—and the contextual sources and performance consequences the simplicity, inertia, and conformity characterizing such multifaceted repertoires. In so doing, he and his colleagues have derived important insights into the nature of functional and dysfunctional organizational learning, imitation, and change.

In later work, based in part on an expectancy-valence perspective, Professor Chen developed his Awareness-Motivation-Capability model which was to serve as a foundational framework for legions of competitive dynamics scholars. The widespread influence of this model stemmed not only from its elegance and predictive power, but also because it reconciled the two dominant, but seemingly disparate, strategic perspectives of the day: Porterian competitive analysis and the ever-popular resource-based-view.

Ming-Jer then worked to update this model by proposing a more long-term oriented relational approach, taking the field of head-to-head competition from a transactional portrayal of dual opponents, to a longer-term relational perspective encompassing a far wider range of stakeholders—employees, customers, suppliers, and the community at large. At the present time, Ming-Jer's work in competitive dynamics is indispensable to those who wish to be both scholars and practitioners of effective strategic competition.

The field of management scholarship in much of the world has been dominated by a Western viewpoint and perspective—one of supposed competition, creative destruction and meritocracy, but also one of rivalry over cooperation, transactions over relationships, and short-term versus long-term thinking—in short, a rather narrow, winner-takes all logic. At an opposite end of the spectrum, Asian management scholarship and practice has tended towards a broader, longer-term, more relational perspective—but also sometimes one of paternalism, familial favoritism, and even cronyism.

In the third volume of this series, *Ambiculturalism: Strategic Middle-Way Thinking for the Modern World*, Ming-Jer Chen presents a model that embraces the best of both worlds while avoiding its less salutary aspects. He outlines in revealing detail a middle way that avoids the excesses, but exploits the advantages, of both Eastern and Western thought as they apply not only to strategic thinking, but to life itself. In so doing he celebrates the " power of one " —the necessity to integrate, reflect, reconcile, and think more deeply about the underlying multifaceted tensions and characteristics underlying human conduct, and fundamental humanity. Ming-Jer Chen thereby brings to Asian and Western scholars alike, a foundation for enriching their scholarly and practical contributions.

I cannot recommend this work more highly for students, professors, and managers at all levels to help them become more effective and more relevant in their lifelong strategic pursuits, very broadly defined.

Danny Miller
HEC Montreal
Montreal, March 2020

自 序
感恩·惜福·惜缘[一]

《明哲文选》收录了我过去30年来发表的文章，其中多篇是从英文翻译过来的：既有在全球顶尖学术期刊发表的严谨论文，也有解决实际管理问题、培养企业家战略思维的应用型文章；既有我忆父怀师的真情抒怀，也有我服务社群的心得反思；还有中外学者、企业家对文章的点评，以及媒体的采访报道。所以严格来讲，它可以说是"杂集"。

文选是杂集，这篇自序也很另类，因为它着力颇深、篇幅较长。一来，如同学术论文，有众多的脚注说明；[二]二来，因为各类文章不少，自然有许多想说的话，内容不仅包括一般自序所涵盖的缘起、动机、对读者群的关照等，也包括了全套书，尤其是《明哲文选》系列之一《承传行践：全方位管理学者的淬炼》的介绍。因为系列之二《动态竞争：后波特时代的竞争优势》、系列之三《文化双融：执两用中的战略新思维》自成理论体系，从传统中国读书人的角度来讲，是某种程度"成一家之言"的"学问"，所以不需要着墨太多。

[一] 感谢陈宇平、关健、何波、雷勇、林豪杰、刘刚、吕玉华、庞大龙、施黑妮、孙中兴、武珩、谢岚、张宏亮和钟达荣（依姓氏拼音字母顺序排列）给予本文初稿的宝贵意见。感恩蔡嘉麟博士在自序撰写中的鼎力相助，惜缘奉行同门之谊，惜福共学适道之乐。特别感谢庞大龙、连婉茜、林文琛、何波、张宏亮和谢岚，与你们六位共学共事，包括本书的出版和自传的撰写以及未来更多有意义的工作，乃我人生一乐也。

[二] 脚注不少，可能降低阅读的流畅度，然而依我保守的个性，经常会把"看点"放在脚注里。

第一本书的内容较为宽泛，虽然有不少文章曾发表在英文学术期刊上，但如果从纯西方主流学界的角度来看，恐怕仍然难登"学术"大雅之堂。㊀即使如此，对我而言，第一本书实为第二本书与第三本书的基础，更是我学术研究、教学育人核心理念的真实呈现。第一本书主要写"人"：写深深影响过我的长辈恩师；写我如何在西方学术界走出自己的一条路；写我如何琢磨出一套心法和方法，在课堂教学、学术活动、咨询培训中与人互动，相互启迪，群智共享。这些是我作为管理学者的淬炼过程，也是我"承传行践"的具体展现。将书名定为《承传行践》，并且使用"承传"一词，而不是一般惯用的"传承"，意在彰显"先承而后传"——"承前启后，薪火相传"，大明终始，大易生生之精义。㊁因为数十年来我的一步一履，都是在众多福缘中有幸不断承蒙恩泽、成长提升，在感恩中分享回馈，传道授业，立人立群。因此，第一本是根基，第二本和第三本则是由此展开的枝干，分别讲述我的两大管理思想及其实际应用。

文如其人：这套书就是我，我就是这套书

我从"学术"的角度切入，阐述第一本书的重要性，其实想要表达我多年坚信的理念。虽然我在西方主流学术的核心待了三四十年，但由于我在年轻时幸遇明师，引领我学习华夏经典，进而深受中国传统思维的影响，我对"学术"或"学问"的见解恐怕与目前的主流看法大相径庭。一如中国传

㊀ 关于具备什么样的条件才符合"学术"研究的标准，因人因校而异，而且差别很大。以我在美国任教的第一所大学哥伦比亚大学商学院为例，当时在战略管理领域，我们只把发表在四个顶级期刊上的文章视为学术研究，登载于其他刊物的科研文章一概不算数。当然，这代表一个极端，一个最精确（恐怕也是最"狭隘"）的标准或定义。

㊁ "承"有敬受、接续、担当的意思（《说文解字》：承，奉也、受也），我敬受了许多恩惠，必须有所承担，延续下去；"传"有教授、交与、流布、表达等意思（《字汇》：传，授也、续也、布也），我也期勉自己在如同跑接力的世代传递中，能有韩愈所说的"传道"的智慧与精神（《师说》："师者，所以传道授业解惑也"）。

统重视进德修业的读书人，我始终认为读书是为了改变器质，知行合一才是"学"，"世路人情皆学问"(《毓老师说易经·坤卦第二》)，㊀ "经纬天地谓之文"(《尚书·尧典》马融、郑玄注)。如此，才是真正的"学术"和"学问"。所以，即使我长期身处西方学术象牙塔中，内心始终依循这个准则，坚持不懈、真诚如实地行践着。

我想经由这套书来表达传统读书人所追求的最高目标与境界："其文如其为人。"(苏轼《答张文潜书》)对于一个毕生追求"精一执中"的现代管理学者来说，这套书所要传达的"一"点，就是"文如其人"。或者说，犹如孔子删述《春秋》时所表明的心意："我欲载之空言，不如见之于行事之深切著明也。"(《史记·太史公自序》)"凡走过必留下痕迹"("法证之父"埃德蒙·罗卡)，这套书就是我"行事"的总结，也是我一路走来的行迹。简单来说，这套书就是我，我就是这套书。

因此，这一系列文选(目前先出版三本)在某种程度上就是我的"自传"，是我学术生涯 30 年所思、所言、所行、所写，一步一脚印的痕迹，回答了每个人一生中必须面对的三个基本问题：我是谁 (Who am I)？我做了什么事 (What have I done)？这(些)事有什么意义 (What does it mean)？㊁

我始终认为做人、做事、做学问，㊂ 其实是一件事。做人是本，是源

㊀ 朱熹认为，"学问根本在日用间"(《答潘叔恭》)；曹雪芹在《红楼梦》中也表达了类似的看法："世事洞明皆学问，人情练达即文章。"毓老师则说："什么叫文章？即内圣外王之道，大块文章。"(《毓老师讲论语》)

㊁ 当然，要如何回答这三个基本的人生问题，每个人都有着不同的价值观与个性，对人生的看法也不相同，所以会做出不同的选择。这三个问题其实与我过去 30 年每次上课在黑板上写下的三个问题有异曲同工的意味："Why are we here(我们为什么来这里)""Why should we care(我们为什么要关心这件事情)"和"How much do we know(我们了解多少)"。

㊂ 因为我这套书不仅是为管理或其它领域的学术工作者而写，也是为企(创)业家、专业人士，乃至仍在寻找人生意义或方向的一般人而写，因此，所以很多用字与用意皆可模拟到相应的情境。例如：对学术界谈的做人、做事、做学问，延伸到企(创)业家和专业人士，就是做人、做事、办企业；对一般人而言，则是做人、做事、干活。

（原、元），做事与做学问是做人的延伸与反映。在此，我想稍微修改河南康百万庄园中我很喜欢的一副楹联①，来表达这个想法："学道无形，学道即人道；作品有形，作品即人品。"中国自古以来强调道德文章，从做人到做事，再到做学问、写文章，或者经商、办企业，甚至大到治国理政，小到干活办事，一以贯之。遗憾的是，或许是过去一二百年来受西方思潮的影响，竟有些本末倒置，分不清楚先后顺序、孰轻孰重了。做人不仅和做学问、写文章无关，甚至为了争取文章的发表，不择手段，放弃原则。学术界如此，企业界也不遑多让，抄短线、求快钱，为了商业利益牺牲道德底线，甚至朋友情谊与家族亲情。

这套书彰显了我个人面对人生三大基本问题时所做的选择，也代表了一个出身草根却有机会领略传统中华文化、从事现代管理研究的我，长期面对中西文化冲击、"人心惟危，道心惟微"②（《尚书·大禹谟》），以及科技速变、时局动荡的情势，在对时、势、道、术的思考判断下做出的连续选择。

感恩、惜福、惜缘

这套书的出版，我确实很感恩、惜福、惜缘——这句话是我多年来用中文上课时始终如一的开场白。③

回顾过往，我首先感恩我的出生与成长背景。年纪越大、阅历越多，我越是感恩我在台东出生成长到17岁的这段经历。④以整个台湾地区而言，

---

① 这副楹联原先是写给一个商贾世家的，原句为"商道无形商道即人道，商品有形商品即人品"（《康百万庄园匾额楹联撷珍》），是针对企业家与商人而言。
② 这句话是舜传给禹的16字心法的前8个字，意思是，人心是非常不安的，道德心是非常微弱的。这也多少反映了现今全球的态势，是当下时局最好的写照。这16字心法的后8个字"惟精惟一，允执厥中"也是面对人心不安、道德式微的环境，老祖宗给我们的最好解方。"精一执中"始终是我一生奉为圭臬，指导我做人行事的最高准则。
③ 感恩、惜福、惜缘看起来像是三件事情，但是因为它们彼此环环相扣、相互影响，可以当成一件事。
④ 这可能是我个人的地缘（域）优势（locational advantage），别人难以复制。

台东是名副其实的"偏乡",相对于台湾的其他城市,它既落后,又资源(尤其是教育资源)匮乏,但不理想的成长环境始终是驱动我不断向上求进的动力。动态竞争理论体系的创建,㊀从无到有,从边缘走到主流,与我出生成长的背景有直接关系,文化双融视角的形成也是如此。㊁过去30年有幸身处国际学术主流的核心,但是在台东出生成长所形成的边缘思维,始终使我的所思所行与我周遭的精英甚至权贵大不相同。由此,它让我领悟到"和而不流"的中庸思想精髓,并启迪我创建和践行"文化双融"这一学术思想。

我很怀念和珍惜自己亲历的20世纪70年代的台湾。当时,台湾民风朴实、群贤齐聚,承传文化与勤苦奋斗之风浓厚,培育出众多优秀的青年与创业家,后来在海内外不同的行业中发光发热,例如,我所尊敬的或为人所熟知的林怀民㊂、李安(享誉国际的导演)、裴正康㊃、施振荣(宏碁集团创始人)、郑崇华(台达集团创始人)、温世仁㊄(已故英业达集团副董事长)、"文化双

㊀ 请参见《明哲文选》系列之二:《动态竞争:后波特时代的竞争优势》。
㊁ 请参见《明哲文选》系列之三:《文化双融:执两用中的战略新思维》。
㊂ 林怀民是现代舞蹈表演团体"云门舞集"的创办人,他经常从亚洲传统文化与美学中汲取灵感,编创充满当代意识的舞蹈作品,是受到国际推崇的编舞家。1973年,林怀民创办台湾第一个专业舞团"云门舞集"时,引用《吕氏春秋》:"黄帝时,大容作云门"("云门"是5000年前黄帝时代的舞蹈,但舞容舞步均已失传),希望用中国人写的音乐,让中国舞者跳给中国人看。
㊃ 裴正康医师1976年毕业于台湾大学医学院,后赴美行医,是全球最权威的儿童血癌(白血病)专家之一,数年前当选为中国工程院外籍院士。过去近20年我有幸与裴医师深切交往,他重新定义了我对"专业"的看法,以及对于专业标准的要求。他可以说是一位医疗领域"专业士"的模范(关于"专业士"的概念,请见本书第XXXIII-XXXIV页)。裴医师为人谦逊低调,近年才得知他是唐朝名相裴度的后人,他的家族是中国历史上的名门望族,历朝历代出了59位宰相与59位大将军。
㊄ 温世仁(1948—2003)是我"天德黉舍"的师兄,深获毓老师赞赏,只可惜他英年早逝。温世仁希望利用科技力量协助偏远贫困乡村的发展,生前在甘肃武威古浪县的黄羊川发起公益项目"千乡万才"计划,经由英业达公司与黄羊川职业中学合作,用网络协助村民与外界沟通,促成农产品电子商务,并达到"西才东用"的远距雇用。温世仁兄曾向毓老师立下豪言:"东北有老师关照,西北就交给我了!"如今思之,不胜感叹!

融"专业经理的代表张孝威①等人。那个年代，正是我在大学受教养成的时期。《周易·蒙卦》说"蒙以养正"，求学期间我有幸受教于许士军、司徒达贤和姜占魁（已故）等第一批在美取得管理学博士学位并返回中国台湾任教的前辈师长，他们的学养风范，让我得以在来美求学之前就完成了基础的准备。对此，我既惜福也感恩。②

我更感谢赴美深造的机缘，因为当初在中国台湾时并没有出色的成绩与显赫的学历，却幸运地拿到了我唯一的博士班入学许可。在马里兰大学完成学业后，我有幸任教于当年大家梦寐以求的哥伦比亚大学商学院③，为我后来成为全方位管理学者打下了扎实的基础。我更惜福，过去30年我先后任教于哥伦比亚大学商学院、宾夕法尼亚大学沃顿商学院与弗吉尼亚大学达顿商学院④，前两者是全美顶尖的研究型商学院，后者则是最具代表性的教学型商学院。两种完全不同的组织文化、截然不同的思维、大相径庭的考核标准，提供了我极富挑战性的学术生涯，是淬炼我文化双融、执两用中的最佳人生实验场。

---

① 张孝威毕业于台湾大学，是宾夕法尼亚大学沃顿商学院MBA台湾最早一批的留学生（1976年毕业）。他是台湾企业界极少数横跨金融、高科技、电信和媒体的职业经理人，以及台湾的公司治理先驱，也可说是一位企业管理领域的"专业士"。他强调企业必须有良好的公司治理、永续经营的价值观，以及要有成为"企业公民"典范的企图心。他是曾国藩家族的后代，现已退休，全心投入学习声乐及意大利文，展开他的乐活人生的下半场。

② 正因为故乡对我的栽培养育之恩，每次回台湾时我的心情总是特别激动，家乡的一景一物都在提醒我作为一个边缘人的责任。除了向来与故乡台湾的学者有深切的联系，2004、2006与2007年，我三度受邀回台湾培训管理学教师。2009年7月中旬，我在台湾大学开启了我在美国以外EMBA及企业高管培训之门。此后，我不时返台湾举办相关课程与交流活动，回馈桑梓。

③ 当年哥伦比亚大学商学院这一职缺，被全美战略新科博士认为是年度教职市场排名第一的职缺，在此之前，哥伦比亚大学战略领域已经连续三年在市场求才，但始终未发出聘书。哥伦比亚大学除了注重研究与教学，也重视与企业家的互动，我还没有在MBA教室上课之前，就已经被学校安排至它在全美久负盛名的Arden House（培训中心）去"教"企业家了，这在美国各主要大学院校实在是极其少有的。

④ 弗吉尼亚大学达顿商学院创办于1954年，它是美国少数以教学与企业培训为创院使命的商学院，长期以来，在各项MBA教育的评比中，不管是教学还是师资方面，始终排名第一，院里的同事也以"我们是全世界最棒的教师"（We are the best teaching faculty in the world）而自豪。

我还有太多的人、太多的事要感恩。书中我介绍了几位影响我至深的师长，如启蒙恩师姜占魁先生。在我离台前的一段学习时光中，姜老师带着我一本本地"啃"组织学、管理学领域最经典的英文原著。当时我的英文不太好，大部分书读不懂，但姜老师从不嫌弃我，从不浇我冷水，他只是默默地带领我、鼓励我这个出身偏乡、不知天高地厚的穷小子勇敢负笈美国求学深造。㊀

又如，中西文化双融的人生导师爱新觉罗·毓鋆㊁与威廉·纽曼（William H. Newman）教授。㊂毓老师的身份与经历相当特殊，他是清朝宗室礼亲王后裔，幼年进宫，为末代皇帝溥仪的伴读；青年时，他留学日本、德国学习军事。1947年迁居中国台湾后，毓老师毅然决定以传承华夏智慧、弘扬中华文化作为后半生的志业，开始了60余年"潜龙勿用"㊃的讲学与教育生涯。在毓老师的"天德黉舍"求学期间，我从老师的言传与身教中，见到了活的、真的儒家精神，以及经世致用的实学。同时期，我在学院中修读企业管理，接受"西学"专业教育，两处的学习看似彼此"矛盾"，实际上毫无干扰，那是我扎根双融、修习基本功的时期，由此我深刻了解到生命的核心价值，找到了人生的方向与意义。回顾这段殊胜的经历，我恍然大悟，原来在我赴美迈向人生下一个阶段前，最重要的准备就是进

㊀ 我永远记得姜老师位于台北中和南势角小小的家，我时常埋头读一两个星期后，就去他家坐坐，读到什么都和他聊，有很多话题。其实在我来美国之前，我并没有长远的"愿景"，初心只是想多学一点新的东西，更多的是来自姜老师的鼓励与期许。他在我赴美时送给我的两个词"determination"（决心）与"persistence"（坚持），在过去的40年始终伴随着我。

㊁ 爱新觉罗·毓鋆（1906—2011，人称"毓老师"）早年跟随晚清皇帝，师从20世纪早期中国久负盛名的学者和哲学家。毓老师在中国台湾传道授业60余载，直至106岁逝世。毓老师在台湾的学生包括数百位学者和其他专业人士（其中包括一位前任高官），此外，他还指导了美国不少知名的汉学家，如已故的加利福尼亚大学伯克利分校的魏斐德教授、宾夕法尼亚大学的席文教授、芝加哥大学的孟旦教授，还有哈佛大学的包弼德教授。

㊂ 请参见《明哲文选》系列之一《承传行践：全方位管理学者的淬炼》第一篇"忆父怀师"中的第3章、第4章，第一篇还介绍了许多深刻影响我的师长。

㊃ "潜龙勿用"语出《周易·乾卦》，意思是一个人具有高深的智慧与德行，但因时空限制，不为当世所用，只能潜藏民间，默默推展自己的理念抱负。

入"天德奉元之门"①！

威廉·纽曼教授是我亦师亦友的忘年交。在1988年的国际管理学会会议上，我只是个刚进入哥伦比亚大学任教的年轻学者，通过介绍，有缘与他这位已退休20多年且有丰富实战经验的管理学泰斗相识。纽曼教授是一位非常有远见的智者，他在20世纪90年代初就预见了美国2008年的金融危机、北极的重要战略位置、中国在世界上的重要性等。在中国改革开放后的80年代初，他是首批进入中国开展管理教育的四位美国教授之一。当时，他协助余凯成教授在中国工业科技管理大连培训中心教授现代管理，他们共同开启了中国现代管理教育的先河。纽曼教授学术地位很高，但他时刻怀着赤子之心，始终沉稳而谦逊地著述与行事。他让我知道，在美国这个非常市场化的环境中，仍然能够成为一位极具人文关怀的学者，做真正的自己；他赋予我超越当下，看见别人所看不见的事物的能力；他更时刻让我提醒自己身上所具有的中华文化底蕴。我很怀念和他在一起的时光。②

除了师长的教诲，朋友、学生也深深影响着我，我珍惜这些人际联结与缘分。我从小受父母影响，很喜欢交朋友，把情义看得特别重。虽然长期"忝寄儒林"（毓老师语）、久居学术界，因研究的需要，必须经常过着"出

---

① 1947年，因国民政府的安排，毓老师只身远赴台湾。在台湾民风纯朴、民间活力涌升的20世纪70年代初，毓老师开办了"天德黉舍"，传授四书五经及道家、法家、兵家要籍等华夏经典，我有幸在同学的介绍下，于70年代末成为入门弟子。1987年，"天德黉舍"改名为"奉元书院"。一直到2009年2月，毓老师才不再授课。请参见《明哲文选》系列之一《承传行践：全方位管理学者的淬炼》第一篇"忆父怀师"中的第3章"有教无类：恩师爱新觉罗·毓鋆教育理念的承传行践"。

② 纽曼教授是哥伦比亚大学历史上第一位校级讲座教授，1954年由艾森豪威尔总统在担任校长时亲自颁证。他早年担任老麦肯锡在芝加哥大学的助教，后来成为其在麦肯锡咨询公司的特别助理。过去，纽曼教授到纽约时，经常与我在哥伦比亚大学教授俱乐部共进午餐和晚餐，有谈不完的话题。我们也常常在百老汇散步，在116大街上进行漫长的饭后讨论。纽曼老当益壮，乐于探索未知，他87岁到印度尼西亚，88岁到中国西藏，89岁到丝绸之路，90岁时甚至远赴北极。还记得他要开始北极之旅前我去拜访他，他正蹲在地上查看地图。我问他："你千里迢迢到北极想要做什么？"他回答："全世界有40%的石油在那里，我想去看一看。"

世"的生活，以便专心基础科研，求真尽善。然而，杏坛、教室却是与人结缘的最好地方，30年来有幸与中美企业领袖、专业精英结缘，教授过的企业领导者至少有1万人。[○]因为在学术界长期服务学术社群并曾担任国际管理学会（该学会在全球100多个国家有两万多名会员）第68届主席[○]，这让我能接触到为数众多的全球学者、专家。此外，我也不忘育人的初衷，立人立群，先后创立了全球华人管理学者社群（Chinese Management Scholars Community, CMSC）、中国管理学者交流营（Chinese Management Scholars Workshop, CMSW）、动态竞争国际论坛（Competitive Dynamics International Conferences, CDIC），以及精一学堂（The Oneness Academy）、王道薪传班（Wangdao Management Program）、夏商全球领袖班（Xiashang Global Business Program）等各类企业高管培训项目，传授知识，作育英才。[○]

因缘际会，我在1997年夏天受中国国家教育委员会与全国MBA教育指导委员会邀请来北京，在清华大学为中国第一批管理学教师（当时中国有MBA项目的学校共54所，每校派一人）培训11天。[○]1997年中国尚未加入

○ 我从2009年开始，先后在台湾大学、上海国家会计学院、复旦大学、北京大学（光华管理学院、汇丰商学院）、清华大学（经济管理学院、五道口金融学院、苏世民书院）、长江商学院与台湾政治大学教授EMBA、DBA及后EMBA课程。

○ 我不是第一位被选为这个全球管理学领域最有影响力组织主席的华人，但我是这个组织70年来第一位没有在美国接受大学本科教育的主席。这件事对该学会和主流学术界意义深远。

○ 请参见《明哲文选》系列之一《承传行践：全方位管理学者的淬炼》第七篇"立人立群"，很多社群的核心成员都在书中"以文会友"部分分享了他们的观点与经验。这些社群有些是针对管理学者设立的，有些是针对企业家设立的；有些是与高校合办，有些则与企业家合作。例如，"王道薪传班"与宏碁集团创始人施振荣先生合办，"夏商全球领袖班"则是与复旦大学管理学院院长陆雄文教授合办。

○ 当时清华大学经济管理学院的院长是朱镕基，常务副院长是赵纯钧，课程结束时，赵老师还把朱镕基书架上四卷六册《清华大学史料选编》赠送给我，表达他对我远从美国义务赴华授课的感谢。《明哲文选》系列之一《承传行践：全方位管理学者的淬炼》第五篇"动态竞争"中的第20章"学术创业：动态竞争理论从无到有的历程"是特别敬献给赵纯钧院长，以及另一位对中国早期管理教育有着巨大贡献的复旦大学管理学院前院长郑绍镰的，以表达对两位管理前辈最大的敬意。

WTO，当时的名义GDP只有79 715亿元人民币，2019年的名义GDP为990 865亿元人民币，消除价格变动因素后，1997年的实际GDP占2019年实际GDP的15.4%，也就是说，中国在过去这段时间中GDP实际整整增长了549.6%。我有幸从清华园开始，以小观大、以管窥天，在过去的22年间，见证了整个中国大环境的改变，㊀尤其是企业管理教育在中国的茁壮发展。一般人都会强调中国改革开放40多年取得的各种统计指标上的成就，然而，我从一个教育者的角度来看，自我1984年在美国接触中国第一个MBA学生开始，中国改革开放最大的成就，就是造就了一个又一个人才。

清华园这11天的教学相长，影响了我日后所做的很多事情，不论是教学、研究，还是社群的建立。2013年我们这批1997年共学的教师好友，在清华园重聚并发起成立了中国管理学者交流营，每年轮流在国内各高校与从事管理教学及研究的高校教师和研究者开会聚叙，目前年会主办学校已经排到2026年。对我个人而言，清华大学国学院时期（1925～1929年）的四大导师（王国维㊁、梁启超、陈寅恪与赵元任），更是我私淑心仪的典范。这是多大的缘、多大的福，我感恩。

最后，我最大的感恩与珍惜是能够将自己从小就喜欢的"竞争"（年少时喜欢各式各样的竞赛，篮球比赛曾有一场得到44分的纪录），变成学术研究的主题，把我喜欢助人、与人为善的个性变成教学育人的志业。"尽己之谓忠"（朱熹《论语集注》），30年来，我始终忠于我的专业，忠于我的研究，

㊀ 对此我是很有体会的，因为我1997年在沃顿商学院开设的第一门选修课"Global Chinese Business Seminar"，经过20年的发展，现在已经变成了三门课："East-West Strategy Seminar""Cases in Global Strategy Seminar"与"Ambicultural Strategic Thinking"。细节请参见《承传行践：全方位管理学者的淬炼》第二篇"教研育人"中的第12章。

㊁ 严格来说，王国维应该是我的太老师，因为我在离开台湾之前，有机会师从爱新觉罗·毓鋆先生，接受最为传统的私塾教育（见《承传行践：全方位管理学者的淬炼》第一篇"忆父怀师"中的第3章），毓老师则是王国维（静安公）的入室弟子。

更重要的是忠于自己,未曾辜负"文如其人""尽己之性"①的传统中国人的人生追求。

立言出书的初心

介绍了此系列书的性质,感恩我一路走来所接受的众多缘分与福气后,还要向读者坦言叙明我编著这套书的初心,其实很单纯,只有"一"个:我只是想为我中文EMBA、DBA的"学生"或企(创)业家、专业人员提供一套完整的"教本",希望他们从中能找到一些对他们经营企业或做人行事有所帮助的洞见与方法。

首先,作为一个作育英才的学者,我的想法可能有些另类,因为20多年来我已经没有了视"学生"为学生的观念,始终将我的身份定义为他们的"伴读"②。我始终认为,在"没有学生哪有老师"这句话中,所谓的学生其实是我"共学适道"(参见《论语·子罕》)的伙伴。正所谓教学相长,"闻道有先后,术业有专攻"③,对我来说,他们都是与我互相切磋、共同成长的"学友"④。我惜福、惜缘,感恩这些学友把目前这个世界最稀缺的"诚信"给了我,这恐怕是我创立的各种学术、企业社群或"明哲平台"这个统合性大社群的独特之处。⑤

---

① 《中庸》:"唯天下至诚,为能尽其性。"尽其性,就是尽己之性。
② 毓老师六岁时成为末代皇帝溥仪的伴读,老师"伴读"的观念给我很大启发,对我影响深远。
③ 出自唐朝韩愈《师说》:"是故弟子不必不如师,师不必贤于弟子,闻道有先后,术业有专攻,如是而已。"
④ 《明哲文选》系列之一《承传行践:全方位管理学者的淬炼》中有个非常特殊的部分叫"以文会友","学友"的观念就是从《论语·颜渊》"以文会友,以友辅仁"这句话来的。又联想到《水浒传》108条好汉情义相结,我很有福气,也非常幸运,能够跟我那么多的企(创)业家学生成为真诚交往、共学适道、互勉互励、进德修业的学友。
⑤ 请参见《明哲文选》系列之一《承传行践:全方位管理学者的淬炼》第七篇"立人立群"。

其次，我要让我的"宝贝"①学生们知道，这套书中的每一句话或给企业的每一个建议，都是有凭有据的。它们也许是学术研究的发现，也许是我长期观察世界各国企业的心得、多年实践的经验，而且最好的实践来自最好理论的指导。我要让大家知道，我讲的是"实学"，是一套可用、好用的学问。更重要的是，这套书整合了中西两种文化与企业管理的优势，并将文化、系统化知识、经验与案例以及应用性工具，一以贯之地融合。

再者，"远近大小若一"（《春秋公羊经传解诂·隐公元年》），对于我个人而言，虽然我不能改变大环境，但我希望能改变小教室（小研究室），由"小我"逐步影响"大我"。我希望这套书经由"小教室"，可以在一定程度上提升中国学术界的学风②，照亮中国乃至全球华人企业的大未来。

检视当今中国企业，不论大小，虽然凭借市场的需要多年来快速成长而开枝散叶甚至业大财大，然而很多"基本功"仍然有待加强。许多公司仍然采取且战且走、游击队突进的方法，欠缺正规军的系统化经营、全球性思维，经常追求投机式快速扩张，而非致力于创造长期价值的终极理想。我一向认为，中国企业的发展除了要吸收西方企业制度的精华，更要联结中华传统文化的源头，善用华夏智慧的底蕴，左右开弓，中西合璧，永续经营，以造福桑梓，美利天下③。

中国企业应当往前多走一步，寻找企业的"魂"。虽然中外企业都强调企业文化，但中国企业应当顺着文化的脉络，善用华夏智慧，以此为基础，思考如何培养企业的"魂"，如何从源远流长的中华文化中找回未来可以依托的精神。有此依托，可以从中深思：身为中国企业，哪些才是留给中国经

---

① 基于"有教无类"的理念，我始终把我每个学生当成"瑰宝"，我对他们也是抱着欣赏、佩服、爱护、期许的态度，与他们交往互动。

② 这也是我2019年9月27日于清华大学经济管理学院动态竞争与创新战略研究中心成立时，对该中心的一个期许，我希望它能成为导正中国学术风气的一盏明灯。该研究中心由李纪珍教授与林文琛负责，我则以荣誉主任的身份提供精神上的支持。

③ 《周易·乾卦·文言》："乾始，能以'美利'利天下，不言所利，大矣哉！"

济、社会和历史的永恒遗产？如何才能为人类文明或世界的永续发展做出最大的贡献？㊀哪些只是风光一时、如梦幻泡影？这套书或许还可以直击一些中国企业家的内心，使他们回归他们想要成为"法大行小"㊁、全方位整合型"将才"的目标。

再从全球化思维的层面来讲，中国企业应当思考，如何平衡本土化与全球化的经营，如何整合长远目标与短期目标，如何从一个令西方畏惧的竞争对手，变成令西方尊敬的竞争对手等。对于中国企业家来说，这套书有助于启迪他们进一步理解西方系统性的战略思维与完整的管理知识体系，并且在经验与方法的层面参考、借鉴西方发达国家诸多实践经验，找到可作为自身依据的参照标杆。虽然目前的大环境瞬息万变，未来的挑战非常多，但是从长期永续的发展来看，中国企业现在更要勇敢地思考怎么成为"百年企业"。

在企业家之外，我也希望这套书能对广大专业人士有所帮助。我在书中透过自身经历，展示了职业的意义如何真正地源于生活，如何将职（专、志）业融入人生，以及职业、专业与志业在意义与境界上的不同。这套书可以示范如何在专业和人文方面达到理想的平衡，如何将自身的发展融入专业群体，特别是行业领先的群体，并与群体实现多赢。

"企业士"的观念是过去我对中国企业家与专业人士的最大期望，并且长年阐述推广。㊂然而，面对环境剧变、价值混淆的时代，中国以至于全球

㊀ 最近我经常想起毓老师的训诲"以夏学奥质，寻拯世真文"，并有许多深刻的体会。
㊁ "大"者，天也。法大就是法天，"唯天为大，唯尧则之"（《论语·泰伯》）。"小"字的意思与《老子》"治大国若烹小鲜"以及曾国藩"不苟不懈，克勤小物"（《曾国藩日记》）相同。"法大行小"这四个字是毓老师对同门颜铨颖的开示，与"远近大小若一"一样都是老师讲学的核心理念。请参见台湾中山大学中文系吴孟谦教授的《真人与真知：管窥毓老师的人格与学问》（《夏学论集（二）爱新觉罗·毓鋆先生逝世八周年纪念》，台北：中华奉元学会，2019年，页37-46）。我用白话来说，"法大行小"就是大事小事都是一件事。
㊂ "士"是传统中国的特定群体或阶层，概指读书人、公务人员。从字义来看，"士，抱十合一，是读书、开始做事时"（《毓老师讲论语》（上），页156）。抱十合一，就是大事、小事，"一"以贯之。所谓"企业士"，则指基于华夏智慧，拥有文化双融思维与动态竞争能力的现代企业家，一方面蕴藏执两用中的文化素养，另一方面具备纵览全局、与时俱进的战略格局，同时拥有一以贯之的执行力。

的百工百业、不同阶层，迫切需要各种类型的品性正直、才具卓越、胸襟开阔的人士，以实际的"行"来树立各行各业的典范。因此，我更想以包括企业士、公务士、医务士、教育士等，涵盖所有职业的"专业士"一词来阐述我的想法。其实，"专业士"就是"人人皆有士君子之行"（《春秋繁露·俞序》）理念在当代的一种展现。士大夫是古代中国稳定社会、安定人心的主体，士大夫也多以此自我期许、承担责任。由此来看，"专业士"是新时代的士大夫，是"群士"，不同位置上的人士都能够为人类社会带来安定与升华的力量。此时此刻，尤其是在全球经历新冠肺炎疫情后的再生与重建过程中，扮演旋转乾坤的角色。

"专业士"不是空泛高远的倡议。细察我们生活、工作乃至于社会的各个角落，不难见到完全恪尽本分、脚踏实地、做事用心，勤勉于保身安家、敬业乐群的"小人物"身影，他们都是维持社会安定的沉默力量！坦白说，我也是这样的"小人物"中的一员，因为我每天所思考的，只是如何在我的"小教室""小研究室"（小书房）中，把该做的事做好，如此而已。你我都是社会中的一颗小螺丝钉，不要小看"一"的力量，只需要找回你的心，"素其位而行"（《中庸》），在自己的工作与生活中真诚落实，就能成为一位利他益世的"专业士"。

这套书同样可以为普罗大众提供参考。从成长的起点来讲，我和绝大多数普通人一样，与那些在"平凡"岗位上一生兢兢业业、恪守正道的普通人无本质上的区别，只是多了一分坚持，多了一分努力，多了一分幸运。从这个意义上来讲，这套书更多的是让人们了解"什么是可能的"（What's possible），不要自我设限，只要跨出第一步，你不知道自己可以走多远。因此，无论是想改变自己命运的人，还是知足常乐的人，都可以从我对自己与师长的介绍、学友的回馈中领略到人性的真善美，感受到来自专业的尊重与乐趣，并获得面对明天的动力。

献给探索自己、活出自己的你

总体而言，这套书其实是写给所有想了解自己，思考如何真诚面对自己、活出自己，在意自己心"魂"的人。

我一生追求的就是如何顺己之"性"[一]，作为一个缺点不少、年轻时训练不够扎实也不够努力的我，作为一个本来应该被这个社会淘汰的"边缘人"[二]，一如常人却把我的个性（好的也好，不完美的也罢）发挥到极致。一个人的一生结果如何，是"成"是"败"（每个人定义不同），有太多的环境因素与运气，非个人所能决定。但是，我的做法是选择每天认真地面对我自己，真诚地"求阙（缺）"（曾文正公语），做自己，对我自己负责。尽管这只是一个"小我"的选择，然而一个人只要能够真诚地面对自己，至少可以保护自己，顾及家庭，和睦亲友，甚至在专业上小有所成。

每个人的"心"大小有所不同，对于一些公心比较大的人，"小我"的选择可能产生造就"大我"的贡献。或者说，世界是一个大宇宙，个人是一个小宇宙，从我这个小宇宙来看世界这个大宇宙，只要一个人"诚意正心"（《大学》），也就是只要意念真诚无妄、心地干净纯正，做事就有正向力量，看世间诸事万物，虽然纷纷扰扰，也能一目了然。这或许就是中国人素来追求的天人合一的境界，因此千万不要低估自己、小看"小我"。归根结底，一个人首先要学会如何面对自己，在生活中找寻自己，甚至于实现自己。这套书我以自己为案例，将我有限的经验与这个世界所有的"人"或是想学

[一] 《中庸》："率性之谓道。""率"读作"朔"，也就是"顺"的意思；率性，顺着自己的本性、个性。

[二] 很多学友常问我手上戴了20年的黄色手环是做什么的，是不是为了增强气场或带来好运的。其实它什么都不是，只是一个普通的塑料环。这类手环是环法自行车冠军赛选手兰斯·阿姆斯特朗在罹患癌症以后，全世界车迷为他打气，纷纷戴起的黄色手环，后来也被广泛用于对罹癌家人的精神支持。作为一个当初可能被社会淘汰的边缘人——我始终是以边缘人（"乡下人""草根"）自居，我则是用它来提醒自己作为一个幸存者应承担的责任。

"做人"的人互励共勉。○

结语：感谢与愿景

2020年年初，在这套书临近付梓之时，恰是整个世界面临最大挑战的时候，全世界的企业都在面临着百年以来最大的"一变"。○在这个环境剧变、高度不确定的时代中，我们每个人（或企业）如何安身立命？如何在变中求定、定中求静、静中求安、安中求虑、虑中求得？这套书记录了我一步一脚印，"终日乾乾"（《周易·乾卦》），面对挑战，不断超越、不断回归、不断关照初心的努力。能够把初心变成愿景，把专业变成志业○，这个过程本身就是一种学习，一种享受。从这个意义上来讲，这套书或许能成为治疗当今中国经济社会缺失"本源"痼疾的一剂良方。

《明哲文选》目前出版的这三本书，某种程度上只是我"鲤山又一村"○的第一小步。我一直心仪曾国藩（文正公），从年轻的时候就喜欢阅读曾文正

○ 我最近常在思考，也想写一本书，书名姑且叫作《好生，好活，好死》。生，我们每个人都没有太多的选择，有些人生下来断了一只手（或脚），有些人天生鲁钝，有些人天生丽质——我们都没得选择。死，我们也没得选择，时候到了，我们就应该走了，当然每个人怎么走要看造化，有些人卧床多年，有些人自然坐化（像毓老师）。但是，怎么活，每天怎么活在这个世界上，我们每个人，其实都有选择。活得好，活得坏，活得成，活得败，往往都是个人选择的结果。这套书其实是想分享我个人这一辈子（至少是过去30年）怎么活，作为一个科研人员，作为一个学者，作为一个老师，作为一个作者，作为一个儿子，作为一个父亲，作为一个丈夫，作为一个朋友，作为一个平平凡凡的人，我怎么做人、做事，怎么度过我的一生。

○ 世界商业领袖沃伦·巴菲特（1959年毕业于哥伦比亚大学管理学院，可以说是哥伦比亚大学最出名的校友）表示，这一变局为其平生（他现在89岁）所未见。请参见 https://www.marketwatch.com/story/warren-buffett-on-the-one-two-punch-market-panic-it-took-me-89-years-to-experience-something-like-this-2020-03-11。

○ 《孟子·尽心上》："士尚志。"志（志＝士＋心）者，心之所主。

○ "鲤山"就是我故乡台东的"鲤鱼山"，由于毓老师当年曾以"长白又一村"明志，受老师的启迪，改换老师的用语来自勉。毓老师的"长白"是连绵东北三省的长白山，我年少时常去、多年来空存怀想的鲤鱼山只是台东市区里一座小小的丘陵。山的大小虽然有异，但我与老师溯源思乡的情怀则是相同的。

公的文集，除了在做人、做事、做学问的方方面面师法他，力求一以贯之，也注重用文字记录人生点滴，可以说他的言行事迹是我这个入世之人的范本。作为《明哲文选》的后续，将来还有一系列的出版计划，㊀甚至还想整理出版我平常往来的文书信件，尤其英文书信更是反映了平日在美面对中西文化冲突、学术实务碰撞时，我个人如何执两用中，做出适时适当的选择，也就是我如何"做自己"的具体做法与"真""实"的功夫等。我愿意毫无保留地将自己多年的所做、所为、所思、所写的"全集"公之于世㊁。

首先出版的这三本书共收录了60余篇文章，从翻译、校对、编辑与整理，到最终出版，都是团队成员共同努力与贡献的结果。尤其感谢连婉茜（新罕布什尔大学）负责领导整个团队，从整套选集的架构安排到书中内容的选取，从最初的想法到后期的付梓，付出了非常多的心力与时间。她对这套书的"用心深细"（熊十力语）㊂，让我感动。感谢刘刚（国住人居工程顾问有限公司）协调整套书的出版事宜，以及林豪杰教授（台湾"中山大学"）对此书的形成提出诸多具有启发性的建议。感谢谢岚为多章内容进行整理与撰稿，武珩为本套书的整体结构提供宝贵的建议，以及庞大龙（西安交通大学）、谭畅（西南大学）、张国义教授（台湾"东华大学"）、黄怡华在翻译与

㊀ 在这三本书之后，还有：动态竞争在企业应用的文章选集；用更通俗的体例整合前三本书，记录中西企业全球化以及中西企业交流的典范案例集（我正在撰写双汇、闻泰科技的海外推广以及希尔顿在中国的相关案例）；整理我多年来上课时为学生（友）手写的笔记与板书；分享我多年来在管理学术顶级期刊上所发文章的投稿与修改过程，以及投稿被拒的经验教训。以上所述为《明哲文选》后续的预定内容，未来将陆续出版。

㊁ 最后我也希望在我百年以后，有人能为我出版一本类似"生说师语"的书。"以文会友"这个栏目是《明哲文选》系列之一《承传行践：全方位管理学者的淬炼》的特色，它也可以说是"师说生语"。多年来我养成观察学生课上和课下的言行举止、企业的成长以及各方面的表现，做笔记、留下记录的习惯。将来我人生"毕业"以后，我会留给我的这些"宝贝"学生或学友一些人生箴（诤）言，为每个人留下"一"个字，或是"一"句话、"一"个观念，作为我对于他个人、企业所作所为的遗（传）世"忠"（尽己、真诚）言与惕厉。

㊂ 连婉茜博士跟我一样出身台湾乡下（苗栗），也是从无到有，过去10年，我有幸看着她一路成长，她把10年来的学习历程写成了《细谈"用心深细"：明哲老师助教的一线观察》一文，请参见《明哲文选》系列之一《承传行践：全方位管理学者的淬炼》第三篇"方法心法"的第15章。

校对工作上的投入。同时感谢路江涌教授、林道谧教授所带领的北京大学团队；台湾政治大学许牧彦教授所带领的姜占魁薪传学者团队，他们支持了部分章节早期版本的翻译工作；清华大学经济管理学院李纪珍教授与林文琛所带领的"动态竞争与创新战略研究中心"团队、西南科技大学何波与张宏亮教授所带领的明哲钻石俱乐部与"凉山小朋友"为本书提供支持，在此敬申谢枕。感谢机械工业出版社出版这套书，协助我将30年来的为文与行事的成果呈献给世人。由于时间有限，在英文文章翻译、校对的过程中，难免会出现转译上不尽理想的地方，在此谨向读者表示歉意，文责当然由本人自负。

感恩，惜福，惜缘。这么多位好友、学友的努力，让我有机会把众多分散在中英文各类期刊中的文章汇聚在一处。⊖ 这套书以《明哲文选》命名，既感念父母养育之恩，更想借由"明""哲"二字的深刻含义彰显华夏智慧的精华。"明"＝"日"＋"月"，日起月落，月起日落，体现了大易"生生之道"，它有薪火相传的底蕴，也和终始之道若合符节。"大学之道，在明明德，在亲（新）民，在止于至善"（《大学》），"明"字也有自明（"明德"）与新民的意思，己立立人，己达达人。"哲"关乎人生，拆解此字，表示思考折中，能用中道，也就是"执两用中"的意思。"哲"也有头脑缜密、内心清明如镜的含义，犹如《尔雅·释言》所说，"哲者，智也"。"明哲"二字蕴含我的中华情怀，代表我对故乡台湾、大陆、旅居全球各地的华人企业家与专业人士，乃至全球各国、各种文化背景下的企业家与专业人士最大的期许：自觉觉人、己立立人；洞悉天下，永续经营；共同延续并创造崭新的华夏与世界文明。

陈明哲
美国弗吉尼亚州夏洛茨维尔
2020年6月

⊖ 有些学友知道我在写这一系列书，非常希望我能早日完成，但他们不一定是想要立即细读深思，只是想把它们放在书架上，当作一面"镜子"，每天审视、提醒自己。

| 导 读 |

《明哲文选》系列，目前已成书三册，分别为《承传行践：全方位管理学者的淬炼》《动态竞争：后波特时代的竞争优势》《文化双融：执两用中的战略新思维》。这部文选既是陈明哲老师个人知与行的论著，也是他与众多友人共学适道的成果，汇聚了陈明哲老师在为人处世、洞见理论与教书育人等诸多层面的方法和心法。本文名为导读，实则是笔者的学习体会，谨供有志于研读这部文选的同好参考。

系列之一《承传行践：全方位管理学者的淬炼》

我是谁？我该去哪里？我如何前往，如何到达？

从成书逻辑上看，系列之一《承传行践：全方位管理学者的淬炼》是整部《明哲文选》的总纲。该书从"忆父怀师"（第一篇）开始，在浓浓的人文情怀背后，暗藏了"承传"二字的家学与师承。"教研育人"（第二篇）与"精一执中"（第四篇）两篇，分别从学者和企业家的视角，深入诠释了"行践"一词。"方法心法"（第三篇）则在阐述"明哲"方法与心法的同时，进一步明晰了薪火相传的行文主旨。陈明哲老师以自身的教学情境作为讲述"明哲"方法与心法的载体，一方面体现了他作为教师的职（志）业责任感，另一方面也与后文的学术创业相得益彰。

学术创业部分由理论、思想和社群服务三个层面构成，是陈明哲老师承传行践具体行动的展现。理论部分，陈明哲老师总结了"动态竞争"（第五篇）从无到有的过程，归纳出动态竞争理论体系的六个研究主题，为系列之二《动态竞争：后波特时代的竞争优势》奠定了基础；思想部分，陈明哲老师进一步对动态竞争理论背后的"文化双融"（第六篇）的思想内核进行了剖析，并一如既往地从学者和企业家的双重视角提出自己的见解和建议，为系列之三《文化双融：执两用中的战略新思维》做铺垫；社群服务部分，陈明哲老师以"立人立群"（第七篇）为题，介绍了他创立各种社群的目的和动机，描述了他20多年来有目的地培养教育家和企业士的社会行践之路。

除了成书的逻辑体系外，系列之一《承传行践：全方位管理学者的淬炼》还有三个关键词值得读者关注和体会。第一个关键词是"边缘人思维"。陈明哲老师出生在相对落后的台东，并在那里度过了他的青少年时期，这一特殊的成长背景使得他在之后的学术研究和教学育人过程中，始终秉持"边缘人"的视角与思维，倡导发现被主流所掩盖或忽视的问题。第二个关键词是"过程导向"。无论是在动态竞争理论创建过程中由差异化到合法性的构建，还是在案例教学过程中的问题引导性布局，都深刻体现出陈明哲老师对于实现目标的过程的把控。第三个关键词是"顺己之心、顺性而为"。每个人都有自己的初心，在书中陈明哲老师不仅表露了自己的初心，更展现出了在环境剧变的压力下真诚面对自己和活出自己的"精一执守"。顺己之心、顺性而为，强调做人先于做事，在做好自己的同时，融入人群，融入社会，由此方能和睦亲友乃至推动事业长期发展。

系列之二《动态竞争：后波特时代的竞争优势》

竞争是什么？与谁竞争？如何竞争，如何实现可持续发展？

从成书逻辑上看，系列之二《动态竞争：后波特时代的竞争优势》是整部《明哲文选》的学术担当。全书由陈明哲老师所撰写的15篇"动态竞争理论"主题论文翻译组合而成。这些论文已经刊载于各类主流管理学术期刊，既是陈明哲老师入世实学的体现，也是他对于当今管理学研究的理论贡献之所在，展现了陈明哲老师学贯中西的深厚功底。

该书从动态竞争理论的综述（第一篇）开始，细数动态竞争理论由创建到发展30年历程中所形成的竞争互动（第二篇）、竞争行为（第三篇）、多点竞争（第四篇）、整合性竞争分析（第五篇）、竞争知觉（第六篇）和动态竞争研究方法（第七篇）六个研究主题的相关研究成果，是动态竞争理论的系统性展示。全书虽未按文章发表的先后顺序布局，但它始终贯穿了由"识别竞争对手"到"深入了解竞争对手"再到"通过不同层面竞争分析降低竞争者对抗性"的主线逻辑，能够帮助读者从概念和方法论上全面了解整个动态竞争的理论体系。通过动态竞争战略创造一次次的短暂竞争优势，可以为企业的长久可持续发展建立根基，这样的核心战略行为指引更有助于新常态下中国企业参与全球化竞争。

在系统性呈现动态竞争研究领域的同时，陈明哲老师还从"本质"和"过程"两个层面，剖析了他从"爱好'竞争'"到"初涉'竞争'学术领域"再到"发展动态竞争理论"的学术生涯全过程，分享了自己的经验和体会（第八篇）。读者可以从中感悟，陈明哲老师在动态竞争理论的学术创业中贯穿始终的"精一"理念。

系列之二《动态竞争：后波特时代的竞争优势》中的每一章均采用了学术论文的体例。为了便于读者系统性地阅读学术论文，陈明哲老师还专门撰写了《发挥学术文章的最大效用：给管理者的实用阅读指南》（附录），详细解释了学术论文体例中各个部分的形式和功能，并为读者提供了关于如何阅读学术论文的建议，在解答读者对论文的科学性疑惑的同时，帮助读者关注和掌握论文的核心议题与关键结论。

系列之三《文化双融：执两用中的战略新思维》

何谓"两难"？为何"两难"？"两难"问题如何突破？

从成书逻辑上看，系列之三《文化双融：执两用中的战略新思维》蕴含着整部《明哲文选》的思想内涵，展现了陈明哲老师为人处世的中华文化底蕴。该书从管理所面向的诸多二分对立现象入手，详述了"文化双融"这一名词（概念）的由来，以及文化双融理念在协调东方与西方（第一篇）、竞争与合作（第二篇）、古与今（第三篇）、宏观与微观（第四篇）多个层面的二分对立问题的哲学思考和实践应用（第五篇），全方位展现了文化双融理念的生命力和价值。

文化双融理念倡导在理解对立的基础上，寻求平衡与整合后的创新机遇。其"执两用中"的战略思维，对于读者思考自身所面临的两难问题，乃至探讨当今全球化的新情境均大有裨益。特别是当前中美双方全方位的互动，直接影响了全球包括政治、经济、文化在内的整体格局。利用"文化双融理念"和"执两用中思维"，或许能够帮助读者在这样的不确定性环境压力下，找到自己或企业突破各种二分对立困境的办法和思路。

在系列之三《文化双融：执两用中的战略新思维》中，陈明哲老师一如既往地以自己为例，从其人生各个社会化发展阶段、教学研究与社会服务的职业生涯乃至个人生活的点滴事项等多个层面，呈现了他面对"两难"挑战时秉持文化双融理念的思考与实践。读者可以从中体会"执两用中"的知行不易，并由此反思自己的职业观念、价值观念、处世态度等。

在行文体例上，系列之三《文化双融：执两用中的战略新思维》有意识地将"动态竞争"理论体系的形成作为案例，在各个层面的文化双融应用情景之中进行分析。这样的布局，体现了陈明哲老师在教学层面向企业和企业家学习的"教学双融"，同时与系列之二《动态竞争：后波特时代的竞争优势》

中动态竞争理论体系的战略观、竞争行为、竞争响应结果研判等诸多研究内容相呼应，有助于读者进一步理解动态竞争理论通过文化双融理念逐步淬炼成型的全过程。

结语

《明哲文选》系列三本书，各具风格又有着共同的根源。文意"由我及人"，既具体呈现了陈明哲老师文如其人的风格，又真诚表达了他作为教育者的谆谆教导之意。为梳理读后对《明哲文选》脉络的体会，特依托文选中的关键信息点，绘制成脉络信息图（见图 0-1），以为同好导览。短短数千字的导读，难以道尽文选之精髓，反因个人能力有限，图文表达难免有不当之处，望各位同好见谅！

在精读《明哲文选》的过程中，各位同好可能会有不少感悟和反思，恰如系列之一《承传行践：全方位管理学者的淬炼》中每篇的"以文会友：群友的回馈与共勉"部分所展现的那样。经陈明哲老师首肯，也将明哲钻石俱乐部"凉山小朋友"[①]阅读《明哲文选》后的部分感言作为系列之一《承传行践：全方位管理学者的淬炼》的附录 C，以为引玉之砖。

张宏亮[②]

明哲钻石俱乐部

2020 年 4 月

[①] 明哲钻石俱乐部是一个由企业、陈明哲老师、学校三方共建的平台，致力于促进中国中西部偏远地区高校学生的发展。陈明哲老师亲切地称俱乐部的成员为"凉山小朋友"，并随时关注和支持这批来自"边缘"的友人。谨以此文，代表"凉山小朋友"向陈明哲老师致敬。

[②] 张宏亮，西南科技大学经济管理学院教师，明哲钻石俱乐部成员。

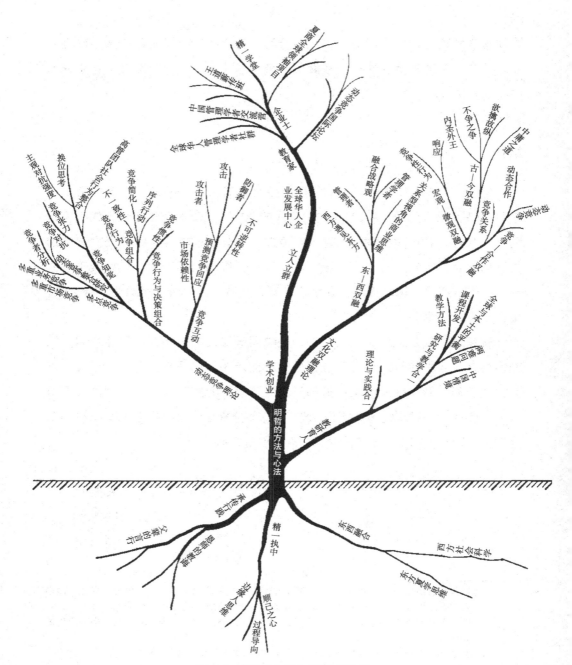

图 0-1 《明哲文选》脉络信息图

本书架构

"文化双融"是作者提出的原创性理论视角,体现为一种将两方或多方看似无法调和的对立面整合起来,实现动态平衡的战略性思维观念。文化双融根植于包括"执两用中"在内的夏学智慧,是中庸之道的现代英文白话版,强调两者并存(both/and),去芜存菁,而不是非此即彼(either/or)。

本书将常见的四个对立面整合作为范例,包括"东-西""竞争-合作""古-今""宏观-微观",展现文化双融的丰富内涵与方法,最后通过"文化双融的应用"展现文化双融运用在个人成长、企业家发展以及企业管理上的典型案例。本书整体结构如表 0-1 所示。

表 0-1 整体结构

篇目	对立面	文化双融整合	对应的示例
第一篇	东-西	又东又西	哲学-科学
			中庸-悖论
			整体论-还原论
			集体主义-个人主义
			集权-授权
			谨慎-冒险
			成果共享-个人成就
			过程导向-结果导向
			以信任为基础的关系-以法律为基础的关系
			永续发展-短期利益

（续）

篇目	对立面	文化双融整合	对应的示例
第二篇	竞争–合作	竞争与合作①	相互排斥的对立面–互相依赖的对立面 非此即彼–两者并存 敌对型竞争–关系型竞争 价值抢占–共同发展 关注竞争者–关注利益相关者 暂时性竞争优势–永续性竞争优势 产业或技术边界内–无产业或技术边界
第三篇	古–今	以古鉴今	执两用中–动态平衡 人–我–合–整体论 破釜沉舟–不可逆转性 声东击西–资源转置 以小博大–选择性攻击 知己知彼–竞争者换位思维
第四篇	宏观–微观	宏观与微观一体	心理学–经济学 期望效价理论–博弈理论
第五篇	综合性应用	文化与哲学理念—系统化知识—经验与案例—应用性工具，一以贯之的融合	学术–实践 文化与哲学–系统化知识 因果思维–线性思维 慢–快 危–机

① 此处的"竞争与合作"不同于常说的"竞合"（co-opetition）。在当前的学术研究和实践领域，"竞合"往往是"竞争导向的合作"和"合作导向的竞争"的代名词，其最终目的或是为了合作或是为了竞争，仍处于非此即彼的两极端点（见表6-2），而"竞争与合作"体现的是竞争与合作之间互动的各种关系可能（不仅是相互对立，更包括相互关联对立和全部包含的相互依赖对立，见图6-2），即竞争与合作不仅包括以矛盾的状态相互缠绕的情形，也是相互依赖形成完整状态的重要实质。

注：此表修改自 "Chen, M. J. (2014). Becoming ambicultural: A personal quest, and aspiration for organizations. *The Academy of Management Review*, 39(2), 119-137." 一文中的图2。

总体而言，本书简明扼要地向读者传达了文化双融的理念和方法，对于个人、学者和企业管理者，不管是短期还是长期，都有深远的意涵。文化双融的实践者应该了解并且欣赏每一种文化，汲取每一种文化的精华，培养整合性的思维与能力，从"心"出发践行文化双融。

第一篇
东-西双融

东方思维以在整体中定义个体为典型，西方思维主张独立的个体形成群体；东方思维较能容忍不一致甚至相左的观念，西方思维强调观念上的精确一致；典型的东方人士强调灵活适应，典型的西方人士强调原则。以最具包容性的广度来审视，管理中的诸多二分对立，往往源自东西方文化，包括认知、思维以及价值观等诸多方面的对立。以适逢其时的时代背景来反思，中美双方作为东西方文化与价值观最具代表性的两端，其全方位的互动直接影响全球包括政治、经济和文化在内的整体格局。理解东方与西方的对立，并寻求其中的平衡与整合的创新机遇，或许是应对商业与管理中各种二分对立的首要抉择。

本篇以东－西双融为主题，展现了文化双融在管理研究中的诸多运用。本篇共包括五章。第1章，结合宏碁公司（Acer）创始人施振荣的管理理念与管理实践，揭示了西方组织与管理人士应当如何吸收优秀的中国式管理惯例，同时避免其中的糟粕，"文化双融"这一名词也随着本章原文正式见诸管理学术期刊；第2章，与第1章相似，在学理上一气呵成，从领导力、组织和战略三个方面，进一步探究了源自东方的关系型心智模式如何增益于各色组织，进而形成中西合璧的思维与实践；第3章，以"连接东西方的文化双融大使"为文题（原文分两部分刊载），是柯洁博士对本书作者全面而深入的访谈，他从旁观者的角度来感受一位融贯东西的管理学者，如何在人生的社会化历程中，特别是在从事研究、教学与社会服务的职业生涯中，乃至其个人毕生奉守的价值观念、处世态度等诸多方面力行文化双融的理念；第4章，从实务和可行性的角度，探讨了文化双融型管理者以及从业人士需要拥有的特质，以及成为融合东西方的文化双融型管理者切实可行的四个步骤；第5章，以动态竞争理论为范例，阐释了作为战略管理领域久经淬炼的理论体系，如何融合中华文化哲学与西方社会科学方法论，进而践行管理理论研究中的文化双融。

本篇聚焦于东－西双融，秉承了管理研究与实务的"经世致用"的务实性与"经天纬地"的广博性。纵观当今全球风云局势，东西双方的多维对立呈现出前所未有得紧张与复杂。东－西双融的运用有助于缓解和整合两种体系之间物质与精神观念的冲突和对立，进而总揽最广大之格局，为桥接商业与管理中面临的二分对立挑战提供一个可供不断努力的光明方向。在这种广博的基础之上，文化双融所启迪的东－西双融，能够立足当下最为真实的情景，给每位有志于驰骋全球疆场的人士提供切实可行的思维与行动指南。

| 第1章 |

西方遇见东方
文化双融的管理取向

原文出处 Chen, Ming-Jer and Danny Miller, 2010, "West Meets East: Toward an Ambicultural Approach to Management," Academy of Management Perspective, 24 (4), 17-24.

概述：在2008年金融危机的余波中，全世界都在试图寻找新的思想和视角，商界现实也已从"西方领导东方"转变为"西方遇见东方"。蓬勃发展的华人商业文化不仅是一种经济合作的文化基础，也是帮助重振西方经济的管理智慧源泉。不幸的是，东西方的文化差异使得中国的商业案例在西方企业的眼中格格不入，甚至不合时宜，以至于西方企业不能仿效。宏碁公司（世界第二大电脑制造商）传奇创始人施振荣，能够采取兼具东西方优点的最佳管理方式，并能避免东西方的缺点，代表了多种理想的"中庸"典范。他通过文化双融这种管理途径，提供了一种能够沟通东西方两种文化并启发东西方组织的模式。在本章中，我们讨论了这些关联，以及东西方的管理者可学习借鉴的经验与反思。实际上，"中国"所强调的平衡以及"人–我–合"的思维方式，为桥接全球多重重大差异以及培养具有全球视野的高级管理人员带来了希望与路径。

这场全球金融危机不仅导致了公共部门和私营部门巨额财富的损失，也剥夺了数千万的工作岗位。据估计，2008年秋至2009年3月，全球有3.44万亿美元财富化为乌有（Liu, 2010）。根据美联储报告（Kalita, 2009），仅美国家庭的财富，就总体损失了1.1万亿美元。从2008年开始，美国已失去了800万个工作岗位。根据国际劳工组织2009年年初的预测，到2009年年底，全球可能会失去5100万个工作机会。全球的银行账面减值了约4000亿美元（Elliott, 2009）。全球财务损失总值超过美国、欧盟和日本2008年国内生产总值的总和。为了应对这一灾难，全球的企业、政府和公共机构被迫实施重大的重组和转型。

在西方，公司业务下降、金融市场和房地产市场受挫，很大程度上被归咎于贪婪、目光短浅和过度冒险等行为，这几种行为在过去几十年似乎急剧膨胀（Miller and Le Breton Miller, 2005）。对冲基金是一种流动的、高度不稳定的资本来源，但有影响力的投资者对对冲基金的投资激增，因为他们强烈要求迅速而稳健的成长回报。此外，CEO的薪酬在过去20年急剧飙升，CEO与一线员工的薪酬差距也从40倍增加到500倍以上（Murphy and Zabojnik, 2004; Towers Perrin, 2009）。同时，CEO的任期也从8年降到了4年左右，很明显，CEO面临着需要在短期内取得回报的巨大压力，而他们又把随之而来的问题留给了继任者。结果，在盲目追求经济利润和快速回报的过程中，很多公司的知识资本逐渐枯竭。此外，大范围裁员——一开始是为了缩减成本，后来却成了挽救逐渐衰落的企业不得已的办法——造成巨大的人力损失。日趋成熟的西方市场为这种情形施加了更多的压力，并且对新兴市场的需求也愈发巨大，西方既需要把新兴市场当作供应自我需求的产品来源，也需要当作产品的销售市场。很明显地，西方人逐渐意识到，当前需要一个能够超越时间、地域和意识形态限制的更好方法。于是，人们开始把注意力转向东方。

实际上，由于这次危机不堪的结果以及所造成的动荡和不确定性，世界正在寻找以获利为目的的新成长来源和其他商业模式。中国，作为当今亚洲的宠儿，在过去20年里已经成为新的世界经济强国之一。尤其是在2010年第二季度，中国的GDP首度超过日本，成为仅次于美国的第二大经济体（Barboza，2010）。中国是目前全球最具吸引力的对外直接投资目的国之一，也是持有美国国债最多的国家，所持有的美国国债于2010年6月末达到了8437亿美元。中国已不仅是世界工厂，现在既"引进来"，更"走出去"。过去20年，中国的GDP年均复合增长率达到了9.9%，在世界经济还处在低迷状态的2010年第一季度，中国的GDP年增长率达到了惊人的11.9%。㊀印度、韩国与中国的情况类似。例如，印度塔塔汽车公司于2008年收购了英国的捷豹和路虎，韩国三星的产品也跃至世界主导地位。仅这两个例子，就足以显示出全球商业环境正在急剧变化。除了这些国家之外，洛桑国际管理发展学院（IMD）在其2010年的报告中，将中国香港、新加坡、中国台湾和马来西亚这些华人商业占当地经济主导地位的国家和地区，列入全球最具竞争力的前十大国家和地区榜单之中。㊁

1.1 从"西方领导东方"到"西方遇见东方"

从西方到东方的转变中可以觉察到，新兴经济体中的部分公司在增长和创新方面开始处于领先者的地位（Wooldridge，2010）。麦肯锡公司（2009）的一项关于不断变动的经济实力的调查发现，在全球超过1500名CEO中，71%的人预测中国的实力会越来越强，而57%的人则认为美国将会越来越弱。

现今，世界似乎正处于从"西方领导东方"到"西方遇见东方"的转变

㊀ http://www.doc88.com/p-07616891625.html。
㊁ 这些国家和地区吸取了1997年亚洲金融危机的教训，所以能够更好地应对2008~2009年的经济大衰退。

过程中。很长时间以来，全球化被视为全球西方化（在第二次世界大战后，准确地说，是全球美国化）。我们经常自以为自己知道全球化是如何展开的：发达的西方经济体将"自由主义的力量"带入新兴经济体，就像是"师傅"一般，使之在新兴经济体中慢慢"成长"。但是，这次金融危机发生之后，我们意识到这个想法是错误的，并发现新兴经济体中的某些企业在经济发展方面处于领先地位，尤其是它们成功的商业模式在很多方面都在挑战并颠覆盛行的西方范式（Prahalad and Mashelkar, 2010; Wooldridge, 2010）。在很多领域，已经变成徒弟在"教导"师傅。

哈佛大学金融史学家兼商学院教授尼尔·弗格森（Niall Ferguson）在接受BBC的采访时，从历史的角度分析全球经济形势的转变，说明新思维模式的采取有其必要性："我们一直习惯于西方高高在上的支配地位，500多年来一直如此。从15世纪末以来，最重大的事件就是西方经济的崛起。我们见证到历史正在发生根本性转变，这是西方与东方之间一种实力的再平衡和某种均衡的回归。"（Day, 2010b）

西方开始学习东方的创新、管理思维和企业家精神，这样的转变在科技公司体现得尤为明显。在BBC的一期节目中，（旧金山）湾区经济论坛CEO肖恩·伦道夫（Sean Randolph）谈到亚洲在全球经济中的崛起时说道："未来经济增长最具潜力的地方，肯定是亚洲，尤其是中国和印度，这些国家和地区正在往前迈进。你走进硅谷的任何一家公司都会发现，自上而下，包括CEO、CIO、研发人员等，30%或40%的员工来自其他国家。"（Day, 2010a）

近期的经济衰退让我们明白，这个世界急需一种新的思维和视野。我们比以往更需要一批能够从广泛和综合的视角来思考，而且能够有效解读当今全球之复杂化与多样化的专家和高管人员。中华的"复兴"（这个词既能反映中国历史，也能反映世界历史）、印度的优势，以及其他经济体的迅速发展与崛起，都在挑战全球化的传统意义，并为提供西方一个机会，来仔细研究和借鉴东方模式（Cappelli, Singh, Singh, and Useem, 2010）。

不幸的是，东方和西方在哲学和行为惯例上差异甚大，彼此之间甚觉陌生，实质上几乎不可能彼此复制（Bruton, Ahlstrom, and Obloj, 2008）。更重要的是，在商业领域，任何社会都有自己独特的优势和弱势。因此，管理人员和管理学者最主要的任务，是找到那些能够以一种他人能理解、认同和受益的方式来有效运用两种文化思想的人。这是个高难度的任务，而在宏碁公司施振荣身上，我们找到了一个可探究的模式。

1.2　来自施振荣的文化双融管理经验

从林豪杰和侯胜宗对施振荣的采访（Lin and Hou, 2010）中我们可以发现，施振荣的管理方法实质是，从中国和西方的思想和商业模式中取其精华、去其糟粕，形成我们称之为"文化双融"的管理方式。在他的管理经验中，他也采用了一些家族企业的做法。他的整体导向是从长远的视角看问题，既重视公司所有股东的利益，也重视全球社群的利益。中华文化塑造了他的耐心、宏观思维及社群导向思维。而西方文化让他学到的是权力下放和授权的管理哲学。同时，他还努力避免了猜疑、信息不透明等东方企业的问题，和独断专行的家长式领导等典型的东方领导风格，抛弃了目光短浅、账面利润导向和过度张扬等某些西方企业的通病。其细节非常丰富，涵盖了战略层、管理层和公司治理层等诸多示例。

1.2.1　值得学习的中式方法

施振荣十分善于运用中华传统文化来塑造管理思维和实践，使他能够创造出一个成功且可持续发展的企业。

从长计议

中华文化在衡量事物的价值时,非常重视长期导向下的有效性。一般来说,中国比西方国家更加有耐性。因此,施振荣重视的不是短期财务回报,而是要创造一个可持续发展的组织。他的企业在人才培训、学徒制和培养员工正确价值观等方面进行了大量投资,这些都是长期投资。此外,所有的战略都控制在可接受的风险范围内。避免张扬,取而代之的是节俭和持续的进步。只要不给企业造成长久的损失,失败是可以容忍的,错误也是可以容忍的,因为错误是学习过程中不可避免的。不过,决不允许犯灾难性错误。宏碁公司的海外扩张过程也体现了耐心和统筹的特点,企业从更小、更为熟悉的市场开始,逐步扩展到更远的地方。在打造全球品牌的过程中也体现出了耐心,这需要大量的细心琢磨和严格的质量控制,才能渐渐取得的成果。

和谐与集体主义

西方聚焦于个人主义,而中国更强调集体主义。在很多方面,施振荣关于利他、利益共享的哲学符合集体主义以及和谐大局的思维。这不仅体现为他对员工和其他利益相关者的慷慨,也体现为他对这个世界的福祉及人民的关怀。通过与员工分享价值观和企业股份,施振荣强化了企业的集体精神与和谐精神。他甚至为其他企业办培训班,教他们实施员工持股计划。施振荣也坚持让企业的所有人员都深刻理解和树立共同的价值观,这一举措意义深远,因为它取代了很多需要依靠规章制度的控制手段。

集体主义与和谐思维的关键在于群体的自豪感和重视自己在群体中的声誉。在创造品牌的过程中,施振荣在保证企业的产品质量和形象方面格外谨慎。施振荣也促进了整个信息产业"生态系统"的建立,使所有的高科技企业都能从中受益,其中也包括宏碁公司的竞争对手。这一举措使台湾信息产业实现了规模经济,改变了台湾在20世纪七八十年代非常缺乏自然资源和竞争优势的状态。这些努力使得施振荣在境内外获得了广泛的尊重，甚至有人给他起了个绰号"没有敌人的人"。

资历和学徒制

中国文化比西方文化更尊重长者和有资历的前辈。乍一看，这种态度似乎与任人唯贤有些差异，但这实际上是尊重个人以往贡献的一种方式，可以保证那些因留在公司而得到重视的员工继续对公司保持忠诚，也能让"师傅们"这些最宝贵的人力资源发挥最大作用，因为他们有很多经验可以传授给他人。

尊重资历和学徒制是紧密联系的，因为通常正是有资历的人来"传帮带"新员工，学徒制就是这个意思。虽然西方的企业可能会为自己的教育机制和培训机制沾沾自喜，但是学徒制是一种更私人的、更具持续性的、更加适配个性化需求的员工培养方法，且传授的内容也更为广泛。可以说，价值观与非正式社会结构这类隐性知识只能通过学徒制来传授。

1.2.2 扬长避短

施振荣吸纳了中华文化中最有益的部分，并将其应用于企业管理中。同时，他还有意地抛弃了中华文化中一些会妨碍有效管理的思维和方法。

猜疑

在中华文化中，陌生人是得不到信任的。一个人只有在证明自己值得被信任之后，别人才会信任他。但是，施振荣却坚信人的本性是善良的，每一个人都值得被信任。他相信，如果把正确的价值观灌输到企业和员工当中，企业中的所有员工都会积极主动地为集体利益努力。

保密

中华文化历来重视保密，比如这句谚语：师傅总会留一手。但是施振荣认为，广泛的知识分享能让自己的企业和整个行业的人力与能力有所发展的关键。所以，他想尽办法促进信息的交流，比如通过学徒制和经验分享使得好的想法能够发挥最大、最好的效益。

集权

中华文化多是家长式领导风格，很多企业家把权力掌握在自己手中，采取集权式自上而下的管理方式。施振荣反对这种做法，他鼓励管理权去中心化，给他们相应的权力，因为他相信各级员工会做正确的事情。有些中国企业家和商界领导者会在退休后依然对自己的权力恋恋不舍，但施振荣60岁就退休了，并让高层团队的主要成员与他一起退休，从而保证了管理层的更新。

施振荣还摆脱了中国习俗中另一个独断专行的做法，即不让家庭成员进入企业，从而明确地向公司的职业经理人表明，他们可以进入企业的高管团队，且他们参与的是一种看重绩效、机会平等的文化。

民族中心主义

与所有的社会一样，中国社会也对自己的行事方式深感自豪和优越。施振荣则辩证地看待中华传统文化，扬长避短。宏碁的全球化过程便体现了这一点。在其所有的范例中，施振荣的权力下放政策鼓励了当地企业管理者按照本土风格习惯和行为方式行事，同时也保证了他们对企业的忠诚。在向国外扩张业务的过程中，为了保证当地员工和股东的积极性，他总是让当地国的股东持有企业股权的主要份额。

1.2.3 与西方模式的关系

我们也许应该简要介绍一下施振荣所采纳和摒弃的一些西方管理理念和管理模式。首先，他避免了短期导向和狭隘的个人主义，以及不容忍金钱至上和不进则退的文化。他从来不将关注的重点放在短期利益上，也反对你死我活的竞争逻辑。他既不赞成通过牺牲大多数人的利益来奖励少数人的企业文化，也反对排他性地关注股东的利益，而不顾其他利益相关者或整个社会的利益。在这些方面，他的企业与西方一些历史悠久的大型家族企业有着很多相似之处（Miller and Le Breton-Miller, 2005）。

不过，施振荣并没有完全忽视或摒弃美国或西方的管理方式。他强烈支持权力下放，鼓励扁平化组织结构，并赋予员工自由裁量权。他重视品牌价值、品牌管理和企业全球化。与大多数中国企业不同的是，宏碁公司没有采用成本驱动战略，也没有只关注低端产品的制造，它采用的是品牌管理和高端产品销售等更为西方的方式。不过，施振荣也注意到了很多西方企业错误地把很多职能外包，导致外包商将价值链上移，并抢走企业的业务。宏碁公司通过雇用同一家集团的不同子公司实现了对价值链的完全控制。

简言之，施振荣的经验对中国和西方的企业管理者都有借鉴意义。

1.3 文化双融型管理者

对于主要由西方发达国家创立的管理理论和实践而言，这些新经验有什么意义？在21世纪的全球管理者眼中，这种新思维有何价值？我们认为施振荣是文化双融型管理者的一个最佳示例：他对东西方文化有着深刻理解，从中汲取了丰富的养分，而且热情地拥抱两种文化中关于公司治理、领导力和管理方面的最佳模式。如果美国企业要更新其管理方式，并扩展这些管理方式的时间和范围，文化双融管理的采用将会变得愈发必要。中国的企业管理者也同样需要这种管理方式，因为他们需要放弃本位主义（parochialism）和家长式作风来激发员工的价值观。实际上，"中国"作为一个强调平衡与"人–我–合"思维模式（Chen, 2001）的国度，在某些方面更乐于接受这种文化双融思维。

作为文化双融型管理者的代表，施振荣提供了一个更可行的文化双融模式。通过他可以总结出，在21世纪，一位理想的文化双融型管理者、一位开明的公民型商人（citizen-businessperson）应该具备以下特征：

- 能够识别当下盛行的西方商业模式和东方商业模式中的劣势，以应对全球化及新兴市场中的挑战和复杂状况。
- 愿意接受新思维，能够看到其他文化和商业范式中所蕴含的智慧和优点。
- 明白商业运作不能偏离社会需求、地缘政治需求、环境需求和人性需求，必须在各种需求之间达成平衡。
- 能够超越国家和地区间的差异。
- 能够真正将全球大局观融入日常行动。
- 重视团结和道德规范。
- 能够平衡社会关怀和个人利益。
- 重视以信任为基础和以法律为基础的关系。
- 既鼓励团队合作，也赞赏个体成就。
- 鼓励大家持续学习，与他人分享知识和经验以相互提升，努力达到专业成就和人性的最高点。

对于矛盾的接纳和管理

如果我们仔细研究上述几个特征，主题就会变得很清晰。要想桥接两种文化，我们需要汲取其中的精华，哪怕在特定极端之间存在着张力（Bruton et al., 2008; Duncan, 1976; Luo and Rui, 2009）。简言之，有时候我们需要采取整合对立面的方法，这是文化双融导向的一部分：例如，整合社会关怀与个人利益、以信任为基础的关系与以法律为基础的关系、团队合作与个人成就、冒险与审慎、商业与社会、关注本土需求与关注本土之外的需求。

当然，要将对立面整合起来是很难的，也有一定的风险，不同的价值观、不同的政策、不同的部门以及不同的人群之间都可能会产生冲突，或者会将错误的要素混在一起，而没有将彼此互补的要素整合起来（Miller, 1996）。因此，领导者必须具备能够调和极端和管理冲突的强大领导力。

林恩·佩因（Lynn Paine）在过去三年对一些西方和亚洲商业领袖的采访表明，领导者所需的能力远不止文化适应能力。她说："最有效的领导者具有一种西方人往往认为是相互矛盾的关键能力。他们具有战略眼光，也有亲身实践的能力，严于律己且富有创业精神，既重视流程，也关心人的因素，专断而又开明，坚定而又灵活，行动大胆却又不失缜密。总之，他们必须具备灵敏性，从而培养新的管理模式和能力，以适应中国的环境。"

这种悖论性整合或两者并存（both/and）的思维根植于中华文化（Chen, 2002）。在东方语境中，"悖论"的含义不仅指要考虑冲突中的各个部分以及存在冲突的状态，还要考虑整体，以及它与冲突各方间的关联。这是一种寻求容纳和融合的动态概念，从本质上讲，就是要平衡各种悖论的趋势（Peng and Nisbett, 1999）。

整体论是其中一条主要原则，也就是要"人–我–合"，而"人"与"我"是相互依赖的对立面，两者只有在成对的时候才能被定义，并且两者一起会形成一个整体（Chen, 2001）。换句话说，A和"非A"合在一起构成一个新的整体，而不是一方抵消另一方。有趣的是，悖论性整合的延伸思维可从compete这个词的词根中发现，该词的原意是要与一群人共同努力追求某事物（源于拉丁语前缀com，意思是"共同、一起"，词根petere的意思是

"寻求、努力追寻")。词源中的"一起"就说明了这个词的本义：即使在对立竞争的状态下，敌对双方也有着千丝万缕的关联并相互影响（Chen, 2008）。

在汉语中，"危机"（crisis）这个词由代表"危险"和"机遇"的两个对立观点构成。为了把目前的经济困难和管理挑战转化为机遇，我们呼吁教育者和学者要全方位培养文化双融型专业人士，让他们能够进行批判性的独立思考，能够实现思想的启迪、平衡和跨越。启迪可为人们实现学术追求、管理追求和人性追求的全新道路提供机遇；平衡能够帮助人们找出不同问题的共同点和关联性，找出不同环境下的共同性、在不同情境中运用的普适性，并整合不同的极端；跨越则赋予我们理解范式上的差异、相似点和内在关联的能力。文化双融型管理者和企业家如果能够实现思想的启迪、平衡和跨越，那么我们的世界不仅会变得更小，也会变得更美好。

1.4　后记

从施振荣身上学到的重要一课就是，西方向东方的转变过程很可能比我们预想的更温和、更细致入微。所以，也许"西方遇见东方"比"东方领导西方"能更准确地概括这个全球性的转型过程。实际上，对东方崛起的反应——我们现在需要全速转变到东方的导向，有关这方面的话题已经很多。更确切地说，我们必须从两种文化中学习，通过文化双融来创造更美好的未来。

作为在得克萨斯州圣安东尼奥举行的国际管理学会2011年大会的主席，陈明哲把大会主题定为"西方遇见东方：启迪、平衡和跨越"。这个主题象征着来自不同国家的企业界人士、管理者和学者需要深刻理解全球的多样性，需要平衡差异和跨越障碍。

在陈明哲的教学生涯中，美国林肯电气公司的案例一直是他最喜欢的案例之一。

| 第2章 |

关系视角的商业思维
来自东西方的管理启示

原文出处 Chen, Ming-Jer and Danny Miller, 2011, "The Relational Perspective as a Business Mindset: Lessons from East and West," Academy of Management Perspective, 25(3): 6-18.

概述：本章借助东方经典哲学和中华文化，力图为当今管理人员在领导能力、战略决策和组织结构设计等方面提供启示。本章首先对关系哲学，特别是中国传统思维模式下的关系哲学进行了有力衔接：在这种思维体系中，任何主体都与其他主体共生共存，并在差异与相对状态中寻求融合、平衡与和谐。本章审视了关系思维对人际关系、沟通方式和时间观念的作用。随后，本章提出了关于东西方企业中领导能力、战略决策与组织结构设计的启示。我们认为，西方企业的诸多缺点源于对关系哲学缺乏考虑，而东方企业的诸多问题则源于对关系哲学的误解甚至滥用。关系哲学是实现"文化双融"管理模式的理想路径，这种管理模式吸收了东西方文化传统的精髓，同时规避了两种文化各自存在的极端风险，可以为任何组织所用。

一些人总是戴着有色眼镜看待中国拜占庭式的官僚机构（Byzantine bureaucracy）——尚不健全的法律与契约体系以及错综复杂的关系网。诚然，对于很多人来说，中华文化的运行机制有些让人难以理解，比如中国是一个实行市场经济的社会主义国家。但是，中国取得的成就却不可小视。过去，中国的 GDP 年均复合增长率达 9.9%；2010 年第一季度，世界经济还处于低迷状态，而中国的 GDP 却增长了 11.9%，与全球暗淡的经济形势形成了鲜明的对比（Chen and Miller, 2010）。

中国许多看似矛盾的社会、政治和经济结构是中国传统思想指导下有意而为的结果，认识到这一点对东西方组织来说同样重要。"东方"和"西方"在这里指两种在思维与社会实践方面存在差异的文化传统。所谓"东方"，是指中国及其他在不同程度上受到儒学影响的远东国家和地区，比如新加坡和越南。当然，无论"东方"还是"西方"，都不是同质化的实体。

本章基于中国传统文化与哲学，以关系哲学的视角，来部分解释中国当下取得的成功，这一视角的优势可被西方商业实践选择性采用。本章认为，尽管源于中国，但关系哲学展示的是"文化双融"管理模式，这种管理模式建立在东西方优秀管理实践的基础之上，规避了两种文化各自存在的极端风险，在当今全球化的经济中极为奏效（Chen and Miller, 2010）。

本章结构如下：首先，对关系哲学概念予以解释，包括其哲学基础以及在人际沟通、时间观念和商业运作上的体现；其次，探讨了关系哲学在领导能力、战略决策和组织结构设计上的应用，并阐述了如何运用关系哲学来丰富商业实践，以及帮助东西方企业规避各类陷阱所带来的挑战。

2.1 关系视角

如果想要理解中国思维的关系本质，并从中获得帮助，必须培养以"关系"（relational）视角看待事物的能力。"关系"在这里不仅指人际关系（Tsang, 1998; Tsui and Farh, 1997; Xin and Pearce, 1996），它更是一套逻辑思维体系，是一种将我们所感知到的事物赋予意义，并将之系统化的思维方式。

关系视角是一个复杂且微妙的视角,远非一篇文章所能详尽阐述。为了让读者对此视角有一个大致的理解,本章把它定义为一套思维体系,在这种思维体系中,任何概念和主体都没有一成不变的定义,而是根据所处的情境来定义。在这套思维体系中,悖论并不是非理性的状态,人们也不需要通过消除对立双方中的一方来达到理性状态。相反,悖论的主体双方彼此共存且相互依赖。

2.1.1 关系视角的文化基础

对一些人而言,当面对一组对立的概念,比如社会主义与资本主义、竞争与合作、朋友与敌人,这种格式总会强化概念之间的对立性。西方思维通常用一种非此即彼的分析模式看待对立概念(Lewis, 2000),将对立面之间的张力简单地以极化的方式来处理:要么你是朋友,要么你就是敌人。

以关系视角看来,对立的双方并非孤立存在的,而是不可分割的——它们相互依赖并在彼此共存的框架中相互连接、互为一体(Chen, 2002)。中文里常常并列着看似相互矛盾的概念,这些概念是为了产生一种新的可能性,而不是为了消除某些概念存在的可能性。比如"内外"这个词,包含"内"和"外"这一组对立概念,把它们并列起来,表达的是"无处不在"。同样地,"矛"和"盾"这一组对立概念的组合,可以形成"矛盾"这个新的概念,用以表达对立双方的冲突。"多"和"少"这一组对立概念的组合,则形成"多少"这个描述数量的新概念。㊀正是遵循这样的思维模式,中国人将"社会主义"与"市场经济"拼接在一起,产生了"社会主义市场经济"。

㊀ 与此形成鲜明对比的是,英语中充斥的对立性习语,要么是为了消除某些概念存在的可能,要么就毫无意义。例如,"既不在这里,也不在那里",就说明"哪里也不在";一种动物被形容为"非鱼非鸟"是令人费解的;"人和野兽都不适应的一天",则意为无法让任何生物存活下去的情形。

2.1.2 关系视角中的平衡与和谐

儒家思想的理想状态是于全部关系中寻求平衡与和谐。"中国"一词本身就反映了这种诉求,如果仅从字面上理解,"中国"是"中央之国"之意,但在哲学本源上其实反映了中国人"居中"的思想。所谓"居中",其内涵是达到个人生活和世界观层面的平衡与融合。

"中和"是儒家哲学所提倡的兴国安邦之道(Chen, 2001)。《中庸》云:"致中和,天地位焉,万物育焉。"在道家哲学中,和谐借由"无为"或"顺应"之道来实现。值得一提的是,顺应并非消极待命,而是不断主动调整自己以适应外部环境的变化。从根本上讲,顺应就是一种基本的关系过程——在这个过程中,主体依据外部环境的变化不断重新定义、自我调整。因为外部环境的变化永不停止,且每次变化都需要主体系统做出相应的再调整,所以,灵活性与开放性被视作极其重要的美德。

2.2 实践中的关系视角

关系视角的思维与行为方式,对于西方理论与实践来说都较为陌生。

2.2.1 人际关系方面的启示

中国人对"个体"的态度是关系哲学的重要组成部分。中国人用"仁者,人也"——人的意义在于仁(Chen, 2001),来诠释人与人之间的关系,以及人存在的根本意义。"仁",可以是人性,同时也可以是果仁、种子。这样一来,"仁"从语源学来讲就有两层意思:一是个人无法独立于他人存在;二是人与人之间的相互关系本身又孕育着各种新的可能性。

让我们想想那个关于声音的公案:"一根树枝落在丛林中没有人听

到,难道,它真的有发出声音吗?"这里,声音只有当有人听见时才有意义。从关系导向的视角来看,人的存在也只有当其他人也存在时才有意义。进一步讲,一个个体的定义和重新定义往往取决于与之相关的外部环境。许多中国词语很好地展示了实际生活中的关系哲学,例如,人们用"患难夫妻"描述共同经历过苦难的伴侣,而用"世交"形容历经几代人的交情。

作为家庭与社会关系定义的个体

传统意义上,尊崇儒家传统的国家不是独立个体的组合,而是相互联结的庞大社会体系网络。这是因为,尊崇儒家传统的家庭单元承担着关键的道德角色。在儒学中,家庭不只是一个生产单元,它还有着功能性作用,体现着一种社会体系,在这种体系中,人们以道德为依托相互依赖、共生共存。儒家思想让人们成为社会的一员,在道德层面扮演某种社会角色,并通过这种方式让人们融入并归附于以孝道及其他行为准则为主导的社会体系中。这种道德规制体系通过角色的分配将社会准则内化,从而形成一个自我运转的自律社会。

中国人对家庭的重视也许可以被理解为关系哲学之社会性制度化的结果。在中国,对个人的看法往往与其成长的家庭密不可分。不仅如此,这种把个体置于其所处社会关系中的看法,也可以延伸到其他社会组织,从社会团体到教育机构、政党等。在各种不同层面的社会互动中,个人都不是自我封闭的主体,而是关系网中的一个联结点。⊖

沿着这种思路,广泛讨论的"关系"的真正含义,讲到这里才初现端倪。关系常常被简单地译为"connections"(联系)。当谈到"关系"的时候,外国人有时把它等同于"排外"或"任人唯亲"。然而,尽管人们有时会滥

⊖ 但在近期的中国,年轻人群体中,对关系的考虑已经被大大弱化。

用"关系",但"关系"的核心是信任、义务和分享,这一点尤为重要。从这个意义上讲,我们可以把关系视作家庭关系系统的延伸。当然,关系的重要性并不仅限于中国。在儒家传统下,关系对商业和社会实践的影响尤为深远,并在全球经济中扮演着越来越重要的角色。因此,我们特别强调"关系"这个概念在中国情境下的内涵。

关系视角中的社交

建立与重新确认一种特定的社会秩序——即角色或关系组成的系统,是中国式交往的重要基础。就在中国商业社会中建立社会秩序来说,例如,对于新来者而言,得到中国人的认可,并用一种他们习惯的方式与之交往非常重要。与西方社交传统不同,和中国人交往要提及自己的各种关系,像家人、朋友、同事或同学,这才符合社交礼仪。同时,在一个庞大的关系网中,跟中国人打交道要注意保持整体的和谐。

2.2.2 时间启示

中国人的时间观念能进一步帮助我们了解他们在生活中如何运用关系视角。中国人认为万事万物在周而复始的轮回中生生不息。事实上,中国农历在测量时间的时候,认为每60年是一甲子,会循环一次。现在是由逝去的种种和合而成,所以过去就是现在,而不管未来多么遥远,现在哪怕是微不足道的行为,也能对其施加影响。中文的动词没有过去和将来时态,只有现在时态,所以事情发生的先后顺序需用情境来推测。表2-1将典型的东方观念与西方观念进行了对比。

表 2-1　典型的东方观念与西方观念的对比

	东方关系哲学	西方非关系哲学
世界观	整体论	部分论
	两者并存	非此即彼
	互相依赖的对立面	相互排斥的对立面
人际关系	重视集体及相互关系	重视个人
	组织和谐与成果共享	个人成就
时间观念	轮回、周期	线性
	过程导向	时限导向
	历史与传统	未来

2.3　关系视角的管理启示

关系视角对东西方企业有多重影响，尽管这些影响在东方表现得更为明显。为了便于理解，我们从领导力、战略和组织等方面结合东西方实例进行阐述。在东方，企业会因为滥用关系而误入歧途；相反，西方企业的许多问题则源于关系的缺失。事实上，关系视角所倡导的长远眼光和合作意识，能有效遏制西方企业短期思维和破坏性竞争所带来的困扰（Miller and Le Breton-Miller, 2005; Sorin, 2009）；西方世界所推崇的精英体系、个人主义与分权机制也能帮助东方企业克服任人唯亲、因循守旧、独断专行等弊端。

从宏碁的施振荣到阿里巴巴的马云，到西南航空的赫伯·凯莱赫（Herb Kelleher），再到康宁的詹姆斯·霍顿（James Houghton），真正懂得关系哲学的管理者能在东西方传统文化中取其所长并合理运用。由于东西方的思维方式相互对应并优势互补，所以把它们巧妙地结合在一起会有诸多好处。这样，我们就又回到了关系哲学的原则——整合与平衡，以及在这一原则指导下的文化双融管理（Chen and Miller, 2010）。这种管理方法对今天的全球化经济有极其重要的促进作用。

2.3.1 领导力

个性特征

在中国，企业的领导者在公司里享有权威并受到尊崇，他们同时也是企业精神的体现，不但承担着决定企业发展方向的重任，还要协调方方面面的内外关系，塑造公司形象。企业领导者的行为通常具有象征意义，而作为企业家，他们的个人魅力也极为重要。

在关系视角下，由于企业家的自身价值常常由其社会关系界定，那些有声望、信誉好、举止得体的业界领袖就显得尤为难能可贵。优秀的企业领导者受人尊敬——他们讲究诚信、品德高尚、成就斐然。尤其重要的是，他们在人际交往中享有崇高声誉。如果一个 CEO 不能承担相应的社会角色，而仅以单纯的技术专家、狡猾的战略家、精明的商人或有创业精神的经理人的形象出现，就很难赢得股东与利益相关者的信任和尊重。

通常，领导者要有足够的声望、经验和社会关系才能坐到他们今天的位置。企业领导者常常要通过丰富的阅历来积淀其社会资本，只有这样，他们的资历、能力才能被大家认可，才能被视为可以委以重任的适当人选（Xin and Pearce, 1996）。因此，在东方，企业领导者任期普遍较长，能够在较长时间内发挥他们的才能，为公司创造效益。事实上，我们不能把经历过时间考验的业界领袖，与那些处于职业发展快车道上但业绩和商业理念尚未经受时间检验的生意人等同起来。再者，较长任期能激发领导者成为公司、员工和其他利益相关者长期服务的热情（Miller and Le Breton-Miller, 2005）。一个典型的例子是宏碁公司的施振荣，对此，请参考前文与另一篇文章的表述（Chen and Miller, 2010; Lin and Hou, 2010）。

整体观念

关系视角认为企业领导者的行为不能只反映其个人偏好，也不能只考虑某个或某几个利益相关者的诉求，而是要统筹全局、多方协调、兼顾方方面面的利益，包括更为广泛的社会效益。要做到这一点，就要平衡好员工、股东、供应商、客户和公众等各方面的需求。推论性的要求就是，企业领导者要处理好整体与局部的关系，既要减轻局部压力以维护整体利益，又不能长期疏忽那些重要的局部利益（Miller and Sardais, 2011）。

时间也是关系视角关注的问题之一。不能只把注意力放在企业的短期甚至长期目标上，企业领导者应当关注能让企业生生不息、永续发展的生命力。也就是说，领导者应该把注意力放在企业的健康发展上，来考虑如何持续稳定地代代相传。这需要企业领导者有承前启后、开创未来的能力，只有确保企业现在的健康发展，企业的明天才有希望。

企业领导者是公司的管家、认真的守门人，能够有效施展时间平衡的艺术。阿里巴巴创始人、董事局主席、CEO 马云曾说，"领导者必须跑得像兔子一样快，又要像乌龟一样有耐心"（Doebele, 2000）。在西方，康宁前 CEO 詹姆斯·霍顿也是这样一位领导者。霍顿家族在 1851 年创建了康宁公司，作为霍顿家族的一员，詹姆斯承继家族传统，在发展当前事业的同时兼顾长期投资。他的继任者却不如他这般兢兢业业，他们变卖公司的财产，把所有的赌注压在纤维玻璃上，完全不管公司是否有足够的营业收入来支撑这场赌博。

最终的整合或平衡，是针对企业目标而言的。诚然，企业领导者必须阐明公司的蓝图和战略重点，但强调这些目标的同时，不能以其他合理关注点及其支持者为代价。例如，公司固然要创造利润，但不能以信誉为代价，也不能无视重要利益相关者的诉求。

西南航空的赫伯·凯莱赫非常关注企业在创造业绩、激励员工和满足顾客需求方面的平衡，并因此而著称。同样，阿里巴巴的马云始终以公司的4亿客户为中心，把服务放在首位，并将公司运营模式设定为C2B，而不是传统的B2C。马云认为抓住商机不是企业存在的根本，企业的存在是为了解决社会问题。因此，他的中心目标是为买卖双方提供一个好的交易平台，促进他们之间的供求关系。他特别重视中小企业之间的关系，这些中小企业的发展常常受限于落后的商业机制。马云的第二个工作重心是他的员工，他努力与员工保持良好持久的关系。他认为，员工的勤恳与忠诚造就了阿里巴巴。相反，马云一直将投资者摆在次要位置。他说，投资者是一群机会主义者，"总在关键时刻抛弃你"⊖。阿里巴巴正雄心勃勃打算进军美国，它将继续坚持其管理方面的主导思想，并在以C2B为基础的业务网络中帮助美国50 000名创业者。

东方企业领导人面临的挑战

中国的商业领袖往往比他们的公司还要有名。由于位高权重，其声望与企业的兴衰休戚相关。被光环笼罩的商业领袖们，尤其是那些"德高望重者"，长期占据领导岗位，即使已经无法胜任仍是如此，而手下的经理们则慑于其权威，通常不去质疑他们的决策。即使到了不得不更换的时候，这些商业领袖经年累月积累下来的社会资本也会大大增加了更换的难度。

西方企业领导人面临的挑战

在西方，那些轻视关系的商业领袖可以分为两类。第一类企业领导者具有独特的魅力型人格，有号召力，但喜欢出风头且好大喜功。这一类企业领导者比较以自我为中心，独断专行，常常牺牲企业利益以换取个人殊荣。第

⊖ "The Charlie Rose Hour", PBS, September 22, 2010.

二类企业领导者则像睿智的专家或政府官员一样在幕后工作，专注于内容而非形式。㊀但在他们领导下的企业，会因为无人为它"撑面子"而遭受损失——没有人宣传公司的蓝图，没有人表述企业精神，也没有人鼓励对企业忠诚、释放关爱、承担责任。这样的企业领导者与所处的社会环境脱节，不能诠释其所处领导岗位的社会意义。无论是个人魅力型企业家还是政府官员型企业家，他们治理的公司都有一个共同的风险，那就是公司员工常常不能充分发挥才智，并导致企业人才边缘化。

2.3.2 战略

关系哲学对公司战略的影响极为深远，主要体现在资源与能力、竞争与合作等几个方面。

资源与能力

作为一种无形资产，商誉㊁是企业最重要的资源之一，要靠保持信誉、树立口碑来建立。从关系哲学来看，企业的信誉、口碑可以使之获得其他资源，比如资金、客户、优秀员工以及有实力的合作伙伴。在商业活动中，只要社会网络与人际关系还占据着重要位置，信誉与口碑就是最重要的资源。

建立信誉的良策是对所有利益相关者以诚相待，提供优质可靠的产品和服务，互利互惠，并致力于企业的社会责任，让这些成为企业的战略重点。不过要落实这些战略，企业需要在人力资源、基础设施以及战略同盟方面进行投资，这样企业才具备战略实施的能力。这些措施可以让企业的发展进入一个良性循环——企业靠其模范行为建立起良好的口碑并获得信赖，而良好的口碑又让企业获得更多的资源，从而进一步提高信誉。采取这种发展方式

㊀ 有趣的是，许多日本公司都体现出这种反关系化的公司行为。
㊁ "商誉"是一个会计术语，用以反映一个商业实体资产和负债以外的账面价值。

的企业，不但要敢于对未来进行长期、大胆的投资，还要能审时度势、权衡利弊，在必要时懂得妥协，以放弃眼前利益来获取长远效益。

资源基础理论（Barney, 1991; Wernerfelt, 1984）认为，企业的口碑、信誉是一种真正意义上的资源：它是有价值的、稀缺的、难以被模仿的。作为一种有价值的资源，良好的口碑能让企业拥有可信赖感和信用度，这样企业就可以有更高的营业收入或者享受更低的成本。一个企业的口碑也是一种稀缺资源，因为企业口碑只对本企业及利益相关者有效用，他人无法染指。最后，建立良好的企业口碑非一朝一夕之功，而模仿这种资源所需的时间投入会让竞争对手望而却步。

运用关系哲学来考察公司资源为我们提供了一个关键信息，那就是许多资源产生并形成于社会。也就是说，很多公司资源是人与人相互关系的产物，在这些相互关系中，人们交换信息，寻求机会。但是，这些相互关系有"信任不对称"的特点（Tsui and Farh, 1997），这使那些更被信赖的当事方能够促成其竞争对手所不能促成的交易。事实上，在东方，能否完成交易、建立关系或成为合作伙伴，往往不取决于企业本身而取决于人，故而强有力的人际关系在募集风险投资资金时至关重要（Kwon and Arenius, 2010）。这种个人的影响力所带来的智力、资本和人力、物力资源可以成就企业的竞争优势，为客户创造更多的价值。

企业建立的关系网与其独有的动态能力密不可分（Miller, 2003）。所谓企业能力，是指企业特有的技能、资金和基础设施等要素的有效组合，这种组合使企业能够提供比竞争对手更优质或更廉价的产品或服务。如果企业能不断适应外部变化并自我完善，那么企业就具备了动态能力。当然，企业要发展动态能力就要发挥人的能动作用，包括有才华的员工、可靠的供应商和合作伙伴、值得信赖的专家、可以长期合作的投资人等。这样，我们的话题就又回到那个最根本的"关系"问题上来了。

比如，通过建立合作伙伴关系，企业可以外包相对不那么重要的职能，以便更好地关注核心优势。同样的逻辑也适用于企业与投资者、供应商、经销商的关系，当然，企业与自己员工的关系也大抵如此（参见下文中关于企业组织的部分）。这些资源能让企业为客户提供更好的产品，创造更大的价值。

竞争与合作

中国古代军事家孙子在《孙子兵法》中指出："水因地而制流，兵因敌而制胜。故兵无常势，水无常形。"与竞争对手的每次较量都要具体问题具体分析。事实上，"竞争对手"这个概念本身就是在特定环境下对特定对象的描述。同时，关系哲学所强调的平衡与和谐要求企业以低调或"间接"的方式参与竞争（Chen, 2001），其目的往往不是为了抢夺最大的市场份额，而是为了寻求尚未被占据的盈利空间。

关系哲学对竞争分析有三方面的启示。第一，竞争与竞争者都是相对的，所以分析竞争对手的时候应关注他们在市场上的相对关系。与传统的SWOT分析（Armstrong, 1982）和五力分析（Porter, 1980）不同，关系哲学不是以自己企业为中心在特定产业内考虑竞争，而是在竞争各方的相对关系中思考竞争，并把竞争定义为特定环境下瞬时可变的现象。诚然，每个企业都有独到之处，但是企业的优势和劣势在本质上是一个相对概念，而对一个企业优势和劣势的分析，也只有通过将其与所关注的竞争对手进行比较才有意义。

因此，对竞争对手的分析应当更加注重竞争双方在特定战略维度上的相对关系，比如市场或资源（Chen, 1996）。从关系哲学出发，在市场或资源层面一对一地分析竞争对手可以拓展我们的战略视野，让我们注意到竞争对手以外甚至行业以外的竞争要素。因为我们关注的是企业的双边关系而非竞争本身，所以这种方法也适用于对业内甚至跨行业的合资企业、企业联盟或企业并购中合作伙伴的分析。这种以关系哲学为出发点的竞争分析可以使企业换位思考，使其从竞争对手或合作伙伴的角度来思考问题（Tsai, Su, and Chen, 2011）。

第二，关系哲学把竞争看作一个动态的概念，具体来说，看作一个互动、因时而变的概念。我们可以对公司之间的进攻与防守行为进行配对研究，这种分析方法让我们能直接观察竞争是如何在市场上展开的（Chen, 2009; Smith, Ferrier, and Ndofor, 2001）。就像熊彼特（1934）描述的那样，公司会采取行动，而竞争对手会做出回应。因为公司战略行为带来的优势迟早都会因为对手的回应而消减（Chen and Mac Millan, 1992），所以竞争优势只是一时的，难以持久。因而，战略专家的一个关键任务是寻找对手的"应对壁垒"，让竞争对手难以觉察本公司的行为，消减其竞争意愿并削弱其竞争实力（Chen, 1996）。

第三，用关系哲学研究竞争行为需要仔细考虑竞争与合作的和谐并存。在关系哲学中，竞争与合作相互依存而非彼此独立（Chen, 2008），好比是一枚硬币的两面。"竞争方"与"合作方"仅仅是不同形式的"另一方"，只要进行换位思考，我们就可以用预测竞争对手行为的手段来预测合作伙伴可能的响应。这种对竞争概念的扩张可以从英文单词 compete（竞争）一词中找到依据。该单词的拉丁语前缀 com 的意思是"共同、一起"，而词根 petere 的意思是"寻求、努力追寻"，所以 compete 在词源学上合起来的原意是"与一群人共同努力追求某事物"。词源中"共同、一起"的含义揭示出了竞争的本质——即使在对立竞争的状态下，敌对双方也有着千丝万缕的联系并相互影响。

事实上，我们不应认为竞争与双赢合作是泾渭分明的对立，而是应当尽可能地让竞争与双赢合作相融合并保持平衡。《孙子兵法》中很好地总结了这种"非攻"战略:"上兵伐谋,其次伐交,其次伐兵,其下攻城。攻城之法,为不得已。"引人注目的强势竞争不但会树敌,还会毁坏一个企业的声誉。公司要耗费很长的时间才能建立起可信赖感和良好的口碑,而急躁地草率行事则会损害公司与利益相关者的关系。企业应当以长远的眼光、广阔的胸怀来看待竞争,循序渐进,耐心前行,在广泛听取各方意见的基础上逐步形成让多数人满意的解决方案。因此,企业在制定竞争与合作的战略时,要考虑关键利益相关者的价值观,这些价值观会影响企业的社会地位,并且能直接增强或削弱企业的行动能力(Freeman, 1984)。⊖

东方企业战略决策方面的挑战

关系,特别是那些狭隘、排外的"亲密关系",有时会成为企业采取明智行动的绊脚石。有的企业会和少数老搭档形成封闭的小集团,这非常危险,因为公司会因此画地为牢,成为保护主义和腐败的温床。陷入这种小范围、盘根错节的关系网会让企业墨守成规、故步自封,丧失通过推动多边合作来推陈出新、调整适应的机会。同时,企业为了取悦各方会在战略问题上摇摆不定、前后矛盾。要克服这些问题,企业需要一个强有力但有仁爱之心的领导人。此外,企业的信誉是一种易损资源:一个公司再强大,也会受制于其整个关系链中最薄弱的环节(Chen and Miller, 1994)。

西方企业战略性关系决策方面的挑战

在西方,高层管理人员的报酬往往由少数缺乏耐心、注重短期收益的股东决定。为了取悦这些股东,企业管理者有可能忽视许多其他利益相关者的诉求,比如长期投资者、员工甚至顾客(Morck, Wolfenzon, and Yeung,

---

⊖ 在香港的房地产行业中,五大巨头长期把持着市场的主要份额,这无疑是合作性竞争的生动范例。它们长期的竞争与合作行为创造了一个将新的竞争者挡在门外的、回报惊人的封闭生态系统。

2005)。如果企业的CEO能因为企业的短期收益而获得高额报酬，那么这一趋势就会表现得尤为明显（Murphy and Zabojnik, 2004）。在这种情形下，企业管理者制定的战略通常掐头去尾、吝啬小气，他们对企业的可持续发展欠缺通盘考虑，提升业绩的方式是削减成本，而不是投资有潜力的产品与增强企业的能力。他们也会采用高风险的战略以获得短期回报，比如兼并其他企业。当然，要从传统的"零和博弈""赢家通吃"理念转变为"非零和""双赢"，并把方方面面的利益各方看成一个有机联系的生态系统，并不是一件容易的事。

2.3.3 组织

关系哲学对企业组织管理也有很多启示。关系哲学把公司看作一个社会系统，在这个社会系统中，个人、团体以及企业的需求都应当得到满足。事实上，公司的界限是一个开放的并非一成不变的概念，不仅包含所有的员工和投资者，同时还包括其合作伙伴、投资人和客户。因此，公司的价值、组织结构、人员管理、经营流程和管理体系，既要满足个体诉求，又要为社会服务。只有个体将自身置于社会群体之中，他们才会遵从社会规范并与之协调一致。

价值观与组织文化

关系哲学要求管理者超越小我、超越短期利益，以在更广阔的空间创造效益。公司价值一般体现在社会贡献、产品质量、服务水平、技术革新和销售服务等方面。在关系哲学看来，要在这些方面出类拔萃，则需要人人目标一致、精诚合作、彼此照应。企业文化一方面要倡导互助合作，另一方面又要有意识地疏导人才，让他们放开手脚发挥能动作用，并建立相应的激励机制（Chen and Miller, 2010）。这是很微妙的，企业要通过"传帮带"，做好

"以老带新"的工作，开展密集的培训，筛选与公司文化契合的员工，宣扬企业价值观，强化价值理念。只有在这样的企业文化中，这种二元机制才能得到广泛认同，这正是宏碁和康宁的共同之处（Chen and Miller, 2010）。

组织结构

如果企业员工有共同的文化认知，或者通过培训引导使他们认同企业文化，那么一个有趣的悖论就产生了：与组织价值观的一致就可以高度自由。当此得以成功实施，在一个有坚实的价值理念支撑的企业文化里，只要操作得当，员工会自发地规制个人行为，使之符合企业目标，从而消减对官僚式管理和权威型领导的需求。更重要的是，员工被赋予了自主权，他们就能根据自己的判断积极主动地调整、适应，这在动态多变的商业环境中无疑是一种重要的能力。对工作的描述可以更加宽泛，给员工以创新、调整、适应的空间，充分发挥其能动性。企业不再把每个员工盯得死死的，无须等级森严的上下级关系，也没有必要购置价格不菲的控制管理系统。企业可以在内部形成一种友好、随和、平等、非正式的结构，这样一来，企业就能在压迫和失控之间保持平衡，避免极端情况，既不压制个性，又不完全失控。

人力资源管理

西方企业强调个人奖励，通常有正式的个人业绩评定体系，并通过信息系统传递奖惩（Murphy and Zabojnik, 2004）。运用关系哲学的企业却不是这样。首先，奖励不仅授予个人而且授予团队，这些奖励包括团队奖金、地位提升和晋升机会。同时，衡量绩效也不只看短期财务指标或产出贡献，还会参照忠诚度、服务年限、领导能力，以及在培训新人方面的贡献。事实上，资历本身就可以成为被表彰的理由。例如，"老师傅"这个称号就是用来褒扬老员工的贡献，强调他们的价值，让年轻人以企业为荣，并为他们树立职业发展的标杆（Chen and Miller, 2010）。在运用关系哲学的企业里，除了这种以关系为基础的奖励方式，通常也会广泛建立更具个性化、非正式的评价体系，这种评价体系细腻而且具有人性化，通常依托在以老带新的师徒关系氛围中。

最后，奖励机制应当保障事实与认知上的公平。一个让极少数人获取大部分利益的精英体系是值得怀疑的，而一个干多干少待遇相同的体系也同样会滋生不满。问题的关键在于，我们要构建这样一种工作体系，它不仅能促成社会关系的发展，还能既适用于团队工作并保持凝聚力，又能让个人的诉求得到关注。

东方企业在组织结构方面的挑战

个体是集体的一员，但过度强调这一点会让个体缺乏独立思考能力和原创性，这是危险的，不利于企业调整适应不断变化的需求和环境。同时，如果过于看重身份、资历、地位而不是能力和专长，那么就很难在权威面前直言不讳，这也会从根源上损伤企业调整适应不断变化的环境的能力。此外，许多中国企业家都有一种情结，就是要把公司传给自己的下一代而不管他们胜任与否，这对公司的发展也极其有害。

西方企业在组织结构方面的挑战

西方企业文化可能更容易受到极端个人主义的影响而产生"人人为己"的心态，这会给企业的集体行动带来困难。因此，尽管价格昂贵，建立一套滴水不漏的控制系统非常必要，这样才能防止个人为一己私利损害企业和利益相关者的利益。然而，建立这样的控制系统也是有代价的，它会降低企业的灵活性和创新能力，增加响应时间，阻碍信息流动，并降低企业内部跨功能区、跨部门协作的效率（Galbraith，2000）。表 2-2 总结了关系哲学对管理实践的启示。

表 2-2　关系视角与管理启示

领导力	• 企业领导人是企业的代表，他们基于个人魅力、声望和重要的社会关系确定公司发展的基调 • 企业领导人任期较长，工作经验丰富，充当了公司的长期管家 • 企业领导人对所有利益相关者的诉求都做出回应，力求在多方利益、多元目标和时间维度上取得平衡 东方企业面临的挑战：过度依赖领导人，对不称职的领导人也因其资历或权威而盲目遵从 西方企业面临的挑战：以自我为中心，机会主义的 CEO，或者没有沟通协调能力的技术型官僚
战略	• 资源与能力：注重企业口碑，把关系建立在信赖的基础上，并以此获取资本、人才和合作伙伴，提升企业动态能力 • 竞争与合作：对竞争对手进行配对分析；在动态竞争中隐藏自己的实力；与竞争对手既竞争又合作 东方企业面临的挑战：与竞争对手共谋，形成排外的关系；在多边关系中过度倚重少数老搭档；视野狭隘，故步自封 西方企业面临的挑战：短视的竞争战略，牺牲长远的稳健发展
组织	• 开放、灵活的企业边界，包括员工、供应商、客户和社区在内 • 同时关注个人与集体；协同与合作优先，预留发挥个人积极性的空间 • 依靠强烈的价值理念和有凝聚力的企业文化塑造平等、宽松的组织结构，对工作任务的描述宽泛、灵活 • 强调以老带新，强调团队的激励与奖励机制，在公正授奖的同时注意保持平衡，褒奖对企业忠诚、有资历的员工 东方企业面临的挑战：缺乏独立思考和原创性，崇拜阶层和地位 西方企业面临的挑战：缺乏合作，个人机会主义，有时是官僚主义

2.4　结论

尽管关系哲学源于东方，但其中的经验也能用于西方企业在本国和国际上的商业实践。事实上，我们提到的真正意义上的"文化双融"是以关系哲学为基础的。在竞争日益激烈的国际环境中，这种方法对于任何地域的商业实践都是有效可行的（Chen and Miller，2010）。

但同时也要提防关系万能论。诚如前文所言，关系哲学可能被错误地解读，而运用关系哲学的时候也有可能走向极端。建立健康的社会关系能让企业更好地服务于各利益相关者，让多数人受益。然而，腐败、任人唯亲则会阻碍健康关系的建立，本章已经讨论过滥用关系的几种情况。由此可以看出，东方企业在管理经验方面的优势也要视情况而定，不能无条件地全盘接受。东方企业的一些做法，比如树立绝对权威、与生俱来的不信任感、暗箱操作、决策过于集中等，都可能损害公司的生产力，在西方社会，其危害尤为显著。企业应当在寻求和谐与共融的基础上，运用真正意义上的关系哲学，综合东西方各自的优势，以文化双融的方式做好管理工作，就像施振荣与詹姆斯·霍顿所做的那样。

研究启示

本章主张开展系统性研究来检验本章的观点。可以用问卷调查的方式对中国和西方管理人员进行对比研究，评估这种以关系哲学为本的世界观的实际影响力和对管理实践的作用。对一些对立概念，可以比较它们之间的相对接受程度。比如，可以评估管理人员在世界观层面到底更倾向于包容还是排他；在处理人际关系时到底更偏重集体还是个人，以及在对时间的看法上到底认为时间是线性递进的还是往复循环的，等等，表 2-1 中对此已经做出了总结。对比研究关系哲学对经营管理和战略决策方面的影响，则应该把注意力放在领导力、战略和组织等几个方面，表 2-2 对此有所总结。

学者可以研究企业领导人在面对多重目标、多方利益相关者时的轻重缓急，他们的任期长短及决策方面的时间观念，以及社会声望对管理人员的地位和效能的影响。在对公司战略决策进行评估时，可以把企业口碑作为一种资源来考虑，并兼顾企业方方面面的互信关系。同时也应评估企业对竞争与合作的态度。在竞争的时候，企业到底更倚重于你死我活的直接竞争，还是建立更微妙、相对隐性的竞争关系。最后，在考察企业组织构建方式时，应当考虑企业到底是以集体还是个人为基准，来确定主体价值和奖励标准，企业到底更强调竞争还是合作，以及企业在评价忠诚度、资历与个人成就时到底孰轻孰重。

学者也可以研究企业管理人员的世界观、人际关系、时间观念之间的联系，以及公司内部围绕这些观念所达成的共识，并梳理其对企业领导人、战略决策、组织结构的影响，这些内容在上文中已有所提及。对比这些特质在东西方的相对接受程度，以及它们对公司业绩的影响，无疑也是极为有用的。例如，管理者看重长期还是短期的收益？它们是财务性的还是非财务性的？它们是广泛共享的还是仅仅在有限范围内分配？

此外也应探究关系哲学的负面效应。学者可以研究东西方失败的或深陷危机的企业，看它们是否有不同的"病理学特征"。本研究东方企业的问题更多地出在滥用关系上，比如任人唯亲、腐败、相互共谋；西方企业的问题则可能恰恰相反，由于漠视对关系的经营，西方企业常常被机会主义、过度盘剥、目光短浅、缺乏合作意识等问题所困扰。问题在于，关系哲学的负面效应在东西方企业的差别是事实存在的吗？如果这些差别真的存在，那么在什么情况下存在？在不同的文化背景下，这些负面效应到底对公司绩效有多大的破坏作用？同时，还可以探讨关系哲学在不同形式的公司里的不同表现。比如，在家族企业和初创企业中它是如何体现的？这些体现又如何因文化环境的不同而产生相应的变化？在东西方企业中，改变现有关系在组织结构方面各有哪些障碍？对基于东西方的跨国公司来讲，要在两种文化中成功发展，那么在战略制定与实施、组织结构设计、培养管理人员方面，各自应当注意什么问题？

本研究希望今后的研究工作能进一步展示关系哲学，为管理学提供的新思路，这种思路在东西方管理实践中取长补短并克服各自的弱点，指明通往文化双融管理模式的道路。无论企业处于世界上的哪个地方，这种管理方式都是适当可行的。

附录 2A 康宁的詹姆斯·霍顿：关系型管理的典范

康宁公司前 CEO 詹姆斯·霍顿是 150 年前缔造这家公司的霍顿家族的成员之一。尽管是一位西方经理人，但詹姆斯一直被认为是善用关系视角的管理者。

康宁在创新方面成就卓越，曾经为马可尼研发了第一套显像管，为美国无线电公司萨诺夫提供了第一套电视显像管，也是第一个生产耐热玻璃、光纤电缆的公司，还开发了多项平面显示技术，目前在生物科技中的玻璃激光材料方面处于前沿。纵观公司历史，来自霍顿家族的股东和管理人员一直贯彻以企业持续发展为基石的管理理念——深度投资公司现有的和未来的能力，确保公司和各利益相关者的健康前景。它在继承传统的基础上保障当前有效经营，并放眼未来，在技术和产品方面为企业的后续发展打下坚实的基础。

为了达成目标，詹姆斯与他的继任者选择用关系视角管理企业，这与宏碁的施振荣可以说是不谋而合。康宁慷慨地回报所有的利益相关者，包括员工、供应商、客户、投资者甚至康宁所在的小镇，这种管理风格渗透在领导方式、战略决策、组织管理等方面的诸多细节。

康宁强调在行业创新中的领先地位，并因此投资周期长达十多年的项目，例如，它投资的光纤业务在 15 年后才盈利。为保证高质量创新和与之匹配的高效生产系统，詹姆斯承继家族传统，对公司每个部门不同级别的员工都进行深度投资，从工厂车间到研发实验室——在车间里，对工作任务的描述常常是宽泛的，为员工留下发挥聪明才智的空间；在研发实验室里，霍顿则强调创造力和专业素养。康宁在公司内外的培训预算大大超出同行业中的其他企业（Miller and Le Breton-Miller, 2005），并因此获得高额利润回报，得到更多的发展机会。同时，康宁在过去几十年里，即便是经济不景气的时候也几乎不裁员。

　　霍顿与他的员工亲密无间。他到员工经常购物的地方购物，以此来了解他们的困难并做出回应。这种关怀甚至超出了公司员工的范围。1972年，一场特大洪水对公司总部所在的纽约州康宁镇造成严重损害，洪水摧毁了很多店铺、私人住宅、工厂设施。霍顿家族立刻承诺不会让任何人的工作和收入受到灾难影响，并保证康宁会立即修复工厂设施及员工住宅。康宁与供应商的关系是开放互惠的，与一些合作伙伴的关系已经维持了近百年。在霍顿的任期内，这种以关系哲学为基石的管理方法极大地回报了公司的公众投资者。

第3章

连接东西方的
文化双融大使

原文出处 Jie Ke, 2014, "Ambicultural ambassador between East and West: Interview with Dr Ming-Jer Chen, Leslie E. Grayson Professor, Part I & II," Journal of Chinese Human Resource Management, Vol. 5 Issue: 1, pp.75-83; Vol. 5 Issue: 2, pp.177-185.

目的：本章报道陈明哲博士近期接受采访的内容。他从人生、管理和学术研究方面分享自己的价值观、信念与哲学观，这些观念如何塑造他的教学、研究和参与企业实务的方式，以及做出职业生涯与专业决策的战略。

设计/方法论/方法：本章以采访陈明哲博士的方式进行。

研究发现：陈明哲博士对"精一"的坚定信念，反映在他不断追求通过消除各种分歧"让世界变得更小"上。在陈博士的职业生涯中，运用"维持一个平衡与整合的观点"的哲学，以文化双融的智慧面对个人专业和职业使命。陈博士的东西方背景影响着他的实践活动，包括管理教育、决策以及教学、研究和实务等领域。

研究限制/意义：陈明哲博士独特的成长背景和职业经历，使他成为那些以管理研究为志向和职业的人的榜样。他提出的"文化双融"的洞见和所运用的"平衡和整合"的观点，可帮助新进学者应对职业生涯中的各种挑战。

创意/价值：访谈一位管理研究和教育领域的思想家和战略家，他的经验和智慧能启发青年学者去追寻自己的职业路径。

研究类型：观点。

3.1 第一部分："自我"与"平衡"

> 用脑做事，你会觉得疲惫或者有压力；用心做事，你会觉得是享受。跟着自己的初心，你就会拥有一个快乐的人生！
>
> ——陈明哲

3.1.1 绪论

尽管科技让世界变小了，但东方与西方之间、研究与教学之间、学术与实务之间，这些有与无之间的制度与文化的差异却正在扩大（Chen, 2014）。陈明哲博士深切关注这些差距及其对人们工作和生活的影响，致力于建立一个可调和、平衡和最终融合的社群。在本采访中，陈博士分享了他在战略管理领域作为思想家、学者、教育家和企业顾问的职业生涯和经历。

陈博士是战略管理领域的权威学者，在开创性的动态竞争理论和文化双融观点方面享誉盛名。他是弗吉尼亚大学达顿商学院莱斯利·格雷森（Leslie E. Grayson）教授。在任职于达顿商学院之前，陈博士创办并指导了全球华人企业发展中心，并曾在哥伦比亚大学任教。他也曾在帝国理工学院、香港中文大学、台湾大学、台湾政治大学、复旦大学、中山大学、清华大学、新加坡国立大学等学校进行访问并担任荣誉客座教授。

作为管理咨询顾问，他的企业客户包括联合技术、默克、联邦快递、杜邦、美国铝业、AIG、摩根士丹利、慕尼黑保险、宏碁、腾讯和劳斯莱斯等。陈博士是《透视华人企业：全球经理人指南》（*Inside Chinese Business: A Guide for Managers Worldwide and Competitive Dynamics*）和《动态竞争战略探微：

理论、实证与应用》的作者。他在管理领域顶尖期刊发表了大量文章，并且担任国际管理学会发行的《管理学会评论》（Academy of Management Review, AMR）的副主编，以及《战略管理学报》（Strategic Management Journal）和《哈佛商业评论》（中文版）等著名期刊的编辑委员。陈博士曾任国际管理学会（AOM）主席和院士、战略管理学会（SMS）院士、企业政策与战略（BPS）分会㊀前主席。他曾获得许多的奖项，包括《管理学会评论》《管理探究杂志》（Journal of Management Inquiry）以及 BPS 分会的最佳论文奖。

陈博士曾在《福布斯》《华尔街日报》《今日美国》、路透社、美国单线电视新闻网（CNN）、美国公共电视网（PBS）、《新闻周刊》《美国新闻与世界报道》、德国《商报》（Handelsblat）和中国中央电视台等国际媒体上亮相。他曾在多个世界经济论坛上发表主题演讲，为东西方企业对话做出了贡献。论坛包括 2000 年在北京举行的"中国企业高峰会"、2004 年在纽约举行的"美中高级行政首脑会议"、2004 年的"中欧论坛汉堡峰会"、2007 年的"中国 CEO 论坛"，以及 2006~2007 年 HSM 在布宜诺斯艾利斯、圣保罗和米兰主办的"世界商业论坛"。

他是中国顶尖商业杂志的定期撰稿人，包括担任《哈佛商业评论》（全球繁体中文版）专栏作家。

由于采访的时间很长，我们将其分为两部分。在第一部分，陈博士与我们分享了他的价值观、信仰和哲学观，解释了这些观念如何塑造他的教学、研究和参与企业实务的方式；他还介绍了在做重要的职业决策时，他的观念如何提供协助。

㊀ 企业政策与战略分会，Business Policy and Strategy Division，目前更名为 Strategic Management Division。

3.1.2 访谈

柯洁：您个人的价值观是什么？这些价值观如何影响您的职业选择和研究关注的焦点？

陈博士：让我以一个例子开始。我在 2006 年创立了全球华人管理学者社群。这个社群是我开展文化双融工作的一部分，它的哲学基础来自中国人"中"的观念。其根本的含义是，"自我"和其他人是融合在一起的。对我来说，"中"是指导我生活和工作的核心价值。也是中国被称为中国的原因。这是平衡的概念，"做你自己"的同时也考虑到其他方面，然后试图找到两者之间的平衡。所以，做我自己是一个维度，甚至是我的哲学观。

我不确定你是否阅读过我在 2012 年为《华盛顿邮报》撰写的《精一的力量》(*Power of Oneness*)(Chen, 2012)，这个想法源自中国的《尚书》。专注于"一"，便是我做所有事情的最高原则和出发点。在我的整个职业生涯中，我只关注一个研究问题，而且我"只"做一件事。对我而言，这件事就是"让世界变得更小"。把它翻译成通用语言，就是"把学术和实务结合起来，也把东西方桥接起来"。这只是一件事，但它是一件大事。

我用"精一"(oneness) 指导我所有的活动。例如，我不把研究、教学和专业服务视为三种不同的活动。对于一个学者来说，这是同一件事，这种思维方式让我与其他人略有区别。我做了很多的教学工作，并且和世界各地的企业管理人员一起工作。在课堂教学与撰写论文或在企业演说没有什么不同，它们是"同一件事"，只是观众和形式不同而已。我写的不是超然独立的文章，我只是在如实地践行我的信仰。简单说，这是一个关于平衡和精一的概念。特别是在如今环境中，"精一"的概念相当重要。"精一"意味着人性与专业性之间、东方与西方之间、全球与本土之间、社群服务与自我利益之间的平衡。"平衡"这个"中"的哲学观，是我生存的基本价值观。

柯洁：有时不是所有事情都可以达到平衡，如果您遇到这种情况，会怎么做？您会先专注于一件事情，稍后再做另一件事情吗？

陈博士：这是非常好的问题。为了达到平衡，我采取了更长远的观点。让我举一个例子。我花了12年才弄清楚如何在美国说"yes"和"no"。在西方，当有人称赞你的成就时，你应该说"谢谢"，接受赞美。在中国，你应该否认这一点，并把荣耀归功于他人或家人。在这种情况下，我通常会回答"您人真好"，这意味着我接受了一半，否认了一半。然而，按照西方的标准，在这种情况下，你是不诚实的。我花了好几年的时间才能很好地表达。

找到平衡并不容易。比如，因为你的时间是有限的，所以时常在研究、教学和实务等方面处于紧张状态。因此，我采取顺序的方法来平衡自己。我将注意力完全集中研究上，但同时，我不会忽视教学和实务的重要性。我会安排并投入到一系列相关的活动中，这样我便能保持专注。比如，我最近在中国待了三个星期，我为商界人士授课并与他们会面。对我来说，这便是"精一"这个概念最适用和最有帮助的地方。效率的概念在其中也变得至关重要，我能确切地知道在这一刻我需要做是什么，例如接受你的采访。

柯洁：那么您如何做时间管理，比如您最近在中国待了三个星期？

陈博士：保持专注。当我教书时，我不会分心。例如，我非常珍惜时间，我在中国教书时，我拒绝了所有餐叙和会议的邀约，当我精神最集中和头脑最清晰的时候，我只专注于我的教学和我的学生。有很长一段时间，我会在凌晨3点开始阅读、写作和反思前一天的教学。我会把我的课程安排在下午2点之后，以确保我的教学质量和表现，而且只在下午5点以后接听或打电话。

柯洁：您在AOM的主席演讲中提到，您曾经在爱新觉罗·毓鋆的书院中学习。您为什么选择这样做呢？

陈博士：我是被选中的，而不是我自己选择的。

柯洁：如何被选中呢？

陈博士：作为中国人，我一直想更进一步了解中国的哲学、历史、文化和社会，这一直存在于我脑海中。碰巧有一个朋友在跟毓老师学习，所以我表达了我的兴趣，然后我们必须和毓老师面谈。我非常幸运，有机会学习那些经典，即使是我父母那一代也没有这个机会，这是私塾式训练。

柯洁：您在大学里学的是什么专业？

陈博士：那时仅限于管理，根本没有研究的课程。为了研究中国经典，我不得不放弃一些我的大学课程，这是一个很艰难的决定，却是我一生中做过的最好选择。我出生并成长于偏乡，一直到17岁，这种背景对我的发展影响很大。这种边缘化的成长促使我成为独立和自主的企业家，并且驱动我去开创自己的事业。

柯洁：您如此热爱东方的哲学经典，为什么决定继续留在西方呢？

陈博士：这也涉及文化双融的概念。中国哲学对当今世界有着更广泛的影响。"永远不要成为井底之蛙，只留在自己的舒适区"，我喜欢走出自己的舒适区，寻找挑战，开启自己的新体验。我认为，成为文化双融的行践者就是不断地与自己对话，拒绝自己，直到提升到更高的层次。所以，我就是在不断地实践和争取奖学金去美国留学之间来回努力，以取得更大的进步。

柯洁：您是如何选择职业的？

陈博士：这对我来说是一条自然的道路。我喜欢思考并激励人们，不仅是从研究或学术的角度来激发，而且还希望能对人们的行为产生影响。在某种程度上甚至是在理论上，我是理性的。所以，成为管理学教授的选择是自然发生的，因为学术界能够让我整合研究、教学、实务和服务。

柯洁：说到教学，您提倡运用中国古代哲学思想更好地促进沟通交流。您是如何准备教学，和每位学生进行深入交流呢？

陈博士：是的，我尽量和学生交流。在开课前我的研究助理会帮我收集学生的相关信息，以便我了解每位学生的背景。我还要求我的研究助理要了解、掌握我的课程内容与进度，以便他们知道要收集哪些信息。在课堂上，我会提很多问题，与学生有很多互动。而且，我会利用各种机会，例如午餐时间，进一步与他们沟通和交流。

柯洁：您应该没有太多的时间来指导学生，对吗？

陈博士：其实，我为博士生提供了很多建议，只是我不以传统的方式来提供。博士生是教授的"资产"，我不喜欢和别的教授竞争博士生。但是，我和很多博士生一起交流与学习，并和他们保持深厚的关系，而不只是担任他们的指导教授。这是我发挥所学中国哲学的方式，因为东西文化对于老师的定义有很大的差异。

柯洁：您能详细说一下吗？

陈博士：在中国，老师是传道、授业、解惑。在西方，最多只能做两件事：传授专业知识和解决疑惑。

柯洁：您采取的是哪种方法呢？

陈博士：如果你知道我的背景，就知道我采取的是比较传统的中国方法。

柯洁：您如何在这两种方法之间取得妥协？

陈博士：我不认为我会在提供建议和担任指导教授中取得妥协，这就是我不遵守"西方（或任何人）规则"的原因。我设定自己的标准。这也许是一个完全不同的对话，因为这是我在学术界遇到的最严重的问题。而且，不仅在西方，在中国也存在着同样的问题。

柯洁：同样的问题指的是什么？

陈博士：研究型的老师往往不擅长教学，教学型的老师也不太在乎科研。学术界在教学和科研上存在着巨大分歧，这种分歧甚至影响到全人类，意味着关系到社群和整个社会。而且，目前学术界的价值体系，让人们变得以自我为中心、甚至自私，往往会忘记中国哲学的本质："人 – 我 – 合"。

柯洁：您为什么认为这是一个问题？

陈博士：因为这导致学术界通常只能教育出"为发表而发表"的野心家，他们为了写作而写作，却忽视了教学、社群服务和其他的一切。我的亚洲文化背景和我对中国经典的接触，在某种程度上非常关键，所以我一直在努力平衡教学和研究。比如，我甚至在国际管理学会的主席演讲和中国管理学者交流营的会议中，播放了两三分钟我的教学视频。再举一个例子，1997年我自费到中国大陆，为首批任教于中国的所有MBA项目的54位管理学教授进行培训。

柯洁：您为什么这样做？

陈博士：因为我觉得总有一些事情需要我帮忙。几年前在李岚清基金会论坛上，在中国的25所商学院院长面前，清华大学前院长都认可这一点。他说：

> 很多华人学者都回来了，因为现在中国做得很好，他们都会因为充满机会而回来。但陈教授用自己的经费回来教导和帮助我们。

我不确定这是否表达了我的意思，但我想强调的是，我自费去中国大陆做了11天的培训。我去清华大学参加聚会时，每个参加工作坊的教授都带来一个想提高自己教学技能的年轻同事。对我来说，此机会让我认识到当今中国商业界和学术界的独特需求与西方截然不同。至少在美国，我对中国需要什么有更为直接的理解，那就是，即使在现如今，教学的重要性也远大于研究。我认为，中国应该进行更多的应用型研究。

柯洁：您在职业生涯中还做了哪些其他重要的决定？

陈博士：我试图追随自己的内心，并让我的决定从心里释放出来。例如，我1996年的 *AMR* 论文（Chen, 1996）首次被接受可刊登在《组织科学》

（*Organization Science*）的特刊上，但是我拒绝了这本著名刊物的邀请，因为我希望看到我的论文发挥更大的影响力。我记得是在当年 10 月中旬的星期一早上，和当时的威廉·纽曼教授（William H. Newman，AOM 第六任主席，AOM 的 William H. Newman 论文奖便是以其名字命名的）认真讨论及思考后，我走进我的唐·汉布里克（Don Hambrick，他是我在哥伦比亚大学的同事和系主任）的办公室，和他分享我的决定。他不断要求我重新考虑："明哲，你还没有拿到终身教授的职业呢。"我对当时的回答记忆犹新："唐，我非常敬重您，我是来告知您我的决定，而不是征求您的意见。"那时候，我不知道这篇论文的命运是什么，我不能想象这篇论文有一天在第一轮就被 AMR 所接受，并获得两个最佳论文奖。事实证明，这是肯定"我是谁"以及"我想完成什么"的重要里程碑。它奠定了我在沃顿商学院待了好几年的决定，在那里我专注于创建和发展一流的国际研究计划：全球华人企业发展中心。你知道，大多数学者不会那样做。之后我来到弗吉尼亚大学，这是一所教学型大学，在这里我的重点是教学。所以，我想我已经做了很多人可能不了解、不赞赏或不认同的重大决定。

柯洁：您为什么这么说？

陈博士：1997 年我加入沃顿商学院时甚至采取了非典型的学术道路，因为我想创造新的东西，创建研究中心是我觉得很重要的事情。现在我在中国教这么多，是因为我对中国社会非常关心，这就是我开始花更多时间的原因。让我再举一个例子。我曾向《管理科学》（*Management Science, MS*）投稿，在二审时，本来三位审稿人都已经接受了这篇论文，但副主编还是把它送给了第四位的审稿人，并根据第四位审稿人的意见拒绝了我的论文。我的同事们建议我对此提出申诉，但因为我的共同作者丹尼·米勒（Danny Miller）和我是保守派（我作为一名前篮球运动员，不相信"即时回放"），觉得一旦接到这个结果，即使是有问题，这也代表最后的结果了。

上面的例子也涉及价值观的问题。对我而言，个人价值观是非常抽象的。除非你能践行你的价值观，否则你不能说你有价值观。为了"让世界变得更小"，我坚定不移地遵循着儒家传统的原则："学行合一""知行合一"。另一个例子是决定加入弗吉尼亚大学达顿商学院，这是一所重视教学承诺和卓越教学的大学。举一个学校对教学承诺的例子。在其他大学，提供办公时间（office hours）是教师对学生表明承诺的常见作法，但是在达顿商学院，提供办公时间是个禁忌，只有我们不在办公室的时候才会这样做。也就是说，在白天我们应该可以随时接受学生的来访。所以你看，这与"研究型大学"完全不同。

我在职业生涯中做出的另一个决定是我去了沃顿商学院，而非仅是追求专注于研究的传统路径。在沃顿商学院，从零开始创建一个国际研究中心是大多数学者不会做的事。一方面，我是一位战略思考者——我从职业生涯角度追求这样的活动，但同时我又不喜欢只从职业生涯的角度切入。因为对我而言，这只是学者所面对的一个问题，而且我们的专业在这方面可能会走上一条被误导的道路，我不认为这对于我的职业生涯有什么帮助。但是，这反而是我希望自己能做出最大贡献并创造差异的地方。这也是为什么我说我做了大多数人可能不会做的决定，我做了很多艰难的选择。也许你不相信，我不指导任何博士生，相反，我是和一些助理教授和副教授一起工作。

柯洁：我能否理解为，每当您在职业生涯中要做出重要决定时，都是先考虑对学术社群有多大的帮助和益处？

陈博士：是的，从某种意义上说，我觉得你说得很好。事实上，我并不是考虑或思考自己的事业，而是认真考虑为我所在乎的人做出的贡献。特别是在当前的学术环境下，由于论文发表的压力，学者不善于思考"我们应该对谁负责"，反而认为应该回应期刊主编和审稿人，即学者应为"学术写作"负责。我采取更广泛的视角，不仅对学术界同侪负责，而且对学生和管理者负责。我可以寄给你我在国际管理学会主席演讲的演讲稿（这篇演讲稿 2014 年刊登于 *AMR*），你会看到我演讲的方式，与过去狭隘的、偏重技术性的演讲非常不同，我采用互动的方式来回应听众的问题。我在复旦大学教授我的第一个 EMBA 课程后，60 个学员中，有 1/3 都流泪了。老实说，在清华大学，每当我上完课时，院长都会问班级的负责人有多少人哭了。大多数学者或许不关心经理人如何思考，以及为什么我们要为经理人负责。但是我很关心他们，因为我认为经理人也是企业学者（business academic）的成员之一。当前的管理学者实际上辜负了这群重要组成分子的期望。因此，这必须仰赖大学、学者、高管以及企业领导人共同努力。为此，我最近还创建了一个独立的数字平台。

柯洁：您能详细阐述一个平衡的、以研究为中心的学术生涯吗？

陈博士：让我从文化双融的整体概念开始谈起，这是我在国际管理学会主席演讲的主题。首先，我用一个非常广泛的文化定义。文化 = 文 + 化。"文"是经天纬地，意思是任何与人和事有关的东西都属于"文"的一部分，文化双融确实与"文"有关。文化有许多对立的隐喻：它可能是东方与西方，也可能是学术与实践；可能是人性与专业，也可能是全球性与本土性。所以，基本上文化就是"文之化"（wenization）。我试图分别找到两方的优点，然后避免两方的缺点。所以，我会从西方汲取好的东西，比如效率和雄心，还有东方好的东西，比如流程和人性，以及所有那些比较柔性的东西。

如果你阅读我的演讲稿，你会看到我甚至提到哈佛大学的迈克尔·塔什曼（Michael Tushman）或宾夕法尼亚州立大学的唐·汉布里克这些学者。我把他们当作案例，是为了帮助读者想象一个介于两个明显对立面之间的张力。在我整个职业生涯中，我从整合东西方最好的方面中获益匪浅。所以在很多方面，我又"中"又"西"。一方面，人们可能会认为我是一个真正的中国人，但同时，我也是全球化的一部分。我甚至开玩笑说，我是在犹太文化中长大的，因为当我在哥伦比亚大学时，管理系的 12 位同事中有 7 位是犹太人。你看看我在说什么？

我个人并不认为东方与西方、全球与本土、学术与实践、教学与研究是对立且相互冲突的，我找到了整合、同化以及释放彼此的方式。其实，我用整合的方式在国际管理学会中开设教学论坛和职业生涯发展工作坊。作为一个"边缘人"，我会问自己"边缘"对于研究和教学的意义是什么。由于我有在偏乡生活的成长背景，我对清华大学钱颖一院长说："我的旅程和您完全不同，你们都在顶级著名的院校学习。"钱颖一院长获得了清华大学学士学位、哥伦比亚大学硕士学位、哈佛大学博士学位。我说："清华大学毕业生所面临的最大问题，就是他们只仰望星空而不低头看路。"

我也在工作坊中讨论过，身为一个边缘人，我必须对别人的需求和关心保持敏感，也许就是中文所说的"看脸色"。他们立即问："您看谁的脸色？"我注意到各种各样的"他人"：学生、同事、共同作者、审稿人等。我喜欢从对方的观点来思考。事实上，我在动态竞争的研究中，甚至发展了"对手"（另一种他人的形式）为中心的观点。在教室中，我会注意那些没有发言的学员，把自己摆到他们的位置，找出原因。我认为自己是一个全方位思考的人。我的人生不是分割的。这也是学者或任何专业人士所面临的挑战。你们会把人生分成家庭、事业，也会把人生分成研究、教学等，我不分这个或那个，我就是想把事情做得更加和谐与整合，并在两者间找到协同。

回到您的问题，发展一个以研究为中心的平衡的学术生涯，对我而言意味着要平衡研究与教学、事业与生活、制度与专业。然而，身为一个学者，在早期职业生涯中，最具挑战性的时期往往也是家庭生活最艰难的时期。因此，发展均衡的学术生涯是一个终身学习的课题。我非常幸运能够将自己的专业和兴趣相结合，并有机会看到我的各种专业活动：学术研究、为实务人士写作、MBA 和高管教育，以及公司演讲和咨询活动之间的整合或协调。

我曾在文章（Chen, 2002, 2014）中详细讨论过这个问题。

3.1.3 反思

陈博士的职业道路和生活经历，对于中国管理学者而言，在许多方面有着不同的启发。陈博士对"精一"的独特见解，使得他的职业生涯充满文化双融的智慧。他对提升企业教育和学术研究的热情，对衔接东西方专业服务的热情，以及利他的奉献和经验，都展现了他试着"让世界变得更小"的努力。在他成功的职业道路上，以"中"或平衡为基础，并作为他的中心价值和哲学观，让他对许多看似矛盾的分歧和超越工作和生活的悖论，采取一种平衡的、整合的和整体的方法。他高超的整合能力不仅表现在许多不同寻常的职业决定上，而且反映在他的教学、研究和服务这些看似相互竞争的角色平衡上。此外，陈博士尽管以中间方式保持平衡，但他一直设法"做自己"，即使这可能意味着违背传统智慧或者做出艰难的决定。简言之，陈博士透过他的职业生涯证明，他是一个真正的文化大使，衔接着东西两方。

在第二部分，陈博士将与我们分享他如何从早期担任导师（师傅）中受益，从而开创了他的研究成果，以及他如何产生有趣的研究问题，为管理研究做出重大贡献。他也将为新进学者提供建议。

3.2 第二部分：西风东渐，东风可不可以西渐

> 西风东渐，东风可不可以西渐？
>
> ——陈明哲

3.2.1 绪论

正如陈博士在本章第一部分所分享的，个人价值在被加以践行之前，仍

然是一个抽象的概念。在接受采访的第二部分，陈博士阐述了他如何践行第一部分提及的两个个人价值观："自我"和"平衡"。陈博士并未遵从既有的规则，他始终听从自己内心的声音，努力透过自己的工作创造全新和独特的影响力。例如，他的研究问题"什么是竞争"？他开创性地运用"动态竞争"和"文化双融"等术语，并建立了全球华人管理学者社群和王道薪传班课程。就像他的工作一样，陈博士给新进学者的建议也是独一无二、令人深省。

3.2.2 访谈

柯洁：您有过哪些最难忘的教练（coaching）经验，无论是担任导师（mentor）还是被辅导者（mentee）？

陈博士：有幸在我的人生中有许多来自东西方的伟大导师。王念祖教授是"中国与国际企业计划"创始人之一，他明确指出了儒家哲学的理想。所有认识王教授的人，都知道他是如何在华裔美国人的身份中取得平衡的。对我而言，另一个楷模是马里兰大学的统计学教授塞缪尔·科茨（Samuel Kotz）博士，他拥有儒家的教学哲学，重视有教无类，不因学生的背景、能力、种族或其他因素而将其排除在受教的对象之外。"下岗"的概念对于已故的科茨博士而言是不存在的。甚至在我上完他的课10年后，我依然可以在需要时得到他的帮助。此外，马里兰大学的企业和公共政策教授李·普雷斯顿（Lee Preston），教会了我如何成为自己并过得快乐。他告诉我，如果一个人真的对自己有安全感，就可以保持专注，而不为外部压力和逆境所困扰。当我担心研读管理课程所需要的高标准英文能力时，普雷斯顿教授提醒我，我们每个人都有自己的障碍，我们不该让这些障碍改变我们为自己所设定的目标，或者限制我们达到这些目标的能力。

我特别感谢两位导师——爱新觉罗·毓鋆和比尔·纽曼，我在国际管理学会的演讲中曾特别提及他们。在赴美前，我跟着毓老师研习中国经典。在他的教导下，我有机会读到被认为是中华古代哲学顶峰（公元前772～前222年）的16位最有影响力的哲学家的原创作品，让我能沉浸在孙子的著作以及其他浩如烟海的注疏之中，这深深地影响了我的动态竞争研究。

最荣幸的是，在过去的12年间，我与我敬爱的导师比尔·纽曼教授密切合作。比尔·纽曼是"人文学者"的典范，他不仅帮助和指引我作为一位管理学者的职业生涯，而且也引导了我的人生，他的智慧和价值观至今犹存。在很多方面，他比我的许多中国朋友更"中国"，他展现了中国古典文学的精神，以"中国"作为一种思维方式，而非一个民族。

柯洁：是什么促使您在顶尖的管理组织担任领导角色，为学术界服务的？

陈博士：答案非常简单，因为这样做对我和他人而言是共赢的。我从东方和西方的管理者和导师那里获得了无法量化的收获，我不仅获得了他们作为伟大思想家的认知，还接受了传承的概念。另外，我希望人们少走一些冤枉路，也就是说，我试图帮助人们在职业生涯经历少一点的苦难。同样地，我总在思考"贡献"的概念，如何为社群和整个社会做出贡献，以及如何在实质上定义"社群"。不得不说，我对社群的定义多年来已变得越来越宽泛。现在，我认为社群是一个比我早期阶段在生活和事业上更广泛的概念。

柯洁：您认为邀请中国商界领袖参与管理的学术社群很重要吗？

陈博士：这相当重要，让我来详细解释。我在试图同时解决两个问题：一个是东方与西方间的沟壑，另一个则是学术与实践的沟壑。其中一个例子，就是我在2010年与宏碁创始人兼CEO施振荣共同创办的"王道薪传班"。王道是中国"人－我－合"的哲学，是统一和成功的想法，是借由道德而非权力的力量。我致力于招募过去和我在教学和研究上有合作关系的西方顶尖学者，如哈佛大学的迈克尔·塔什曼和斯坦福大学的罗伯特·伯格曼

（Robert Burgelman）。我们像经营企业般运作这个课程。刚开始的时候，有一位同事告诉我："我会帮助中国的。"于是我问他："你认识我多久了，5年？你对我的印象如何？"他回答说："你总是公正的，你总是客观的。"然后，我对他说："你认为一个强大的中国企业将促使美国企业变得更强大，或者刚好相反？"我总是用开玩笑的语气解释如何提升全球企业竞争力：当一个企业变得更强大时，它的竞争对手也将变得更加强大。这就是人类社会，甚至就是文明的进步。

柯洁：这似乎透露了你会以更全面的观点看待事情？

陈博士：是的。有件事或许让我的观点开始有别于传统概念下的中国专家，或者做过些研究的中国倡导者。凭借我在中国古典文化的训练，我将中国定义为一种思维方式而非民族。这对我来说确实是一个起点，所以，就是我刚才提到的原因，我甚至会将动态竞争视为中国哲学与西方社会科学的文化双融。这种平衡的概念与"中国式思维"密切相关。所以对于我来说，中国人传统上被定义为以"中"为核心思想的人，或者"中道"，而不是以中国为主要思维的人。这种差异虽然微妙，但对我如何处理中国管理研究有着重要影响。

柯洁：那么，您面临的挑战是如何将这些概念灌输到人们的心中吗？

陈博士：是的。我认为其中一个挑战就是如何理所当然地把最真实的"中国"思想传达给人们。对许多人而言，他们所了解的有关中国的一切，以及他们所认识的中国企业，都与"关系"有关。但是，据我所知，关系只是中国管理中的许多重要概念或理论构念之一，所以这只是一个元素。另一个因素纯粹是从研究的角度来看，西方管理研究的典范已经非常强大，但在我看来，中国管理研究还没有一个较为根深蒂固的传统思想。

柯洁：您认为邀请中国商界领袖参与发展中国商界的社群有多重要？

陈博士：这也是我更关注商界经理人的原因，因为在学术界，管理研究都是围绕着西方社会的概念。但是，让我举一个正在发生的文化双融的例子，这解释了为何我对"现实世界"管理感兴趣。总部位于美国的林肯电气公司，在内部竞争与合作、社会福利与个人创业，以及利益相关者之间的利益取得平衡关系，100多年来一直秉持王道管理和文化双融管理的理念。然而，我不认为目前的中国管理研究对知识创造有很大的帮助。例如，两年前我在清华大学上课时提出了一个开放性问题：西风东渐，东风可不可以西渐？

然后，我建议其中一位管理学者，可以研究长城是如何建设而成的，因为那是一个行动之中系统化管理思维极佳的个案。建设长城的整个管理体制，对于今天会有什么样的影响，我认为还没有一个全面性的研究。相反地，在美国，长城已被从不同角度彻底研究过，而管理课程也谈了上百遍！

我们需要走向这个典范，但它必须是本土化的，大多数可靠的中国管理实务是来自那些甚至不用英文写作的人。那么问题就变成了：我们如何才能改变人们的心态，真正从真实的、本土化的中国观点来看，而非从第三者角度来看？

柯洁：您在进行这类研究时，最乐在其中的是哪一部分？

陈博士：首先，我不喜欢主流研究，我喜欢的工作往往是比其他人早几步。举一个例子：动态竞争。我在这个领域投入研究的时候还没有相关的研究议题，而且没有构架，我将其从无到有建立起来。我一直喜欢这种类型的创作过程，从零开始构建。

柯洁：这会进入我要问的下一个问题，关于动态竞争，您最早发表的研究是什么？

陈博士：第一篇发表在《管理科学》，不对，我在读博士班期间发表过一篇，第一篇实际上是刊登在《管理学会杂志》（*Academy of Management*

Journal, AMTJ）上，我是第一作者，因为那是我的毕业论文。这两篇文章构成了我动态竞争的第一个研究，就是1992年 MS 和1991年 AMJ 中的研究。我后来在《亚太管理期刊》还发表过关于研究过程和研究计划的文章（Chen, 2009），主题精炼为"什么是竞争"。

竞争是最落地的话题之一，而我试图严谨地对待它。对于那篇文章，基本上可说它是非常容易识别竞争的。我的概念与当时的迈克尔·波特（Michael Porter）以及其他人的不同，我将竞争概念化为行动与响应。这说起来很容易，但不容易做研究，不管是做出行动还是做出回应。因此，我做的第一件事是研究竞争行动的属性，并预测竞争的回应。在我最近的研究中，我从一个非常简单而谦逊的问题开始，一直深入到一些更深层次的问题，比如，竞争是否能被觉察或者竞争是否是客观的。这两者如何汇合或者产生分歧？现在我甚至会从文化双融的观点提出一些问题，来检视动态竞争。总之，我认为持续保持专注是我所有研究的核心。

柯洁：对于动态竞争的研究，你提出了什么与过去研究不同的观点？

陈博士：首先，我创造了一个全新的分析层次，而且是一个非常实用的分析层次。以前的分析层次是企业层面、宏观层面、人层面或战略层面其中的一个。企业以上的层次是产业，而产业和公司之间的层次被称为战略群组，这是一组具有相似属性的企业。我在战略群组和企业之间创造了一个成对的层次，重点聚焦于两家公司及公司之间的行动和回应。这个想法促成了新的分析层次，而我不得不发展一个新的构架以讨论这种企业的两两比较。简言之，我需要运用各种互动关系来创造新的理论。

柯洁：您最早发表的关于文化双融的研究是什么？

陈博士：这很难说，因为这个术语一直到2010年才被使用。我在《管理学会观点》（*Academy of Management Perspectives*）发表过一篇文章，但是在我2001年出版的《透视华人企业》一书中已采用了这个观点。甚至在我发表于《管理探究杂志》的文章中,检视了竞争与合作间关系的本质,也属于广义的文化双融的范畴。在我 2002 年发表于《亚太管理期刊》的文章中,也有关于超悖论(transparadox)的相关概念。所以,这个术语虽然直到 2010 年才正式提出,但我在更早之前就开始传达这个概念。

柯洁:您为什么决定从事文化双融管理的研究?

陈博士:这又是专业和个人兴趣整合的平衡。身为一位管理学专业人士和一位管理学者,我把自己的成长归因于两件事情的文化双融的整合。这两件事可能是研究和教学,或东方和西方,或全球和本土,或学术和实践。

我在 2014 年的主席演讲中,分享了一些我的文化双融之旅。我的生活可在两种文化和两个大洲之间做等分切割,而我的职业生涯也可在研究和教学之间切割。事实上,在我的整个职业生涯中,我都试图成为一个文化双融的学习者,弥合世界。就像我想说的那样,我边缘化的成长背景,让我得以从边缘开始培养世界观。今日,尽管我居于全球的主流位置,但我的思想和行动仍然受到这种边缘观点的影响。自 20 世纪 80 年代末从马里兰大学毕业后,我有幸在三所大学教书,并与来自不同文化背景的同事合作。因为从文化差异和对立面来看,我在整个职业生涯中都受益匪浅,所以我把我的个人目标定为"让世界变得更小"(Chen,2014)。

柯洁:那么您也将您的这些国际经验运用于教学吗?

陈博士:是的,我相信这种方法能帮助学生成长和学习。例如,我曾教过"战略思维:东西方整合"(Strategic Thinking: Integrating East and West)课程。我有一位目前在宝洁公司工作的 MBA 学生对我说,这个课程让她非常不舒服。我告诉她:"继续享受你的不适。"对我来说,不适感往往是学习的动力,也是许多人类行为的驱动力。这就是我 1996 年在《管理学会评论》发表有关企业间竞争和竞争对手分析的论文,最终获得了两个最佳论文奖的原因。当我教书时,我使用和写文章时一样的方法,我并没有看到差异。这对某些人而言可能是不寻常的，但这是我概念化自我的方式。

柯洁：您是如何让教学对您的研究产生助益的？

陈博士：让我解释一下共同性来自哪里。如同我写文章，我以同样的方式为我的教学准备问题。写作时，我会花40%的时间在前两三页，在这两三页中，我肯定会找到不同的方法来提出研究问题，以及提出能真正极大化研究贡献的方式。例如，我会谨慎用词，所以我不会预设人们是以美国为中心的。总之，文化是中立的，文化双融和竞争的整体观念都是非常中立的。

柯洁：在进行有关中国管理相关的研究时，您如何获得所需的资料？

陈博士：收集资料对我而言是一个小问题，因为有很多人和我一起工作，他们帮助我获得资料。在某种程度上，特别是在研究中国管理现象的时候，我们可能太快进入实证研究了。我相信我们需要更多的本地案例研究，因为真正的案例研究有助于我们理解我们应该就某一特定现象提出什么样的研究问题。关于这个观点，我的研究和兴趣领域都是以宏观为导向的，我注意到我可能更关心理论和实证的比较。

柯洁：您认为中国管理专业人员和学者目前面临的主要挑战是什么？

陈博士：我觉得有些挑战是很明显的。它是研究与教学之间的沟壑、学术与实务之间的沟壑、东方与西方之间的分歧，甚至是对什么是学术的基本定义。我采取更广泛的观点，我认为研究乃至我们的专业已经变得非常分散，而且在过去20年甚至更长的时间已是如此。我们在科研方面进行了努力，没有在"管理艺术"方面取得可比性或一致的进展。我对整个领域并不乐观，这就是我对与相同想法和背景的人一起工作不感兴趣的原因。

柯洁：对于正面临着这些挑战的专业人士，您有什么建议？

陈博士：我认为我们需要更多的典范，愿意对我们的专业有更广泛的了解。更多的人会问"在全球脉络下，学术是什么"这样的难题。我想强调

"在全球的脉络"，这意味着不仅局限于研究，而是要有更广阔的视野。正如我所说的，从某种意义上说，我不在乎这是美国人还是非美国人。中国人的思维方式就是要采取更广泛的观点。

柯洁：您对年轻学者有什么建议？

陈博士：我只说两件事：第一，作为一个人，要做你自己；第二，作为一个研究者，要追随你的兴趣前进。追随你的兴趣，倾听内心声音，而且要有耐心和坚持。你还要每天、每月和每年取得进展。但许多事情都需要时间，所以要学习如何在短期和长期之间取得平衡，这本身就是另一种形式的文化双融。事实上，这确实是"精一的力量"起作用的地方，我们需要自问：我今天要做的最重要的事情是什么，而从长远来说，我必须做些什么？如果你一生中只有一件事可做，那是什么？如果为你的学术事业只可以做一件事情，那是什么事情呢？

你必须问自己这些问题，然后探索答案，接着想办法保持平衡。

柯洁：您的意思是，透过平衡调整自己的短期和长期目标吗？

陈博士：是的。这就是我在文章中谈到的事情。所以，一方面你必须非常擅长时间管理，另一方面你也需要从长远角度来看，要有耐心。这也是我与许多学者和经理人在各种职业发展研讨会和主题中分享这个信念的原因："将自己置于过程中（研究、出版、工作、职业和生活），过程自然会带领你走完全程"。用中国人的表达方式来说，母亲的爱是最伟大的爱，但"未有学养子而后嫁者也"。换句话说，一方面要把事情高高举起，另一方面要轻轻放下。你必须遵循流程，并以目标为导向，准确地知道你需要做什么，同时让这个动能驱动你。

例如，我与我的 EMBA 和 MBA 学生都谈过，如何看待"冤枉路"？用余秋雨的话说就是"江水九折，终将东流"，即河流最终流向东海。所以，如果你从地面上看，它可能看起来像是绕道而行，但是如果你能抬起你自己,从空中俯瞰,即使它转了九个弯,这条河也总是奔向东海。所以,这是不是一条冤枉路,取决于你的观点。

柯洁:您对未来5~10年有什么期望?

陈博士:我一生都在致力做一件事,那就是让世界变得更小。缩小世界,缩小学术与实践之间、东方与西方之间的差距,整合学术、教学与实践,平衡事业与生活,争取专业与人性的巅峰。例如,我一直持续为全球华人管理学者社群服务。这是在2006年成立的一个社群,最初有26人,现在已经有300多个成员。我还有一个1997年在清华大学开始教学的社群,我之前提到过这个社群的聚叙。最近的一次聚叙是2006年在中国人民大学,参与的人员几乎都是中国本土大学的博士生。

柯洁:您希望看到中国管理学者社群和其他学术社群有怎样的成长和发展?

陈博士:我最终想把这两个领域整合起来。至少在管理领域,人们相互尊重,相互推崇,这是一个真正的学习和支持的环境。此整合是我正在处理的许多主题之一,这里仅供参考。我也喜欢玩,在两年前担任国际管理学会主席时,我也穿着T恤和运动鞋,为那些帮我做研究或从事各项主题工作的人员买甜甜圈。我也经常玩,否则生活多无聊。

柯洁:如果您能重新开始,您会做一些不同的事情吗?

陈博士:这是个好问题。不得不说,我很享受我在职业生涯中一直在做的事情。我不认为我会改变这种状态,例如,我会再去沃顿商学院授课吗?是的,我会。顺便说一句,当年我接受沃顿商学院的这个职位时,我有一个明尼苏达大学的同事对我说:"明哲,您是我们最好的研究人员之一。您为什么要这样做呢?"我要对你说的是什么呢?我只是要告诉你这个天真、不同的观点。

另一方面,我会做不同的事情,因为我不会花很多时间在那些不那么重要的事情上。我只是做我自己，让它发挥出来。有一些小事、小决定，我可能会改变，但就重大决定而言，我必须说，迄今为止，我对所有关键决定都感到非常高兴。那么，你当然可以问，如果我未被博士班录取会发生什么事，因为我在美国只获得一所学校的录取。从某种意义上讲，这成了一则趣事。当我在印第安纳大学和其他大学，甚至哥伦比亚大学等我曾任教过的学校举办研讨会，分享这则趣事时，他们或许会说："不，我不是那个做决定的人，当时我正在休假。"如果我被美国所有的学校拒绝，我将从去企业工作开始。不得不说，我比我的大多数商业伙伴更善于分析。我在整个职业生涯和生活中都非常幸运，这是我继续做出贡献和帮助别人的另一个原因。

我甚至戴上兰斯·阿姆斯特朗（Lance Armstrong）帮助癌症患者的Livestrong（"坚强活下去"）手环，用它来提醒自己，我是人生旅途中的幸运者，我原本可能在这个过程中被淘汰出局。正是这个原因，使我想要做更多。也许有一天，可能是在几年之后，我会做很多事情，其中一些我不确定能否被我学术界的同事赞赏，但总有一天他们会明白的。

柯洁：您还想和读者做哪些分享？

陈博士：我会鼓励中国管理学者思考能有什么更大程度的发挥。中国学者的功能是什么？中国管理学者将在全球舞台上扮演什么样的角色？顺便一提，最近有人开始使用"再崛起"这个词。我大多数的中国同事都说中国是一个新兴市场，这是一个对中国历史很不了解的西方观点。我认为中国学者在接受西方观点的时候，应该更加关注中国的历史和文化。

3.2.3 反思

陈博士在工作、演讲和生活中身体力行地践行"居中"（middle）或"中"（zhong）的哲学——我以这样的印象结束了这次采访。他用心追求自己的目标，在结合西方与东方、研究与教学、专业与人文等方面，表现出自己的决心和坚持。陈博士在他的研究、教学和实务中践行了他的价值观以及平衡、整合和精一的哲学。他是一个有坚定信念的人，在研究中提出实际问题，创造新事物，为社群和社会做出贡献。

陈博士自称是一个"边缘人"，以同时注入东西方文化的整体观点，传播并推展中国人的思维方式。为了成为一名真正的东西方文化大使，陈博士不仅致力于各项工作，而且还肩负着许多责任。通过追随他的脚步，一个诚实、和谐、平衡、融合、动态和独立的更小的世界／社群的希望将不会消失。不仅只有西风东渐，东风也可以西渐！

| 第4章 |

融合东西文化的"文化双融"管理者

原文出处 Ming-Jer Chen and Gerry Yemen, 2014, "New 'Ambicultural' Manager Combines Best of East and West," Darden ideas to action, June 20.

多年来,中国与西方企业进行商业活动过程中,沟通的形式常常成为能否有效互动的关键。

中国人偏好非语言的沟通模式,比如肢体语言与姿态,而美国人则专注于语言的沟通,商业决策上采取直接切入的方式。美国人在拒绝时会使用"不"这个词汇,而中国人则多使用较为隐晦的字眼,比如"或许"。

再者,中国人做生意以关系为基础,而且对于模糊的状态容忍度较大,但美国人一般以精确的数字来处理商业的往来,比如价格和成本,并不喜欢不确定性的存在。

思维模式中细微的差异,阻碍了两个国家对彼此的认识。在中国,人们多认为自己是团体中的一分子;在美国,则较强调个体自我的意见与行动。

因为不了解这些基本的差异,造成两个国家的企业人士,不管是中国商人还是美国商人,在离开熟悉的商业环境时难以适应。

我试图去桥接西方与东方的世界，帮助管理者更了解东西方管理方式上的差异，帮助他们融对方的优点于自我的管理模式之中，并且避免对方缺失而对自我产生的影响。

4.1　让世界变得更小

我年轻时曾拜师于爱新觉罗·毓鋆，学习中国的哲学思维。1981年，我移居美国，探寻"让世界变得更小"的答案。之后我在马里兰大学获得企业管理硕士与博士学位，学习到西方文化的差异，并使我开始跨入融合东方与西方的哲学与实务中。

我很幸运地师从另一位杰出的导师威廉·纽曼。威廉是一位出色的战略家、思想家和学者，他担任了第六届国际管理学会主席，还是弗吉尼亚大学达顿商学院巴顿学会成员，直到2002年。在其中难忘的一堂课中，威廉教导我如何从看似对立的观点中理解情势发展。

4.2　东方的矛盾

"超悖论"的概念提供给我们一种全新的思维模式，思考看似相互矛盾的两种观点，也许只是一体的两面。超悖论提出了一个原则，或许表面上看似相互对立的两者，如竞争与合作，常常在一系列隐身其后的连接下，是相互关联或相互依赖的。

通过促使这些连接更加明确，我们可以了解即使两者间似乎存在巨大的差异，也并非完全不能调和。

4.3 文化双融的实践

在哲学思维的差异下,东方与西方如何成功地调和彼此的管理战略呢?

西方哲学倾向于采取个人成就导向、单独行动以及控制一切的取向,而东方哲学则被孔子儒学、佛学、印度宗教以及道教所影响,偏好互依、平衡与和谐。

我在研究西方与中国式管理实践时提出"文化双融"一词,也许最终将东西方的管理定义为"一个整体"的概念。当大声读这个词语时,双元性(ambidexterity)与文化敏感度(cultural sensitivity)浮上心头。其中的前提是认为每种文化都有其优势与劣势,并在文化的企业实践中显现出来。

文化双融主义者融合了不同文化的优势,而践行文化双融则需要聚焦于纪律,并能加以扩展且要主动积极。文化双融的专业人士具有以下特性:

- 对新的思维模式采取开放的态度;
- 具有能借由在世界不同地方采取意见来超越界线的才能;
- 能够看到其他文化或企业典范的智慧与优势,并且在更深了解自我文化的基础上达到高峰。

但是,直到能详细定义与说明之后,优势才能以获取,劣势也才能被避免。因此学者可能会探究,文化双融的整合如何能被用来平衡对立的组织驱力,例如创新与传统,或者弹性与高度控制。

4.4 桥接文化歧异

文化双融的观点已开始生根。《哈佛商业评论》(亚洲版)将内容翻译成中文,许多商学院的学生会在战略管理新版的教科书中学习到这个词语。这个概念逐渐扩展并不让人感到意外。人总是渴求找到新的方法来使东方与西方的规范、实践以及期望更易于相互转换。

例如，在工作面试时，亚洲企业并不只是考虑候选人的能力，虽然此为西方企业关注的焦点，他们往往关注这个人的整体。

将两种文化更完美地结合，可以帮助管理者桥接文化间存在的歧义。

4.5 如何成为文化双融型管理者

文化双融观点的应用超越了跨国企业关系。企业实践者可以使用这个概念在跨产业、跨区域甚至在企业内的不同部门间指引工作的方式。

践行文化双融须采取整体性方法：

- 敏感且承认工作特性中的差异。
- 尊重不同工作文化间的差异。
- 在文化差异如何及为何存在中寻求理解。
- 透过观察获取资讯，用来解释自己的工作与管理方式，以增加上述差异。

当美国企业开始在全球扩展时，美国实务观点成为全球的主流。然而，我们文化中独特的基底，决定了我们思考的模式、我们的行为以及我们做决策的方式。下一个阶段或进展将会来到，当各地的领导者与管理者愿意接受差异的存在，并考虑用当地的观点来解释自己的想法时，我们将能够对他人工作与生活的方法中好的部分加以学习，并且发展一种更有效且更人道的方式来进行全球化。

| 第5章 |

动态竞争
中西合璧的战略观

原文出处　陈明哲,动态竞争:中西合璧的战略观,《哈佛商业评论》(全球繁体中文版),2013,第78期,14-15页。

动态竞争理论是一种"文化双融"的典范,是中西合璧的战略观点。

竞争往往是跨文化、跨国界、跨产业甚至跨体制的,不一定都导致你死我活的结果,反而是经常竞合相倚、共创价值的,而文化(包含国家与组织两个层次)与"人性"是决定竞争结果的重要因素。因此,不能像五力分析那样,仅考虑特定产业的竞争结构与企业自身的战略形态;或者只谈系统化知识、工具与"术",而缺乏宏观的"道"或哲学基础的支撑。

一个可持续的学说或模型必须统合文化与哲学理念、系统化知识、经验与案例以及应用性工具四个层次。动态竞争理论同时贯穿这四个层次,是一套涵盖系统性思维与实用性工具的分析体系,它基于中华文化与哲学,结合西方社会科学的方法论、流程与框架,也纳入了华人企业的经验与作为,强调中西文化及理论与实务的融合。

在文化与哲学理念层面,中国传统的竞争战略观与先秦诸子的思想是动态竞争理论的根源。例如,动态竞争的基石是检视企业和每个竞争者的相对位置,这种"对偶性"(duality)直接传承于儒家"人者,仁也"的精髓,仁 =

二＋人，中国人的分析单位，不论是人还是组织，向来都是"二"。动态竞争强调"相对性"（relativity），除可归根于《孙子兵法》的"知己知彼，百战不殆"外，孔子的"夫子之道，忠恕而已矣"更是个中关键。"忠"就是"尽己"，"中＋心"强调审视自身在竞争中的相对优势与位置；"恕"是"己所不欲，勿施于人"，"如＋心"就是"将心比心""换位思考"，从对手的角度来思考彼此的竞争关系与下一步的行动。"动态性"（dynamism）即"行动－回应"的竞争本质，承袭《易经》的"唯变所适"与孔子"重时"的传统，掌握了"反者道之动"的精义，强调环境的变化是常态，企业需要做适当的回应。所以，回应虽是挑战，却也是机会，反映了《老子》的"祸兮，福之所倚；福兮，祸之所伏"与孙子的"兵无常势，水无常形"思想。

更重要的是，动态竞争体现了中华文化"人－我－合"的精神，强调竞争的主要目的是互利共赢，而非你输我赢、赢者通吃，最佳手段是师法儒家的"仁者无敌"、孙子的"不战而屈人之兵"与老子的"不争之争""无为而无不为"，而非以"力"征服对手。这种阴阳相依、竞合相倚的观念，与"竞争"英文单词的拉丁字根（compete=com+petere，与一群人共同努力追求某事物前迈进）有类似的意义。所以，竞争与合作乃是一体的两面，而非极端的对立，竞争的最终目的是透过双方各回合的应对来共创产业与社会价值。一个有能力的企业会"以敌为师"，学习对手的优势，并创造出自己的优势与价值，做到"苟日新，日日新，又日新"。可口可乐与百事可乐、肯德基与麦当劳都是在攻防中，营造了双赢甚至多赢的局面。苹果与其生态系统中的所有企业，也是在竞合交织的态势下，建立了独特的平台，共创了难以模仿的竞争优势。

在这种竞合的概念下，动态竞争的思想体系与应用工具自然多属中性，既可以分析竞争，也可以分析各种合作关系。HTC的"谦和之中见卓越"（quietly brilliant）标语，是典型的文化双融的代表，它的发迹过程以及与苹果的互动，可以说就是运用了竞合相倚、中西双融之道。2012年11月，苹果与HTC和解，结束了双方自2010年3月以来一连串的专利诉讼，苹果同意在未来10年通过交叉授权方式，与HTC分享专利内容，这是互利双赢的局面。苹果的主要对手是三星，当苹果察觉到三星在两强专利战中渔翁得利、趁势夺取HTC的疆土时，苹果与HTC和解、合作甚至释放出手边资源，以在谷歌阵营中培养一个最有可能与三星抗衡的对手，这是一举数得之计。对HTC来说，即使每年必须付出巨额专利费，但察觉到官司失利的风险，能够借由和解来降低对手的挑战与未来的不确定性，通过授权提升竞争力，不失为借力使力、反败为胜之道。

动态竞争也是一套系统化知识，包含行动与回应的对偶性、察觉－动机－能力（awareness-motivation-capability，AMC）反应链，以及以市场共同性－资源相似性（market commonality-resource similarity，MC-RS）为基础的竞争者两两分析与竞争不对称性（competitive asymmetry）的思维，它已通过西方社会科学近30年的淬炼与严谨的检验，可以给企业提供完整实用的分析视角。

动态竞争是从观察企业实际行动所产生的学说，内含了许多案例与经验，因此能设计出简单实用的评量工具，帮助企业检视各个竞争者面对一项行动时可能的回应，辨识产业内外的直接、间接与潜在的竞争对手，以及企业在整个生态系统中的相对位置。

总言之，动态竞争整合了华人独具的哲学（或者广泛地说"文化"）与行动力优势，以及西方擅长的缜密架构与实用工具，彼此互补相融。全球的百年长青企业（如美国的林肯电气和IBM）的管理实务多具有东西相融、道术兼备、体用合一的特点。中国先哲的睿智取之不尽，中华文化的电源一旦插上，将用之不竭，动态竞争未来还有很大的发展空间！

第二篇

竞争-合作双融

若从人类商业间多种对立的根源中提炼出最为典型的一组对立，竞争与合作的二分恐怕是首选。在管理研究中，对于竞争与合作关系的探讨颇多，然而其中绝大多数思考都未能跳脱出二元互动的窠臼。文化双融观点下的竞争与合作，由二为一，竞合相倚，"阴在阳之内，不在阳之对"。竞争－合作双融，以此理念启迪成人达己，以及成就全新的商业生态。

第二篇以文化双融观点下的动态竞争理论为根基，集中提供了关于竞争－合作双融的理论知识与哲学理念，共包括四章。第6章顺承文化双融理念之脉络，明晰了针对竞争与合作关系的超悖论视角，并以此分析了竞争与合作二元关系的各种可能性;第 7 章介绍了一个动态竞争理论体系下的延伸框架,探究了完全零和博弈下的敌对型竞争视角与共利互生下的关系型竞争视角的两端,重新定位了竞争与合作的二元互动,并以此阐明了关系型竞争的理论与实践意义;第 8 章和第 9 章是动态竞争研究与应用的极致,探讨了动态合作的一体两面性,以此阐明动态竞争理论的核心概念框架(如市场共同性 - 资源相似性框架),及其在分析动态合作方面的可行性与实用性。

竞争与合作的二元关系,其复杂程度或许是商业与管理中诸多二分关系之最。本篇基于文化双融理念,探究了竞争-合作双融的本质、理论内涵与实践应用,从根本上推动了竞争理论的发展。在当今世界格局复杂多变的背景下,竞争 - 合作双融及其主张的关系型竞争模式,愈发展现出其符合各利益相关者互利共生的价值主张的生命力。竞争-合作双融的理论研究,同样会带给关乎人性的更多对立关系研究以深刻启示。

| 第6章 |

重构竞争-合作的关系
一个超悖论的视角

原文出处 Chen, Ming-Jer, 2008, "Reconceptualizing the Competition-Cooperation Relationship: A Transparadox Perspective," Journal of Management Inquiry, 17(4): 288-304.

在战略领域，虽然竞争与合作已经分别受到了广泛关注，但研究者对这两个概念如何互动的基本议题却鲜有关注，也尚未提出一个框架来检视竞争与合作之间的关联性。鉴于竞争与合作以一种矛盾的、非此即彼的关系存在，重新检视悖论十分必要。本章融合西方与东方的观念来应对超越传统悖论视角的需要。本章提出了一个新概念"超悖论"（transparadox），这是西方非此即彼（either/or）及东方两者并存（both/and）视角的融合。超悖论视角提供的是一个扩展性框架，在这一框架内，可以审视竞争与合作的相互关系。竞争与合作关系中三种概念（独立或二元对立、相互关联对立、全部包含的相互依赖对立）的引入，为未来的理论与实践研究提供了基础。

6.1 绪论

如同水与油，竞争与合作不相混合（Gomes-Casseres, 1996）。"凡事均是自身的对立面，特别是竞争与合作，除非将两者毫无缝隙地融合在一起，否则两者都不能发挥最大的效用"（Dee Ward Hock and Waldrop, 1996）。霍夫斯泰德（Hofstede）在他奠基性的跨文化著作中，将中国人的价值取向归为高集体主义和高权力距离（Hofstede, 1980, 1991; Hofstede and Bond, 1988）。与此同时，中国人又以创业精神而闻名。从本质上来说，创业家却是个人主义者（Hofestede and Bond, 1988）。

悖论遍及日常生活，如何管理悖论，已成为哲学及组织管理领域长期以来所探究的议题。由于商业互动日趋复杂，悖论逐渐引起战略学者的关注。一种观点认为，悖论是企业管理的核心，"作为悖论的战略和作为战略的悖论"（Wels, 1996），这种观念在企业践行中的重要性已被广为接受。"杰出的企业已经开始学习如何管理悖论"（Peters and Waterman, 1982）。普尔和范德文（Poole and Van de Ven, 1989）呼吁研究者探讨悖论的形式，"……寻求理论的矛盾或悖论，并运用这些发现来激励一个更具包容性理论的发展"。

然而，总体上管理领域还是习惯在非此即彼（或相互独立）的框架内考虑悖论，缺乏对上述现象的包容性。刘易斯（Lewis, 2000）通过鼓励研究者超越悖论，甚至面对悖论，而非逃避，来应对这种局限。中国的"中庸"哲学强调平衡与整合对立的两面，为丰富西方传统的悖论概念提供了机会（Chen, 2001, 2002）。中庸的思维容许对立面被视作相互依赖的、能够一并形成一个整体的，并且提供了看似冲突个体之间关系的"超越"概念。

其中一组尤其令人困扰的组织悖论，即竞争与合作，历来在战略管理研究中占据核心位置。竞争与合作各自皆是被深入研究的主题（Barney, 2001; Ghemawat, Collis, Pisano and Rivkin, 2001; Hitt, Ireland, and Hoskisson, 2000; Porter, 1980），并且竞争与合作战略是公司思考总体战略时的两个组成部分。基于这个原因，同时探讨经营战略如"硬币"的正反两面，是相当重要的。布兰登勃格（Brandenburger）与内勒巴夫（Nalebuff）在1996年的书中论述了"co-opetition"（竞合），该词由 Novell 公司创始人雷·诺达（Ray Noorda）所创，这个词简单地将"竞争"与"合作"两个词语组合在一起，大大提高了人们对这个领域的兴趣与关注。许多研究广泛探讨了竞争－合作领域（Gnyawali and Madhavan, 2001; Khanna, Gulati, and Nohria, 1998）。经济学家威廉·鲍莫尔（William Baumol）认识到竞争－合作实践的重要性和在当今现实中的广泛存在，特别是在他经由第一手信息观察到 IBM 在未来几年中与所有主要的竞争对手，就主要的计算机零件都已签订协议时（Krueger, 2001）。

尽管已有显著的推进，但战略文献中关于竞争与合作关系的基本问题仍有待探索。那些倾向于坚持两个构架是独立且对立的传统观点，往往阻碍了研究者对两者关系的全面探索，并且使竞争与合作之间的丰富互动没有得到充分展示。

本章着手解决竞争－合作和悖论两个领域的隔阂。本章引入"超悖论"的概念，一个可以超越对立并且重构竞争－合作关系的框架。超悖论的概念整合了东方（中国）与西方的悖论概念，并整合了两种文化中哲学性与逻辑性的优势。本章响应刘易斯和格莱姆斯（Lewis and Grimes, 1999）的形而上学范式（metaparadigm，或称"元范式"）概念，努力将两个相互冲突范式（X 与 Y）的洞见并列、整合成一个新的 Z。在这个意义下，超悖论就是两种不同悖论观点相联结的合成体（Z）：将具有整体性、包容性的东方典范思维，与以分析性、二分化为特征的西方思维联结起来。作者坚信，通过展示对竞争－合作关系的超悖论检验所带来的洞见，这一概念的践行价值也将被揭示。

本章首先检视西方悖论文献，并引入中国的中庸哲学，特别是阴阳及悖论性整合的观点，作为超悖论框架的来源。进而，本章回顾那些检视对竞争与合作有着不同陈述的文献，这些研究并未充分关注两个概念之间的联系。然后，以超悖论的观点，本章正式探讨了竞争–合作关系的三大概念：独立对立（independent opposites）、相互关联对立（interconnected opposites），以及全部包含的相互依赖对立（all-inclusive interdependent opposites）。本章在结尾部分将讨论研究与实践的启示。图6-1展示了本章的演绎过程和关键观点。

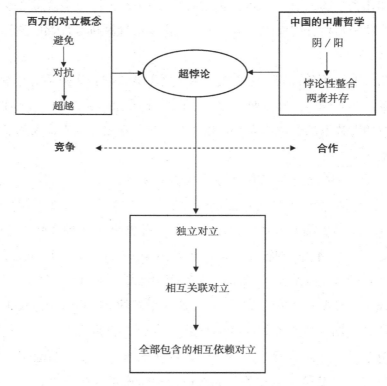

图6-1　超悖论：连接东方与西方以及竞争与合作

6.2 理论背景

6.2.1 概述

悖论思想具有广泛的意义和精微的差别。源自希腊语的 para（意为"超越"或"矛盾于"）和 dox（意为"看法、观点"），其含义已经逐渐引申为超越合理性或逻辑性的状况或关系（Poole and Van de Ven, 1989）。西方文化倾向于将悖论解释为两个独立或敌对的个体，由于呈现明显相反的状态，竞争与合作成为最明显的悖论性组织现象之一。然而，作者认为这两个概念已经被二分化到一种很严重的程度，使得相关研究的进展受到极大的限制，致使两者之间关系的本质没有被完整地认识。

虽然新古典经济理论将竞争与合作视为无法融合的对立面，然而行为理论与博弈论似乎认为这两者是相互依赖的不同行动。沿着这个思路，我们可以针对竞争与合作这两者之间的关系提出一些有趣的问题：竞争与合作在多大程度上属于同一条线上的两个极端？其中一方在多大程度上可以被视为另一方的一部分——正如"合作共赢"（cooperate and win）这一战略性建议所表达的（Hamel, Doz, and Prahalad, 1989）？"竞争的死亡"（Moore, 1998）是否就是暗示着合作？最后，当以跨出文化舒适区的视角来检视竞争与合作二分法（或"悖论"）时，会有哪些新的洞见？

竞争-合作的二分法，与其他表面相互冲突概念的划分一样，往往被视为一种悖论。"悖论的局限性是可以感知到的，也就是说，极端化是在认知层面或社会层面上构建出来的，它会掩盖矛盾双方存在的同时性"（Lewis, 2000）。竞争与合作中的"悖论"是客观存在的还是被感知到的？关于这种战略"硬币两面"的概念性联系，鉴于其重要性，值得我们进行系统性的检视。

我认为，如果采取较为宽泛性的框架，也就是说，以两者并存视角（除了非此即彼之外），就会有更为广泛的研究机会。这一框架基于：两个对立的事物实际上可能是相互关联或相互依赖的，两者一起可以形成一种新的理论构架或现象（Chen, 2002；Lewis, 2000）。本章所提出的超悖论框架可对悖论性关系生成不同的通用性概念理解。这种框架的扩展特性，在竞争–合作战略二元性研究中，可形成不同的理论视角及多层次分析。

超悖论的概念与形而上学范式的概念相吻合，也就是说，"它并非意味着统一或综合，而是包容范式的差异、相似及相互关系的能力。其目标是形成一个更加丰富、整体和情境化的范围"（Lewis and Grimes, 1999）。这正是作者想要表述的范围，而且深信能够提供一个开展多种新研究的平台。

在理论背景部分，本章首先批判性地回顾了以西方悖论为主题的文献，并从作者所提出的超悖论视角，指出中国中庸哲学如何与西方悖论文献相互补充。本章也讨论了中国哲学被运用于西方分析情境时的局限。最后，本章梳理了竞争–合作研究，这不仅为重构竞争–合作关系，还为重构其他看似对立框架之间的关系奠定了基础。

6.2.2　西方管理文献中的悖论

组织研究领域已有大量对悖论的研究，并探究其在企业领域的启示（Cameron, 1986；Cameron and Quinn, 1988；Morgan, 1997）。学者认识到了由于紧张局势（tensions）、对立面（oppositions）和矛盾（contradictions）等对同一现象的不同解读带来多种理解的丰富性。普尔与范德文（Poole and Van de Ven, 1989）认为沿着这种思路进行的研究对于发展包容性理论框架来说是关键的。相似地，刘易斯（Lewis, 2000）强调，为了在管理与组织科学上取得重大突破，理论家必须寻求一种新方法，来应对人类及组织中固有的悖论。

在众多组织理论家中，卡梅隆和奎因（Cameron and Quinn, 1988）首先将悖论从其他相关的概念（如进退两难、不一致性或冲突）区隔开来，强调在悖论中，在两个或多个矛盾之间不需要做出选择。默宁翰和康伦（Murnighan and Conlon, 1991）在他们对密集工作群体（在此案例中为管弦四重奏乐团）的经验研究中发现，更为成功的群体不会公开讨论悖论，他们只会含蓄地识别和管理内在矛盾。近期在组织与管理领域对悖论研究的理论进展至少以两种方式做出了贡献。普尔和范德文（1989）展示了在研究上，悖论可通过时间分离（考虑时间因素）及空间分离（阐明分析的层次与区域性）得以有效解决。其他研究者则逐渐发现对立面之间存在一些可能的关系："悖论代表着相互矛盾但又相互关联的要素，这些要素单独来看符合逻辑，但当同时出现时却荒谬、不合理"（Lewis, 2000）。

同样地，管理和组织领域几乎一直把悖论放到"非此即彼"的框架下。这意味着，悖论所包含的两个对立面被视为相互独立的，只有一方可以在特定时间或特定条件下运行。刘易斯（Lewis, 2000）发现了这一局限和潜在的原因：为了试图"解释纷繁复杂、模糊不清和不断变化的世界"，常会导致用"两极非此即彼进行区分，以此来掩盖复杂的相互关联……基于亚里士多德、笛卡尔、牛顿的哲学体系，形式逻辑需要把现象解释为更小和更细分的组成部分。然而，形式逻辑是以非此即彼为思考基础，缺乏融合悖论的复杂性的能力"。这一论述得到了彭凯平和尼斯贝特（Peng and Nisbett, 1999）对不同文化方法对待矛盾研究的经验支持。

就此而言，刘易斯和格莱姆斯（Lewis and Grimes, 1999）认识到多元范式框架的重要性，他们希望理解组织的悖论现象以及构建一个包括各种研究者洞见的框架的重要性，并要求理论家利用这一系统架构聚焦"不同范式的视角"。超悖论框架的提出响应了这一呼吁。

6.2.3 "中庸之道"的视角

在考虑其中一种主要由根植于东西方哲学的文化差异所带来的组织启示时，纽曼（Newman, 1995）观察到："西方文化的长处之一在于分析；相反，中国思想的长处，就是将不同要素予以综合与整合。"在西方，商业活动整合相比于其分析的话题受到更少的研究，因此有很多通过整合研究提升的机会。实际上，强调整体而非分析、强调悖论而非互斥对立面的中庸哲学，丰富了悖论文献的观点来源。

与基于将整体拆散成部分的西方分析思维相反，中国式思维方式则是采取整合性的观点，认为事物就是它的关系的体现，这种关系包括社会、经济或血缘（Chen, 2001, 2002）。在东方的情境下，悖论并非意味着个体部分或冲突状态，而是整体及其如何将相互冲突和相异的要素整合起来。因此，东方思想包含了相异要素间的相互依存性和相互关联性，这是一种根植于长远、整合与平衡世界观的概念。

基于对立面是内在联系的这种假定，中庸是一个动态的概念，寻求事物的包容和包涵，本质而言，是平衡悖论性的倾向（Peng and Nisbett, 1999）。其主要的原则之一，就是整体论，一种"人－我"（或全部）相合的概念，在这一概念中，"他人"和"我"是互依的对立面，并且只能被"成对定义"（Chen, 2001）。中庸的另一个理论支柱就是悖论，著名的"阴阳图"是其最好的符号。这些对立面内各自包含其另一面的成因，并且共同形成了动态的整体。

出于管理研究目的让这些思想能够理论化，Chen（2002）提出了悖论性整合，这一概念意为对立面双方本质上是相互依存的，并且可以形成一个整体。也就是说，A 及 –A 可以结合成为一个新的整体，而非在一个零和概念中相互抵消。

这种两者并存的视角，即将悖论视为两个互依对立面结合的思维方式，深植于中国语言之中（Chen，2001）。中文中的许多词都由两个看似矛盾的字组成，例如内外、矛盾、多少、古今、生死。或许最著名的中国悖论是"危机"，这一词由"危险"与"机会"结合而成。

除了词语的例子以外，到目前为止，对相关内容的考虑，几乎完全局限在哲学领域。在管理文献中，相关的应用相当分散，主要用来解释一些经验性的发现。彭凯平和尼斯贝特（Peng and Nisbett，1999）在其应对矛盾的不同文化方式的研究中，通过经验研究展示了当两个表面矛盾的命题被呈现时，美国参与者极化他们的观点，而中国参与者则更易同时接受两种观点。在他们对结果的解释中，研究者观察到中国人应对看似矛盾或对立的方式，产生了辩证或折中的方法，也就是说，通过寻求中庸来保持相反视角中的基本要素。而源自亚里士多德逻辑的西方思想，为了确定对立双方中的哪一方是正确的，导致了相反视角走向极端。

一项关于两方对立面概念的并行比较，阐明了东西方视角的基本差异。如表 6-1 所示，基于如彭凯平和尼斯贝特（Peng and Nisbett，1999）以及陈（Chen，2002）的研究，对立面各自独立的与相互依赖的概念可以从大量概念性维度进行对比（以及比对）。对立面各自独立的概念（相比于相互依赖的概念），例如，强调单独的部分（而非全体或关系），强调分析及线性（而非协同及循环性），并寻求具体性及清晰（而非普遍性与模糊）。

表 6-1 两种对立概念：独立与相互依赖

独立对立	相互依赖对立
个体	关系
部分	整体
绝对	相对
清晰	模糊
普遍性	情境性
分析	综合

(续)

独立对立	相互依赖对立
二分法	统一
线性	循环
排他性	包容性

6.2.4 竞争－合作研究

学者们开始感兴趣把竞争与合作共同来考虑，部分原因归结于对竞合框架中参与主体的研究（Bengtsson and Kock, 2000; Brandenburger and Nalebuff, 1996）。推动两个概念间悖论性关系的理论和洞见有很好的前景，这对学者们是很大的鼓舞（Poole and Van de Ven, 1989）。在实践中，竞争－合作的概念已司空见惯，正如全球第二大软件制造商甲骨文 CEO 所表明的："如果你回顾过去的 10 年时间，SAP（居全球软件市场第五位）一直是一个相当大的竞争者，是我们第一、二位的竞争者，然而我们的工程师在与他们的工程师一直在进行合作"（Delaney, 2000）。日益增长的跨边界竞争与合作为探索全球商机定义了新的商业图景，并且这种竞争－合作的关系需要以新视角来仔细审视。本章认为此领域仍有相当大的空间值得研究者挖掘，并且这些新的研究线索已远超竞合的界线，进而得以包容那些横跨大范围竞争－合作概念的研究。

至此，这些研究整体上可区分为三大类，表 6-2 列举了一些竞争－合作的关键研究：（1）竞争－合作研究；（2）竞争导向的合作研究，其中合资企业或战略联盟的合作性安排为研究的焦点，这些研究采用竞争性（与/或合作性）变量作为预测变量；（3）合作导向的竞争研究，这些研究中合作性关系被用以预测竞争性产出。

以上三项逐一介绍如下。

表 6-2 主要的竞争-合作研究汇总

作者	定义 竞合	分析单元	关键研究问题	理论背景	变量	研究类型
Bengtsson 和 Kock (2000)	竞合：任一具体的由可见的竞争与合作要素组成的厂商成对关系	对偶层	·竞合关系为什么会被开发，如何被开发·对于被卷入竞合关系的厂商的战略启示是什么	熊彼特的竞争动态模型	自变量：·资源异质性·竞争者定位·区隔机制 因变量：·竞合行为·竞合优势	经验研究（案例研究）样本：·芬兰的内衬产业·瑞典的啤酒与奶制品产业
Brandenburger 和 Nalebuff (1996)	竞合：整合市场中竞争与合作的心智	厂商层	厂商如何通过使用竞争与合作战略的组合来创造附加值	博弈论	自变量：·管理心智 因变量：·竞合行为·附加值	理论研究
Bresser (1988)	竞合：匹配集合性（或合作性）与竞争性的战略	厂商层	集合性（或合作性）与竞争性战略的可行组合是什么	组织间关系：资源依赖视角	自变量：·信息泄露·竞争者响应 因变量：·竞合战略	理论研究
Lado, Boyd 和 Hanlon (1997)	竞合：一种描述厂商战略导向的融合性寻租行为，在此战略导向中，厂商在竞争与合作战略之间实现动态平衡	厂商层	厂商如何通过同时性竞争与合作赚取经济租金，并实现更好的长期绩效	竞争过程的内生增长理论	自变量：·管理认知·平衡性投资 因变量：·融合性寻租（竞合行为）·经济绩效	理论研究

（续）

作者	定义	分析单元	关键研究问题	理论背景	变量	研究类型
Loebecke、Van Fenema 和 Powell (1999)	竞合：厂商间同时性的竞争与合作	厂商层	对手间的学习型合作在多大程度上会偏利于两者中的一方	博弈论 知识管理	自变量： • 知识接收厂商的借力影响 • 知识输送厂商的负面逆向影响 因变量： • 竞合行为	理论研究
Powell 和 Brantley (1992)	竞合：为了竞争而合作	网络层	• 厂商之间为什么合作 • 合作厂商之间的网络如何涌现	网络理论	自变量： • 公共所有权 • 地理亲近 • 产品混合 因变量： • 合作性协议数量 • 网络连带数量	经验研究（定量研究） 样本： • 23家生物技术厂商
竞争导向的合作						
Dussauge、Garrette 和 Mitchell (2000)	竞合：在竞争者之中合作	厂商层	合作目标与其产出及持续时长的关系是什么	动态的资源基础观	自变量： • 与竞争者的联盟类型（连接与规模） 因变量： • 联盟重组 • 联盟接管 • 联盟继续 • 联盟瓦解	经验研究（量化研究） 样本： • 多种制造业中形成的227组联盟
Gimeno 和 Jeong (2001)	竞合：跨组织的竞争与合作关系	厂商间层	厂商如何寻找合作伙伴	结构平衡理论	自变量： • 先前的合作与竞争 因变量： • 联盟形成	经验研究（量化研究） 样本： • 全球航空业

第6章 重构竞争-合作的关系：一个超悖论的视角

作者（年份）	竞合定义	层次	研究问题	理论视角	变量	方法
Harrigan (1988)	竞争：可影响合作性创业生存的、战略性的外部环境 合作：厂商之间创立合作单元的商业协定	厂商间层	竞争者特质如何影响厂商响应合作性协议的需求	联盟经营理论	自变量： •竞争者行为 •战略姿态 •资本强度 因变量： •合作创业的形态 •合作创业的焦点 •运营自主性 •创业持续期	理论研究
Khanna, Gulati 和 Nohria (1998)	竞争：厂商以自身利益为目的，使用其联盟伙伴实际知识的结果 合作：厂商以共同利益为目的，共同使用自身与合作伙伴知识的结果	厂商层	何种因素决定了联盟伙伴之间的竞争与合作行为的相比例	组织学习战略联盟理论	自变量： •共同利益 •私有利益 因变量： •相对性的竞争与合作（竞合）行为	理论研究
合作导向的竞争						
Gnyawali 和 Madhavan (2001)	竞合：同时性的合作与竞争行为	对偶层 厂商层 网络层	竞争者间的合作性链接网络如何影响其朝向彼此的竞争行为	动态竞争 结构性嵌入视角	自变量： •网络中心性 •结构性自治 •结构性等同 •网络密度 因变量： •竞争行动的可能性 •竞争回应的可能性	理论研究
Park 和 Russo (1996)	竞合：与直接竞争者的合作	对偶层	为什么这么多的联合经营会失败	交易成本经济学	自变量： •与竞争者合作 •合作经验 因变量： •合作的持续性	经验研究（定量研究） 样本： 电子产业（1979~1988年）

竞合研究（co-opetition studies）。布兰登勃格和内勒巴夫（1996）将竞合定义为"无须扼杀对立面的竞争，以及无须忽略自身利益的合作"。他们采用一种博弈论框架来说明两家公司如何能够采取竞争性与合作性的方式，在共享客户与供应商方面来影响它们的相对价值。拉多、博伊德和汉隆（Lado，Boyd，and Hanlon，1997）认为，竞争与合作战略的结合将为企业创造出较多的整体绩效（综合绩效）。奥弗尔（Afuah，2000）检验了重大技术变革对竞合公司（此案例中为一家供应商）能力的影响。本特森和科克（Bengtsson and Kock，2000），洛贝克、范尼纳姆和鲍威尔（Loebecke，Van Fenema，and Powell，1999）将竞合定义为"公司之间同时进行合作与竞争"，他们研究企业如何有效地将这两种关系加以区分与管理。竞合也被用来与其他的研究主题相联系，如知识转移（Loebecke et al., 1999）、组织学习（Dussauge, Garrette, and Mitchell, 2000）、企业内部跨单元合作与资源共享（Tsai, 2002），以及企业绩效（Lado et al., 1997）。

竞争导向的合作研究（competition-oriented cooperation studies）。研究人员也使用了多种竞争性属性（如产业结构及企业间竞争关系）来预测诸如合资企业、战略联盟及其他合作性安排（如合作持续时间、程度以及合作伙伴之间的组织学习）的结果。哈里根（Harrigan，1998）分析了产业竞争特性以及战略对合资企业和合作战略的影响。鲍威尔和布兰特利（Powell and Brantley，1992）展示了组织如何经由网络和"竞争性合作"（competitive cooperation）来学习。布朗宁、拜尔和谢尔特（Browning, Beyer, and Shetler，1995）研究了竞争性半导体产业中美国半导体制造技术战略联盟（Sematech）的形成。卡纳等人（Khanna et al., 1998）研究了合作与竞争之间的紧张关系如何影响学习联盟的动态性，而杜尚哲等人（Dussauge et al., 2000）则研究了竞争性企业之间全球战略联盟的产出和持续时间。希梅诺和琼（Gimeno and Jeong，2001）发现，具有共同合作伙伴或竞争对手的全球航空公司较容易形成联盟。

合作导向的竞争研究（cooperation-oriented competition studies）。这类文献使用与合作相关的变量来预测竞争关注点，这部分的内容主体远比另外两个研究流派少。著名的研究包括希梅诺和霍斯基森（Gimeno and Hoskisson，1997）对美国公司如何在保护拉丁美洲的合资企业伙伴中竞争，以及帕克和鲁索（Park and Russo，1996）采用历史分析的方法来展示竞争如何侵蚀合作性合资企业。格耶瓦里和马德哈万（Gnyawali and Madhavan，2001）使用由资源流动及产业链不同位置所影响的合作网络，来预测企业在这样的网络中针对其他企业的动态性竞争行为。

如表 6-2 所示，这些研究从几个维度得出结论，包括理论视角，分析单元，竞争、合作和/或竞合的定义、研究问题和研究类型（理论性的或经验性的）。这些研究应对了一系列的研究问题，例如，哪些合作和竞争战略的组合是可行的（Bresser, 1988）？决定联盟伙伴竞争与合作行为之间相对比例的因素是什么（Khanna et al., 1998）？分析单元包括企业、对偶关系、网络和产业。不同理论视角（如博弈论、熊彼特式竞争、网络理论、资源基础观点、交易成本与组织学习）已被用来探索更大范围内的自变量（如竞争定位、资源异质性，由本特森和科克于 2000 年提出）及因变量（如合作协议的数量、与产业的联系，由鲍威尔和布兰特利于 1992 年提出）。

虽然研究者已经意识到把竞争与合作结合起来的必要性及前景，并朝着向整合性发展迈出了第一步，但一些明显的关注点仍然限制了理论与实证的发展。

首先，研究整体上习惯于松散地使用诸如竞争（以及程度较少的合作）这样的名词，但若仔细研究竞争与合作这两个领域，则会注意到如"竞争性合作""与竞争对手进行合作"和"合作型竞争"等名词。学者将那些在相同产业中的企业视为实际的竞争对手，却并不鲜见（Chen, 1996）。这些定义之间也存在着大量的不一致性（或许是因为不同理论视角所造成的）。

其次，竞合研究将竞争与合作一并考虑。然而，竞争导向的合作研究及合作导向的竞争研究则由于预测性的关系，经常将这两种现象连接在一起。然而，即使是最新的研究，也很少到达竞争–合作混合物（或竞合）的领域之外。就这一点而言，通过分析竞合的概念，可以提出一些有趣的问题。竞合是否意味着同等程度的合作与竞争？对两者任一来说是否存在一个临界值，超过了这个临界值，竞争与合作的组合就会变成竞合？

由于缺乏被正式认可的研究框架来定义竞争–合作相互关系，因此研究者倾向于重新回到两端。从结果上来看，并非假设竞争与合作之间有一定范围的动态互动，研究中仍然在很大程度上将两个概念二分化，并将它们视为独立、对立甚或矛盾的。如果跨出参照通常的竞争–合作概念的传统框架，我们是否会发现两条分离甚至看似平行的"线"最终交会在一起？我们认为，若能够超越既有的概念来全面探索竞争与合作的相互依存性以及互动的复杂性和丰富性，可以推动竞争–合作理论的研究。

6.2.5　竞争–合作超悖论：一种新的定义

中庸哲学挑战了传统西方思维，并且为拓展其视角提供了前景。然而，试图将一种思维方式移植到另一种具有深厚文化和民族性根基的思维方式里，往往会徒劳无功；试图这样做，将使两者都受损。因此，本章挖掘中庸之道，以寻找那些与西方悖论视角能够互补且契合的方面。整合东西双方的思考模式可延伸我们如何应对悖论视角的维度，并创造超悖论的概念，在此框架中，各种形式的对立面可被同时应对。过去的研究中，理论家在检验竞争与合作时，并未概念性地回答它们之间互动本质的基本问题。本研究通过吸收过去被划分为竞争与合作的二分化文化视角，重新定义了竞争与合作关系的研究，并提供了一条新的"超越"悖论途径（Lewis, 2000）。如第 7 章所述，这种超悖论的视角代表着一种在两个概念领域的超越悖论的努力——通过调和相反的东西方悖论观点，桥接竞争与合作的二分对立。

6.2.6 超悖论：连接东方和西方

在超悖论的视角中，两个对立面在本质上可以相互依赖，并一起组成一个整体。具体而言，超悖论的框架可包含三个一般要素，这存在于悖论自身的概念：独立的、相互关联的和相互依赖的。

我们首先通过区分"独立的""相互关联的"和"相互依赖的"对立面这些术语来更深入地了解超悖论视角的优势所在。作者所指的独立的对立面，是共同但互不兼容的概念或个体。举例来说，就像你与一位你不知道是否存在的他人的关系一样。相互关联的对立面描述概念或是个体的感知，在某种方式上，如果不是全部地由其他部分塑造，就如同在一个星座中一个星体同另一星体相联系一样。最后，相互依赖的对立面，是描述仅存在于彼此相关的情境下，或是仅在其对立面才可以找到它们定义的概念或个体，例如黑暗与光明。

沿着这个思路，思考"两个"(two)、"孪生"(twin)和"二元"(dual)之间细微的差别是非常有价值的。"两个"隐含着相互独立的、分开的含义，"孪生"隐含着平行的、复制的含义，而"二元"则传递着相互依赖、合作关系的含义。西方传统一直倾向于将悖论的组成部分视为"两个"或"孪生"的（即视为不同的实体，即便有联系，也只是孪生关系）。然而，在中国的情境中，悖论是由两个互相依赖的对立面或对偶性（duality）所组成。

如传统的阴阳符号所示，对立面是由彼此来定义，因此我们不可能在未考虑并纳入反面之前，就去定义一个想法。实际上，这种"负面空间"塑造了事物或概念的形态。采用两者并存思维的悖论性整合的概念，已超越了非此即彼的悖论概念。同等重要的是，此观念认为两个对立的个体之间往往存在相互依存的特性。这种相互依存的对立面，它们之间所存在的密切关联，以及两者并存视角，抓住了这个概念的精髓。悖论中的对立面不仅是矛盾状态的要素边界，而且是互动形成整体状态的组成部分，这是坚持这些观点的前提条件。并非像过去那种对相互依赖对立面的辩证式解决，超悖论的概念允许相互依赖对立面进行整合。

或许由于决策制定速度和简化性的原因，对立面广泛地被置于非此即彼的考虑中。然而，相互依赖对立面的观念并非与传统西方思想无关。古典文学故事贴切地描述了西方情境中的这种观点。一则故事为希腊神话中的伊卡洛斯，以寓言的方式阐明了一项行动可以悖论性地起到对立面的作用。传说伊卡洛斯用羽毛和蜡制作成翅膀升空，企图逃脱迷宫的监禁，结果他飞得太高，离太阳太近，以致粘翅膀的蜡融化了，伊卡洛斯坠海身亡，翅膀的发明与他的雄心，让他成为飞行能力的牺牲品。米勒的《伊卡洛斯悖论》(*The Icarus Paradox*, 1990)将该寓言引用到企业领域，认为成功的公司往往会被过往成功所推动的鲁莽决策所摧毁。英特尔董事长安迪·格鲁夫（Andrew Grove, 1999）针对这种悖论也曾表示，企业的成功也隐藏了其自我毁灭的种子。莎士比亚在《奥赛罗》中表示，极端理性的特性会转变成为恐怖的、悖论性的暴力属性与非理性的狂热。美国诗人沃尔特·惠特曼（Walt Whitman）在《自我之歌》中，以更加坚定的观点表示："我自相矛盾吗？那好吧，我是自相矛盾的（我辽阔博大，我包罗万象）。"

在超悖论框架中，相互依赖对立面的观点强调悖论中对立面的两端并非仅以矛盾的状态相互缠绕，实际上也是构成完整状态的重要实质。其中微妙的区别为，纠缠（intertwined）暗示着分离、对立的线索或要素，然而却跨越了"两个"的概念，而朝着不可分离的概念发展。因此，那些被认定为矛盾的要素，例如竞争与合作，可以定义为战略二元性。这为融合东方与西方哲学传统提供了包容调和"相反声音"的视角。我们越接近事实，则我们越能遭遇悖论（如传统哲学思维中的一脉所认为的那样）。接着，两种相互矛盾但又相互依赖的要素便能结合成为一个整体，并在此种方式下，相互定义彼此（Robins and Mortifee, 1991）。

6.2.7 超越竞争－合作悖论的框架

竞争与合作两者间的关系能够用多种方式来定义。图 6-2 分别将两方描绘为独立的或二元的对立面、相互关联的对立面，以及全部包含的相互依赖的对立面。此图也显示出前文所探讨的那些概念之间相互关系的进展，例如，从"非此即彼"到"两者共存"的相互关系的进展，以及从独立对立面到相互关联对立面，再到全部包含的相互依赖对立面的进展。我们相信这三种通常的竞争－合作相互关系的概念将可提供一种平台，让我们以多种方式、多重层次来思考这两种现象间的互动。特别是，这种"全部包含"的概念提供了一个包容性的架构，让我们能够超越竞争－合作的非此即彼的思维，并探索更广泛的企业间的动态互动。

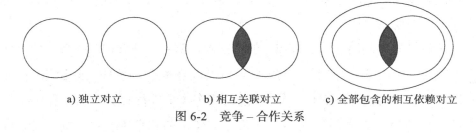

图 6-2　竞争－合作关系

独立对立。图 6-2a 所示的第一个观念，代表着一种通常的看法，也就是竞争与合作（由两个分离的圆圈代表）相互独立甚至相互对立。从此观点来看，竞争与合作属于"绝对事物"，不论其内容或观点如何，都必须单个加以思考。"将两种力量分离开来是很重要的……如油和水一样，竞争与合作不相混合。它们是一个挨一个、一个接一个，或者一层接一层操作的"

(Gomes-Casseres, 1996)。本特森和科克(Bengtsson and Kock, 2000)也同样指出,他们所描述的基本对立逻辑也是竞争与合作互动的基调,而这种关系仅能通过将这两部分切割,才能加以管理。这种思维方式暗含着这两股力量会相互抵消的假设,竞争与合作的场景成为一种经典的"零和博弈"场景。

实际上,这个概念中一个变量是竞争与合作之间的反向关系,这是标准的新古典经济学论点,特别是在寡头市场理论之中(Scherer and Ross, 1990)。在决定战略时,寡头面对着竞争与合作之间最基本的两难问题。经济理论认为,在寡头市场的企业关系中,存在两股相反的力量,影响了竞争与合作之间的平衡。第一股力量为两家(或更多)企业相互合作,追求企业间共同利益的利润最大化;第二股力量是每家企业自身所占有的利益,这意味着这些企业可能会采取竞争行为来增加它们自身的利润。从这个角度来看,唯有企业减少它们合作的行为时,竞争行为才会增多,反之亦然。

相互关联对立。另一种定义竞争与合作关系的方式,是通过包含竞争与合作组成要素的行动或企业间的互动。这种相互关联性描述于图6-2b的两个圆圈交汇处。

了解相互关联的含义具有相当的重要性。第一,具有相互关联性的对立个体间的互动,可来自对立面的模糊性或其混合本质。例如,通用汽车在客户购买其品牌的汽车时提供1000美元的汽车零部件优惠券,而这种优惠券也可在任何竞争者的门店兑换。此时,该公司的竞争者(如福特)应该将通用汽车的这项方案视为合作性行为(此举可提升福特的销售)还是竞争性行为?

第二,这些竞争与合作的个别力量往往相互牵连,并可能互相影响,形成企业间相互竞争(或合作)的本质。在此交汇的区域中,存在两种对立面的根源,这种考虑与中国的阴阳哲学呈现出密切的关系。在这种高风险及不确定的情况之下，关系不对称（企业对于它们之间的关系有不同解读）将攸关企业间的动态行动（Chen, 1996）。如果企业对于这种微妙状况未能善加管理，则它们所采取的行动可能会产生适得其反的结果。以网络经济中的企业间互动为例，当某家公司引入了一套标准时，它需要与其他公司合作建立此标准，并创造出一个用户专属的单一网络兼容系统（如传真机、银行提款机网络、高清电视、手机网络等）。因此，引入并建立此标准的行动同时具有合作与竞争的方面。当一套标准建立之后，在此网络内业者的竞争便会升温（新加入者将会加剧竞争压力），然而所有的公司都必须共同维持这套标准，以避免造成它们投资的巨额浪费（Shapiro and Varian, 1999）。这种相反事物之间的相互关联性，以及管理这种微妙战略二元性的压力，在这种状况中格外显著。正如 Gimeno 和 Jeong（2001）的观察发现，在竞争与合作表面对立的背后，实际上可能以互补的方式在运作。

这种相互关联的对立观念，也可在 compete（竞争）一词的词根中发现，compete 一词由拉丁语的 com（共同、一起）和 petere（寻求、努力追寻）两个词组成，并在《牛津词典》中被定义为"与一群人共同努力追求某事物"。嵌入这个语源的"共同、一起"揭示了此词的更多本质——即使在对立竞争的状态下，敌对双方也有着千丝万缕的联系并且相互影响。

全部包含的相互依赖对立。第三种关系概念包含了企业间动态行动的所有可能状况（竞争、合作以及超越这两者的情况）。如图 6-2c 所示，竞争与合作形成了两个圆圈的组合，某些行动及关系在本质上具有竞争性，某些则具有合作性。重叠的区域包括了那些相互关联的对立，在本质上具有混合和（或）含糊不清的现象。同时，第三个模型包含了竞争与合作均不明朗的状况，以及其他可能但未被发现的互动。

将这种概念应用到企业层面时，无形中采用了研究者描绘组织间关系（inter-organizational relationship，IOR）的框架（Dyer and Singh, 1998;

Oliver, 1990; Ring and Van de Ven, 1994）。这种研究方向认为企业组织通常在一个具有相互关联性的环境中运作，而一个企业组织的生存及绩效依赖于它与其他组织的联系（Oliver, 1990）。研究者也分析 IOR 在不同环境中的多种形态，并且探讨各种结构性关系，包括资源交换及相互性（Ring and Van de Ven, 1994）。特别重要的两点是，竞争关系与合作关系是企业间关系的基础，而组织间的相互依赖性，即企业的决策及行为对其他企业的依赖性，对理解企业组织的存续和绩效极为重要。

这种"全部包含"的概念也能被运用在个体行动层面（action level）的企业间动态行动。以个别的攻击（或行动）与防御（或响应）间的往来来定义竞争，在战略文献中已有论述（Chen and MacMillan, 1992; Smith, Grimm, and Gannon, 1992）。这些研究聚焦于行动－响应层面企业间的行动往来，其研究的层面在于行动与响应，而非结构关系。此类型的研究揭示了竞争与合作在企业间复杂关系中的重要性。在"全部包含"的概念中，企业间的动态性是多层面的，而竞争行动与竞争响应则是企业间诸多错综复杂战略往来中的一环。一项竞争行动可能会引起对方的合作性响应。相同地，两家企业的合作也往往会招致竞争性的报复措施（自然地，此关系也可能会涉及其他企业的联合作用）。因此，竞争－合作存在着一系列交互方式。

依据此论点，图 6-2c 不仅包含两家企业竞争与合作的互动与可能行动，同时也包含两家企业无任何竞争或合作关系的状况（此状况超出了我们对于竞争－合作思考的范畴）。此观念让我们可考虑到既非竞争也非合作的企业，以及其他尚未发现的可能构架。此时，或许会有人会质疑思考这些情景的实用性。"全部包含"这一构架，允许考虑那些未知的事物，实际上是非常保守的。我们坚信，这一构架不会排斥任何可能的关系或行为。

通过容许那些可以包含任何行动与企业间关系的可能性，我们可进一步认识超悖论的视角：任何行动均可能包含其对立面的成因，无论它处于任何时间节点上，这种行为是否显著或相关联。在某种视角下看似毫无关联的行动，从不同时间节点，或从不同的角度看，会具有新的意义。图6-2c即以这种思考模式，包含了两种层次的相互依赖的对立面：第一层次介于竞争与合作之间；第二层次则位于竞争－合作的重叠部分（或图中两圆圈的交集）及此重叠范围以外（图中圆圈范围之外）之间。相互关联对立的观念强调对更为广泛的场景化关注的重要性，例如在竞争－合作研究中的机构（如政府和产业）与文化（如社会价值和规范）。从图形上而言，这个集合体（竞争、合作及两者的重叠部分）中每个区域的大小和形状并不会保持不变。在此集合体中，若借助其他力量，也能让这些图形组合出现动态性的改变。

总之，超悖论的概念可为进一步探索竞争－合作的互动及其广泛状况提供更为可观的前景。采用更为广阔的视角来观察这两种概念的互动，进行竞争－合作关系的系统性分析，将有助于创造出更高层次的整合以及各种新理论。

6.3 讨论

本章有两个相关联的研究目标。第一个目标是推动超悖论视角作为一种解决来自多元范式、表面上相互冲突的概念的框架。这一目标通过结合东西方的悖论观念、吸收两方面的洞见来超越现有的观念来实现，并且坚信每种文化在发展这一框架中均有贡献。本章力图为此奠定基础。

第二个目标是通过超悖论视角，探索竞争与合作之间的概念关系。这将给我们提供一个平台，发展出超越"竞争与合作两者互斥"这种通常假设的典范案例。我们定义了三种相互关联的通用观点，期望透过对两个概念如何彼此相关的描述，激发跨越竞争－合作领域的理论与经验研究的发展，拓宽竞争－合作的研究领域。这将是战略领域中一个相对较新的阵地。

关于第一个研究目的，本章在几个方面做出了研究贡献。首先，本章对悖论领域已有文献的贡献，具体回应了刘易斯（Lewis，2000）及普尔和范德文（Poole and Van de Ven，1989），这三位学者呼吁研究者应建构概念及理论来应对悖论性组织的复杂性。本章在超悖论框架中检验竞争与合作，建立了更为复杂和精细的观点来探索两种关键战略现象的动态互动，并且让两者有互相促进的可能性。其次，本章将现有的范式延伸至已知局限之外，不但考虑不同的悖论形态，而且也将非此即彼的悖论视角扩大到两者共存的思维。进一步地，本章将独立对立、相互关联对立推进至全部包含的相互依赖对立的思维中。更重要的是，本章通过吸收中国文化典型观念（如中庸、阴阳），首次推进了融合东西方文化的努力。这些基本方面的进展将研究带到一个新的、充满希望的方向。

超悖论框架的独特性在于揭示了三种竞合概念的普遍本质。这些相互关系的基本形式允许各种理论视角（关于个别及整体的竞争与合作）及多层次的分析（如企业、对偶关系和行动）。就此而言，超悖论框架的提出直接响应了刘易斯和格莱姆斯（Lewis and Grimes，1999）的融合多元范式的呼吁。

关于第二个研究目的，本章对竞争、合作和竞合的文献做出了贡献。作者认为，除非竞争与合作关系的基本议题，也就是这两个概念的关联性被清晰阐述，否则对于此主题的研究将会大大受限。本研究对于定义竞争与合作的相互关系向前迈出了一步。特别是，本章提供了一个逻辑框架，在此框架中，竞争与合作的关系得以重新定义。此三项普遍观念代表了建立竞争与合作观点联系文献的首次系统性尝试。本研究提供了竞争-合作研究范畴内清晰的概念化与可视化过程。本章也强调了这一研究领域所面临的挑战，例如，相互关联的或模糊性对立面的解决方法。总体上，对于竞争-合作研究，本章沿着这种思路重新做了定义，通过揭示竞争与合作关系的多面性本质，有助于拓展本研究领域的范围。

总之，超悖论概念的正式化，以及竞争与合作关系的探索，为扩大悖论文献与扩展竞争－合作研究领域提供了希望。期望本章中所提出的观念能够激发建设性的理论研讨及辩论，并促进进一步的经验研究。

6.4 启示

本研究提出了几点启示。首先，研究人员可以选择一种适合自己研究目的或焦点的框架（选取本章中所提出的三种或自行设计），然后再沿着适当的思路进行探索。例如，以独立对立的角度（见图 6-2a），检视在一些竞争与合作问题之间的相关系数是否为 –1，或许是一个相当有趣的问题；如果答案不是 –1，那么哪些因素可能会造成结果低于完全负相关。或者，研究人员可以仅聚焦于同时具有竞争与合作特性成分的行动来探索企业间的互动。相反，他们也可以只锁定那些"纯粹"、毫不含糊的竞争或合作行动。采用相互关联对立的视角，检视哪些因素造成图 6-2b 中各种形态的不对称评价（Chen, 1996），也就是说，被一方认为是含糊不清的企业行动，却被另一方认为具有相当明确的动机。

竞争与合作关系潜在的假设，必须先澄清，其中各项术语的定义要清晰。例如，在进行合作导向关系的研究时，研究者在何种程度下，可假设合作是获取良性竞争结果的方式，或者假设合作只是最终竞争目的中的一项偏差行为。应该大力鼓励沿着这种思路，对这些观念进行细致解释与考虑。

引申开来，我们必须厘清分析的关键单元、市场的范围、研究的时序框架，也要考虑组织边界。在某种层次、某段时间和某种组织单元中，一家企业与另一家企业的竞争行动，可能会在不同的情况下被同一家企业视为合作举动。由此观念可延伸出一个有趣的问题：在何种范围内，研究者可在一项研究设计中采用多重概念进行分析？

本章所讨论的观点，对悖论文献和竞合文献均有直接启示。例如，本章发现了关乎"竞合"这一衍生概念的自主性议题。如普尔和范德文（Poole and Van de Ven, 1989）表明的那样，一种充分认可悖论并推进研究的方式，可创造出一个全新的术语。或许，采用这种方式可扩大研究的范围，超越竞合概念中一半竞争、一半合作的定义。通过结合绩效概念的融合租金的竞争性与合作性议题，拉多（Lado, 1997）提供了一个相关的示例。

沿着这种思路，中国语言提供了许多启发性的范例，例如先前所讨论的词语"矛盾"，是由"矛"与"盾"两个相反意思的字组成。值得注意的是，一个新名词的形成所创造出的概念，会独立存在于其词的源起。检视这种相反术语的组合及其整合的形态（如"矛盾"），以及其他复合名词（如包含"内"与"外"的"到处"，以及包含"生"与"死"的"转折点"），揭示了悖论性现象的复杂。分解这些术语解释了不同类型的悖论，并阐述了这些对立面如何互动及形成整体的内涵需求，这种分析对于悖论研究具有很强的启示作用。

全部包含的相互依赖对立的观点，作为一种新的、综合性的框架，具有潜在的深远意义。它的直接应用表明两者间的互动可以呈现多种形式。在组织间的层面上，两家企业的关系可以区分为竞争性、合作性、混合性（竞争-合作）或者既不竞争也不合作。图6-3在探索竞争互动性研究的响应行动层面上（Chen and Miller, 1994; Smith et al., 1992），提供了竞争-合作相互影响的矩阵。一项竞争性行动可能会招致一项合作性响应（由此行动所在的相同产业或不同产业里的企业所做出），而两家企业的合作往往会招致竞争性行动。这种结合也延伸到两者混合或两者皆非的状况。战略性互动及企业之间的关系实际上包含多个方面，不同的研究流派如何去处理这种事实，已然成为一项重大挑战。相信采用这种全部包含的视角将会很快提上研究者的议程，探索企业间全范围的互动及关系，将会具有广阔的前景。

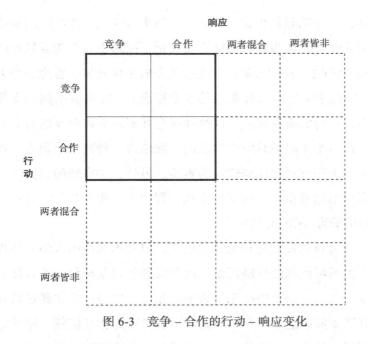

图 6-3 竞争 – 合作的行动 – 响应变化

最后，本研究同样包含了商业启示。企业越来越多地在竞争 – 合作的复杂性网络中寻找自己。随着贸易国际化的持续，以及商业复杂性的倍增，对具有柔性、包容性的战略框架的渴求将越发急迫。在全球化的世界中管理多方面关系已经成为杰克·韦尔奇所形容的"人面狮身像之谜"的挑战："谁是我今天早上的客户？谁是我今天下午的对手？谁是我今天晚上的供货商？"（Bradley, 1993）

未来的研究与本章的局限性

这种简单而综合的、有助于调和对立观点的包容框架，蕴含大量可以研究的课题。例如，本章中正式提出的扩张性视角可以作为重新考虑全球化的综合议题（如本土企业对比西方企业实务），提供逻辑性思考的基础。如本章开篇所述，一个明显的悖论（集体主义与个人主义）往往被用来描述华人文化。中国人通常被认为具有集体主义文化，同时也具有创业精神的社群（Weidenbaum, 1996）。我们可从这种表面的矛盾来向外推，首先，个人主义与集体主义（类似于家庭与人际关系的基本概念）可能具有不同的文化意义（Chen, 2001）。目前的研究显示，这两种观念并不必然是根本的对立面，它们可以共存。在一个不同的脉络中，我们可推断出一种始于"他人"视角的需求，这使得本土研究对全球研究极为重要。另外，将本地的知识整合到主流的全球观念中也同样重要。以这种方式，即"人－我－合"的过程，可以丰富许多领域的研究（Chen, 2002）。

未来的研究者可以使用这种超悖论框架，以及本章所引入的其他理论概念来检验看上去不可调和的战略议题。这些议题包含全球化与地方化、效率与效果、交易与关系，以及中心化与去中心化等。但是，并非通过将这些现象定义为对立面来限制这些思想，而是将两者考虑为相互依赖、相互定义的对偶性，从而得到具有建设性的成果。这种基于多维度视角的重新定义，将会很有潜力和前景。

本章指向一些具体的研究议题。例如，企业应该如何平衡其与给定竞争对手的竞争与合作？市场细分、组织架构、激励体系与国家文化应该扮演何种角色？企业应该如何应对那些被公认竞争与合作维度上极为突出的竞争对手（如前述的甲骨文和 SAP）？以合作来取代竞争的方式，是否比以竞争取代合作更容易／困难？（概念上，人们可能会认为一个小圆圈包含在一个大圆圈之内，合作是竞争的一种工具或子集，或者相反。）这种关系是否应该被描述成不对称现象？同样地，探讨这些混合行动的理论显著性、经验研究法，以及企业应对这些行动的方式，均很有用。理解非竞争性与非合作性的互动非常重要，虽然位于图 6-2c 竞争合作图形以外的范围，但对于企业间关系依然是至关重要的行动或力量。哪些理论视角可以用来探讨这种类型的互动？这些理论视角如何随着直接的竞争－合作互动一并被检验？

当然，本研究也具有一些局限性，一定程度上受到研究目的性质的束缚。本研究的目的是要重新定义"竞争"与"合作"这两种普遍概念间的关系，并且开发出一套综合性的理论框架。基于此原因，本章针对这两种观念采取了宽泛的观点（以及广义的解释），并且综合了对此战略两方广泛不同的表述与关注。（某种程度上，我们可能需要承认，这项研究也陷入了其自身的悖论！）

本研究总体上明确地假设了竞争与合作之间存在一种悖论性关系。虽然其前提得到了传统智慧与多方文献的确凿支撑，然而在践行中普遍性的程度及这种假设有效性的程度仍需进一步经验研究验证（以参与此研究报告的同事样本为例，将竞争与合作关系视为悖论性的想法已经深植于我们的思想之中）。

总之，这种综合性的超悖论框架，以及本章所提出的关于竞争、合作及两者互动的不同概念，将能够为这些重要议题的未来探索奠定富有成效的基础。

| 第7章 |

重构动态竞争
一个多维度的框架

原文出处 Chen, Ming-Jer and Danny Miller, 2015, "Reconceptualizing Competitive Dynamics: A Multidimensional Framework," Strategic Management Journal, 36: 758-775.⊖

尽管动态竞争研究已经取得了一定的进展,但是仍然缺少一个能够应用于当今剧变环境的扩展性框架。利益相关者的影响力与全球化趋势,是组织和经济层面两个极为重要的驱动力,这两股力量日益强化,使得动态竞争理论需要更广泛的概念化。本章提出的框架沿着五个维度,即竞争目标、竞争模式、竞争参与者、竞争的行动工具以及竞争互动的时间范围,来拓展动态竞争的研究。这些维度有效地将敌对性和竞争-合作模式进行对比,并且提出一种称为关系型竞争(relational competition)的新方法。同时,本章提出一些可能会影响竞争互动形式的调节变量,如产业和文化。本章最后,针对所提出的方法,分别与构型论、交易成本理论和利益相关者理论这三个不同的理论视角进行了联系和讨论。

⊖ 作者在此想要感谢 Ken Craddock、Adrian Keevil、Adelaide King、林豪杰、John Michel、Bidhan Parmar、Ken Smith、Eric Tsang 以及蔡文彬为本文早期草稿提出的有价值的评论。作者对 Batten Institute and the Darden Foundation of the University of Virginia 以及 the Social Sciences and Humanities Research Council of Canada 提供的财务支持表示深深的感谢。

7.1 绪论

近年来动态竞争研究得到了蓬勃地发展。动态竞争提供了一套细致的方法，使得人们能够理解企业在与特定对手竞争时的行为。动态竞争研究一些可以被量化的竞争行为，学者再对这些行为进行严谨的检验，进而得到一些研究成果（Ferrier, Smith, and Grimm, 1999; Sirmon et al., 2010; Smith, Ferrier, and Ndofor, 2001）。通过连接微观与宏观视角、竞争与合作，动态竞争对组织进行多层次的分析和研究（Gnyawali and Madhavan, 2001）。同时，动态竞争也将战略与组织的其他领域连接了起来，包括企业家精神（entrepreneurship）（Markman and Phan, 2011）、社会认同理论（social identity theory）（Livengood and Reger, 2010）、高管认知（executive cognition）（Marcel, Barr, and Duhaime, 2011）以及暂时性优势（temporary advantage）（D'Aveni, Dagnino, and Smith, 2010）等。

然而，强势的组织趋势与经济驱动力，例如不断增长的利益相关者的力量、企业可持续运营的压力（Aguilera and Jackson, 2010）、全球化进程以及东方经济体的崛起，都显示出传统竞争活动的局限性。一直以来，学者都关注在单一产业中的竞争对抗，以及竞争者的行动与响应。现在，竞争经常源自目标产业之外的企业，或者源自国内外非本业竞争者或非政府组织（Markman, Gianiodis, and Buchholtz, 2009），这些正改变着竞争的本质。这种更广义的竞争态势兴起于2008年的全球金融危机，这场金融危机突出了企业社会责任的重要性（Freeman et al., 2010）。尽管有一些学者已经针对竞争与合作之间、多种利益相关者与竞争对手之间、非财务目标与经济回报之间进行了研究，但这些研究较为零散，学者极少站在全局的角度理解互动的维度，而这种理解对扩展动态竞争理论是不可或缺的。

事实上，正是"基本设计结构"的缺失造成了动态竞争的核心取向与当今实际挑战之间的鸿沟。然而，如今学者还未能勾勒出一个竞争维度的框架，以广泛描述动态竞争理论基础中的一个关键元素：竞争者的"参与情况"。如果缺乏这样一个结构，未来就有可能无法将动态竞争理论情境化，也无法识别它的多样性。更重要的是，会缺少一个基础来定义理论边界并拓展其理论范围。本章的基本前提是，要发展一个既具备理论包容性，又具备实践指导意义的动态竞争理论，并且分析层次提升到可以识别、定义以及描绘其丰富性的核心维度。定义这些维度能超越现有理论的单一元素，发现更多的行动选项，从而拓展理论的范畴。

本章的概念重构提供了一个更具包容性的分析层次，可以洞察较低层次中不太明显的问题（Lewis and Grimes, 1999）。当扩大竞争的概念、竞争参与者的范围以及竞争事件的范围，并且以一个既具一般性又情境化的方式来刻画它们的互动关系时，这将丰富研究者对于动态竞争理论的理解。这样的过程有助于开发出一种新的理论化方式，而这种理论化方式又有助于研究者理解在全球化、制度化竞争环境中的互动行为。

本章有三个主要贡献。第一，识别并定义了动态竞争理论的基本维度，这些维度对于精炼、扩展该研究领域相当关键。具体而言，本章提出了一系列核心维度，这些维度能够架构起动态竞争理论，从而对于竞争的目标、方法以及参与者，提供更清晰、更系统化的概念。第二，以另外一种覆盖更多利益相关者、更关注整个社会的价值创造、更具持续性的视角，来看待企业间的竞争，拓展了动态竞争理论的范畴，这样做可以扩大此领域的前景，以及增强与其他子领域的联系。第三，对比察觉 – 动机 – 能力（AMC）视角在行动层次上的应用，本身将这种视角延伸到关系型竞争这个多维构念的研究中。这种尝试揭示了 AMC 模型如何被应用于宏观战略问题的研究，如国际联盟与合作。

7.2 理论基础

7.2.1 动态竞争：关于企业行动和互动的研究

动态竞争源于奥地利经济学派（Jacobson, 1992；Schumpeter, 1934），认为竞争是互动性或"动态性"的，因此，动态竞争的研究基石是由行动/响应（Smith et al., 2001）、对偶关系，以及行动组合或"竞争决策组合"（Ferrier, 2001; Miller and Chen, 1996；Rindova, Ferrier, and Wiltbank, 2010）组成的。这种行动 - 响应层次和竞争决策组合是动态竞争研究中相当重要的特征，并为这个领域中多维度和多层次的研究奠定了基础（Chen and Miller, 2012）。企业间的互动（或参与）是竞争和战略的核心，可以说是动态竞争中最基本的理论推力，促成了动态竞争中很多的核心概念和前提。企业间或竞争对手间在定位上、资源上和认知上的成对比较，是竞争者分析的核心，而且是动态竞争理论不可分割的一部分（Chen, 1996）。因此，相对性（relativity）是一个相当关键的理论前提，是对相互依赖性（interdependence）的强调，更贯穿于企业间的行动 - 响应以及市场共同性 - 资源相似性的研究中。

察觉 - 动机 - 能力提供了一个整合性的桥梁，是识别企业间竞争行为的关键驱动因子（Chen, 1996; Yu and Cannella, 2007）。简单来说，只有当一个竞争者"察觉"到竞争对手的行动，有"动机"做出响应，而且有"能力"响应时，才会真正对其竞争行动做出响应。AMC 模型是一个能够帮助研究者理解竞争性行动的来源与结果，以及企业的其他各种竞争行动类型（包括合作性行动和非市场化行动在内）（Gnyawali, He, and Madhavan, 2006）的核心架构。

直到现在，动态竞争研究一直在强调竞争的对立面，比如"攻击""报复"和"排挤"（dethronement）（Ferrier et al., 1999）。但事实上，"争斗"

（combat）这一词语已经主导了或者说限制了动态竞争的范围（Ferraro, Pfeffer, and Sutton, 2005）。

为实现理论的简洁性，动态竞争理论将其焦点限制在特定的、可测量的竞争元素上，例如行动和响应、响应速度和幅度，以及直接竞争对手间的互动。其分析焦点倾向于单一产业，而且使用的是以美国情境为主的样本（Smith et al., 2001）。随着动态竞争领域的发展，研究者已经投入许多心力来构建一个连贯性的文献理论体系，但却较少关注创造新的理论或者拓展理论边界。因此，动态竞争的研究被局限在对竞争的本质、时间范围、参与者以及它们之间互动结果的基本描述上（Chen and Miller, 2012）。

7.2.2　重新构建动态竞争

管理学领域的几个主题已经对动态竞争的研究构成了挑战。这其中包括利益相关者理论（Freeman et al., 2010）、博弈论（Brandenburger and Nalebuff, 1996）以及合作（Dyer and Singh, 1998），每一个理论视角都代表着对竞争迥然不同的观点。采取一个规范性的视角，利益相关者的研究考虑了较为广泛的一组市场参与者，其中也包括竞争者。企业与这些竞争者的互动被认为有利于取得持续性的绩效（Donaldson and Preston, 1995）。研究企业间合作的学者已经对相关的合作选项进行了检验，如联盟和合资企业（Silvermanand Baum, 2002）。其他的研究已经考虑到直接竞争者间的合作（Gimeno, 2004），并解释了此种合作网络会如何影响竞争行动（Gnyawali and Madhavan, 2001）。此外，它们还开拓了互动的混合形式，如竞合（co-opetition）（Brandenburger and Nalebuff, 1996）、关系战略（relational strategy）（Dyer and Singh, 1998）和竞争–合作（competition-cooperation）（Chen, 2008）。更进一步地说，动态竞争的"文化双融"视角，以整合对立的概念为基础，提供了另外一条有前景的研究脉络（Chen, 2014）。

整合性竞争者分析——动态竞争理论的主要贡献之一，采用了一个广泛的视角来检验企业如何沿着市场 – 资源的维度进行比较（Chen, 1996）。鉴于此方法侧重于两家企业间的关系（Ring and Van de Ven, 1994），而非竞争本身，它已经被应用于包括行业内（Haleblian et al., 2012）和行业外各种类型的合作伙伴（如合资企业和并购企业）、客户（Peteraf and Bergen, 2003），以及非本业竞争者和非政府组织（Markman et al., 2009）的研究中。这种竞争者的广泛概念引入了一个以对手或以他人为中心的视角（Tsai, Su, and Chen, 2011），并强调竞争与合作的相互依赖性。这些独立的贡献都为动态竞争领域提供了新见解。与此同时，它们展示了动态竞争领域碎片化的本质，并指出动态竞争领域需要一个更加系统化和整合化的发展。

重构核心维度

如上所述，动态竞争领域的学者已经发展了一组连贯的理论要点和前提，它们有望扩展动态竞争的研究。可惜的是，迄今为止，较少有学者投注心力为这个领域设计一个基本架构，也尚未将动态竞争或互动的核心维度加以明确界定。本章对此领域进行文献回顾，发现以下几个决定性维度是至关重要的：（1）目标，或参与竞争性互动的目的；（2）模式，或互动的本质；

表 7-1 动态竞争的三种原型观点

维度	敌对型	竞争 – 合作	关系型
目标	抢占	竞争优势	共同发展（水涨船高）
模式	攻击、报复、避免攻击	合作或竞合	相同行动中同时存在竞争与合作，这取决于对手的响应
参与者	竞争者	竞争者以及联盟伙伴	包括一系列利益相关者，如客户、大众、供应商、政府
工具	大体上为经济性的工具；一般在产业或技术边界内	政治性及经济性工具，有时跨越产业边界	还包括社会和意识形态的工具，允许重新定义产业和技术边界
时间范围	短期	中期	以短期构建长期，反之亦然

（3）参与者，或参与互动的参与者的数量和类型；（4）工具，或竞争性行动的竞争决策组合；（5）时间范围，或一次竞争行动的时长（见表 7-1）。尽管这些维度过去已经被用于描述动态竞争的研究，但是它们过去一直是隐讳不明的，也比较偏向于敌对观点。对这些维度的明确考虑则可以为概念的重新构建提供一个基础。

7.3 一个多维度的框架

沿着这五个决定性维度来重构动态竞争，可以发现当中有一系列的选择与组合。尽管每个维度都拓展了此领域的方向，但实质上正是这些方向导致动态竞争研究者和实践者忽略了重要的企业挑战、思维机会、战略选择和相关参与者。这些方向表明动态竞争主要关注：（1）获取竞争优势以超越（2）竞争者，此处的竞争者是指（3）敌对企业；他们所取得的（4）胜利是能够通过采取有限范围的行动，并且能够（5）以市场份额或利润来进行衡量；同时，这样（6）主要以追求短期利益取得报酬的企业领导者，（7）是关键参与者以及被分析的关注焦点（Smith et al., 2001）。本研究将指出获取利益并不总是最合理的目的，竞争者之外的参与者对竞争结果同样重要，而且最重要的结果可能远不止是企业所有者的经济收益。

7.3.1 竞争目标：从价值抢占到优势，再到水涨船高

大多数传统动态竞争学者在其论述中，都会或含蓄或明确地提到竞争的最终目标是从对手那里抢占价值——把对手摧毁、"压倒"或是"挤出市场"（Ferrier et al., 1999），以扩大市场份额（Chen and MacMillan, 1992），或者保护自己的地盘（Livengood and Reger, 2010）。根据这种敌对的思维模式，动态竞争的目标是发现哪种行动最能够使一个企业战胜或抵御竞争对手；简

言之，竞争通常被看作零和博弈。

相反，一份关于竞争－合作的文献⊖指出了很多企业是愿意与它们的对手进行合作的，只要这些发起行动的企业最终能够获利（Hamel, Doz, and Prahalad, 1989）。换句话说，这里的目标不再是摧毁敌人，也不是帮助敌人，而是要企业最终领先于它的竞争者（Brandenburger and Nalebuff, 1996; Dyer and Singh, 1998）。

动态竞争的新兴观点体现在以"共同发展"为目标的企业。通过追随这一更加关系性的视角（Chen and Miller, 2011），企业旨在受益于各种类型的市场参与者，包括竞争者。企业的目标不是损害或打败对手，而是通过"为众多参与者（甚至包括自己的对手）创造价值"，从而实现自己的经营绩效。例如，协助参与者建立有利的标准，开放原始设计信息或基础设施。这种竞争性导向与大多数关于利益相关者的文献是一致的（Freeman, 1984; Freeman et al., 2010）。

这些不同的动态竞争观点的目标，反映了其重心从与对手抢夺价值到实现竞争性优势，再到为多个利益相关者创造价值的转换。巴塔哥尼亚（Patagonia），一家户外服装公司，是融合这些竞争目标的经典案例。该公司以"打造最好的产品……并基于企业经营来激发和实施针对环境危机的解决方案"为使命，并塑造了自己的企业行为。巴塔哥尼亚公司欣然与主要竞争对手分享自己制造高品质、高节能产品的最佳做法。这样做的结果是，它虽然牺牲了部分操作层面的竞争性优势，但提高了对"绿色"客户的信誉，并增强了员工的激励性氛围。巴塔哥尼亚公司的目的则不仅通过互动来创造良

⊖ 关于企业间合作有大量的研究，主题包括战略联盟（Gulati, 1995）以及企业间联系（Ahuja, 2000）等。我们的注意力集中在关于竞争和合作之间的相互联系。Chen（2008）将这一广泛定义的"竞争－合作"研究归类为"竞合"（Brandenburger and Nalebuff, 1996）、"竞争导向的合作"（Khanna, Gulati, and Nohria, 1998）以及"合作导向的竞争"（Gnyawali and Madhavan, 2001）。

好的社会声誉并惠及公司和员工,更通过与竞争对手合作或竞争实现双赢。

7.3.2 竞争模式:从攻击到合作或管理关系

敌对视角、竞争－合作视角以及关系视角的区别,在于它们如何描绘主要参与者间的互动模式或行动本质的特征。传统敌对性角度的学者倾向于研究竞争的基本形式,即策划有效的直接或间接攻击并避免遭到报复。大量的研究已分析过直接竞争,例如,扬、史密斯和格里姆(Young, Smith, and Grimm, 1996)检验了企业竞争活动的驱动因素,进而发现首先攻击与早反击有助于扩大市场份额。其他学者研究了秘而不宣的或者低调的竞争性技巧,这些技巧有助于避免遭受报复(Chen and Hambrick, 1995)。更进一步来看敌对性模式,麦格拉斯、陈和麦克米伦(McGrath, Chen, and MacMillan, 1998)提出公司对其业务单位或市场的资源配置会影响竞争对手的资源转置方式,从而在不引发全面竞争的情况下扩大影响范围。超越敌对性模式的一个早期例子是相互忍让(mutual forbearance)(Gimeno and Woo, 1996),即在相似市场环境下经营的企业,彼此心照不宣地合作定制它们之间的竞争性互动,以避免竞争升级的风险。

竞争－合作观点代表一种不同的获取竞争优势的方法。此观点指出,企业可以通过多种方式进行合作,从与对手共享专利、技术甚至关键人员,到价格信号,即建立一个技术性标准并进行价格共谋(Brandenburger and Nalebuff, 1996)。尽管这些竞争－合作互动范围较广,但最终目的都是自利性的:一个企业以这种方式参与互动,只为取得优势、"向竞争伙伴学习"(Dussauge, Garrette, and Mitchell, 2000),或者"合作然后获胜"(Hamel et al., 1989)。

第三种关系型互动的模式最近陆续在文献之中被提出。关系型竞争行动较为复杂,它们的结果随着利益相关者的不同而改变,以至于同种行动可能会引发不同参与者，甚至使同一参与者在不同时间做出不同的响应。因此，一个行动同时具有竞争与合作的可能性（Chen, 2008），这取决于它与参与方的关系以及参与方的认知和目标（Tsai et al., 2011）。对动态竞争的这样一种广泛应用，采用了以对手为中心的或是"以他者为中心的"视角，由此观点，与对方交手不只是为获取利益，而是为寻找达到共同利益的崭新道路。关系需在"特定情境下"进行检验，需考虑所有参与互动者的目的和需求 ⊖。

谷歌与其"友敌"（frienemies）间的接触阐释了竞争互动的相关性。这一互联网探索引擎巨头旗下的视频分享子公司 YouTube，每天会吸引公众上传大量娱乐和新闻内容。一些传统媒体公司，比如电视网络，采取了直接竞争性措施——威胁、游说、诉讼，以阻止谷歌"分送"它们专有的产品。其他企业则充分利用 YouTube 视频链接来为其常规节目吸引更多的观众。因此，通过与谷歌合作，一些公司将威胁转变为一个强大的机会，它们不仅借此推广自己的产品、增加广告收入，同时还抽取谷歌的广告收入。简言之，必须考虑参与者、资源以及偏好间的某些特定互动，才能判定谷歌旗下 YouTube 的行动究竟是攻击性竞争还是一次合作的机会。

7.3.3 竞争参与者：从竞争者到合作伙伴或利益相关者

动态竞争的敌对视角、竞争-合作视角以及关系视角具有非常不同的"演员阵容"。传统的敌对视角将关注点聚焦于直接或间接的竞争对手，直接对手在焦点市场和规模方面有着相似性（Chen and Hambrick, 1995），而间接对手在这些方面则显得不同（McGrath et al., 1998）。

竞争-合作视角扩展了互动伙伴的名单，包括那些与组织建立联盟关系的参与者，一般是是同一产业或相关产业中的竞争者（Gimeno, 2004）。这

⊖ 前文提到的"双元文化整合"的概念与此流派的研究相适应，但前提假设是诸如竞争者和对手这样的对立方可以通过超越彼此的差异并吸收对方的长处而受益。

个视角所关注焦点是在直接竞争对手，或者更多的间接竞争对手上，它们可能会成为业务合作协议、联盟（Ahuja, 2000）乃至并购（Haleblian et al., 2012）的合作伙伴。然而，合作的选择也扩宽了潜在互动合作者的范围，囊括了生产要素（如原材料和工会）、供应商和/或产业上下游的合作伙伴，与它们的合作可能会使企业实现更加有效的竞争（Markman et al., 2009）。

关系型的方式，通过借用利益相关者的观点，将参与者名单进一步扩展到新囊括的一系列参与者，它们不仅关系到组织的成功，还关系到大量受组织影响的参与者（如员工、客户、消费者），以及整个社会（Freeman et al., 2010）。鉴于目前的目标是要做到水涨船高，而且寻求的是双赢的结果，因此潜在的合作伙伴可能还包括像大学这样可以为企业培育专业人才的公共机构、可以一起降低污染的社区组织、提高产品质量的消费者保护机构，以及改善工作环境的员工。

关系型的观点还认为，利益相关者会对组织产生影响（Freeman et al., 2010；Hillman and Keim, 2001）。损害这些参与者的竞争性行为，久而久之可能会在经济上和伦理上损害竞争行动的发起者本身。很多组织竞争的目的不仅是为了获取市场份额和顾客（Peteraf and Bergen, 2003），还为了员工（Gardner, 2005）以及政策性支持（Caeldries, 1996），其中每个利益相关者都可能成为提升竞争优势的来源。更重要的是，企业的市场定位会因各式合作而得到提升。例如，与合作伙伴共同发展核心竞争力，与大学合作资助研究，与竞争者合作开发技术或通用行业标准（Brandenburger and Nalebuff, 1996），甚至竞争对手也可能会引入有益的新挑战和新理念，使企业意识到新商机（Porter, 1998）。

关系型的视角认为，与任一参与者的互动都有可能影响企业的资源和信誉，并因此影响该企业与其他参与者的互动（Saxenian, 1994）。前提就是，企业只有在考虑到所有利益相关者的情况下，才能实现永续繁荣。此处，竞争性"动态"的一个关键是,先占者为了与多个竞争者共同成长的利益,在金钱报酬上牺牲相当长一段时间,尤其是资产上。平衡利益相关者的利益和疑虑是关系视角中互动的重点。因此,需要了解它们的需求、偏好以及彼此之间的相互依赖性。

考虑到更多参与者而引入的另一个关键动态是,如何对与不同利益相关者之间的合作性和竞争性关系进行排序,从而使不利响应最小化,并促进合作性响应。例如,企业应当首先发展与生产要素供应者(Markman et al., 2009)以及人力和智力资本供应者之间的"供应方"关系,以建立核心竞争力并扩展合作网络,还是应当致力于"需求方"(Peteraf and Bergen, 2003),与同社区的、管理的和制定行业标准的机构合作,为产品创造需求并遏制潜在报复行为。通常,一个组织用以建立这些关联的资源是有限的。因此,企业必须选择要对哪些利益相关者以及在什么时候进行吸引,而这方面取决于关键资源的本质和可获得性,同时也取决于特定利益相关者关系在威慑或抵消竞争性回应方面的效力。除了值得注意的如米歇尔、阿格尔和伍德(Mitchell, Agle, and Wood, 1997)的研究外,这些动态的考虑直到今天都一直被大多数研究利益相关者理论的学者所忽视。

7.3.4　竞争的行动工具箱:从经济到政治,再到社会和意识形态

本章把行动工具定义为,企业在与参与者的互动中可能采取的行动决策组合。行动工具包括两个重要的方面:所部署行动的类型,以及它们的地理和产业边界。再一次地,敌对视角、竞争-合作视角和关系视角间的差异共同阐释了一组更加广阔的经济、政治以及社会和意识形态的竞争选择。

敌对视角关注竞争的经济手段:一般涉及传统的战略手段,更多偏向经济目标导向的战略而非战略行动。早期研究的着重点是经济性手段,例如价格调整和促销(Smith et al., 2001)。其他研究检验了不可逆转的战略投资对

竞争对手的响应倾向的影响（Miller and Chen, 1994）。尽管过去的行动工具主要局限于经济行动——产业内的战略和战略行动，还是有一些多重市场竞争研究跨越了部分产业和地理边界（Gimeno and Woo, 1996）。

竞争-合作视角对行动工具进行了扩展，新加入了一些明确具有合作性的行动。在关于互动模式的讨论中，曾称这些行动为联合伙伴和竞争者以制定行业标准并进行配置、游说和共谋（Gimeno and Woo, 1996）。在这里，行动工具从典型的经济性工具发展为在很多方面具有政治性的工具。金斯利、范登·伯格和博纳尔迪（Kingsley, Vanden Bergh, and Bonardi, 2012）提供了一个框架，这个框架描述了企业何时以何种方法采取非市场行动以减轻监管上的不确定性。凯普伦和沙坦（Capron and Chatain, 2008）明确地将企业的政治行动视为关键，但仍有待探索的企业竞争决策组合的元素，这个要素奠基于政治市场（与产品和资源市场平行），在这个市场中，企业通过战略性竞争来营造有利于自己的监管环境（Bonardi, Hillman, and Keim, 2005）。现在的重点在于，理解企业潜在合伙人优先考虑的事、建立富有成效的联盟和协议，以及通过议价实现能赋予企业竞争优势的结果（Ahuja, 2000）。合伙人的产业和地理范围都比传统观念中的更广阔。

关系视角更进一步扩展了行动工具，它考虑的不仅是竞争的经济和政治工具，还包括社会和意识形态手段。它强调站在企业的角度理解其所有的利益相关者，从而有效地获取它们的支持和合作（Donaldson and Preston, 1995; Freeman et al., 2010）。可采取一个强有力的战略形式是建立企业对社会负责的美誉，创下作为极好雇主的斐然成绩，或者成为社区的好公民。通过这些战略性行动，企业将努力提高其相对于竞争对手的名誉地位，从而获得使用优质金融和人力资源的机会（Pfeffer, 2010）。其结果就是，企业在市场中更加强大，更加可持续地存在。关系视角所传达出来的动态因素包括先行者优势，以及为了建立长期优势而对短期利益牺牲的忍耐。此外，通过这种前瞻性的行动，积聚可靠的伙伴和资源，也有可能会阻止竞争对手和潜在竞争对手对企业的挑战。

7.3.5 竞争互动的时间范围：从短期主义到可持续性

关于敌对视角的文献专注于研究短暂的竞争性交换，这与熊彼特的观念"竞争优势是暂时性的"相一致（Smith et al., 2001）。部分原因是受限于竞争的概念，早期研究企业间双边互动的文献只关注战略性行动与响应（Yu and Cannella, 2007）。其他传统文献则关注企业战略组合中的惯性与简单性的驱动因素和绩效影响（通常在特定一年之中）（Miller and Chen, 1996）。之后的学者开始关注竞争决策组合的长期演变（Ferrier, 2001），但关注期仍只是一年或两年。

竞争–合作视角也是一种短期关注，但它同时也会以长远视角来考虑结果。关于合作的研究为只有长期才能获得回报的联盟和协议开通了道路（Ahuja, 2000），因为长远来说，参与者可以更好地合作并逐渐信任彼此（Gulati, 1995）。

关系视角认为在任何给定的时间所采取的行动都有可能产生长期的影响（Ferrier and Lee, 2002）。因此，一个企业所采取的竞争行动在短期很有可能是有利的，而在长远的未来或许会伤害其名誉和复原力，最终危及它的市场定位（Chen and Miller, 2011）。反之亦然，单纯追求长期利益可能会导致短期境况惨淡。关系视角从多时点看待竞争的可持续性——竞争的可持续性是改善而非让步于未来的前景。这里所指的动态包括对短期和长期战略的权衡，并对两者进行调整，以适应企业面临的竞争环境。

数十年来，玻璃技术巨头康宁公司（Corning）凭借其开拓性的创新和长期思维一直抢在竞争者之前先发制人。它为 Marconi 公司首创了第一批无线电真空管，为美国无线电公司（RCA）的 General Sarnoff 制造了第一批电视机显像管,它还制成了第一根光纤。其中,最后一项发明让其投入了 17 年的无偿投资。通过追求这一长远目标,康宁公司一直在竞争中保持领先,用老产品中所获得的收入为创新注入资金,在竞争中保持着主导地位(Miler and Le Breton-Miller, 2005)。

图 7-1 沿着我们的五个决定性维度对敌对、竞争 – 合作以及关系观点进行了比较。

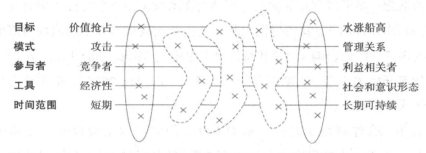

图 7-1 动态竞争的一个多维度结构:三种差异鲜明的观点

7.3.6 差异鲜明的动态竞争观点:敌对型与关系型

敌对型和关系型观点位于五个维度的两极。与敌对型竞争做比较,关系型动态竞争相比于市场挤占更强调"水涨船高",相比于单纯的竞争对手更强调众多利益相关者,相比于纯粹的经济性竞争更强调政治性、社会性和意识形态性竞争,相比于短期竞争对手更强调多时点竞争对手。这些观点也具有一定的共同基础。正如敌对型动态,关系型竞争的焦点也是互动,关系型竞争可能发生在不同的层次且受微观和宏观产业、文化以及组织因素的影响,正如下文将会讨论到的(Chen and Miller, 2012)。

另一方面,这五个维度可能是相互联系的。也就是说,企业可能会具有这样的趋势:在多个维度上倾向于关系型或敌对型中的某一端(见图 7-1)。

例如，在没有一个长期性观点的情况下，很难在社会或意识形态方面进行竞争。另外，至少在理论上，即便是基于本章简化的框架，所有可能的多维度"组合"（构型）的总数（3^5）也是很大的。图 7-1 以图的形式展示了这些可能性。敌对视角和关系视角在两端，两端之间是各种各样可能的组合，其中包括竞争－合作视角。

7.4 关于关系型竞争与敌对型竞争的驱动因素和结果的命题

相对于敌对视角，关系视角的普及性与使用性会随情境而变化。在本节，我们将提出组织的一些特征，这些特征可能会影响关系型竞争的模式。之后，本章会提出一些命题，涉及在何种情况下关系型竞争会增加企业绩效。在导出这些命题的过程中，应当将关系型竞争和敌对型竞争视为相融合的架构和原型（Miller and Friesen, 1984），它们以前文中描述的五种维度为特征。这么做一方面是为了简明扼要地阐明问题，另一方面也是因为这些维度之间的相互依赖性产生出了关系型竞争和敌对型竞争的原型（Miller, 1996），这将在后文进行论证。然而，不同维度可能会与本章提出的驱动因素之间的关系不同，因为一些企业会将敌对型和关系型竞争方法的各个方面进行融合。若要描述对特定维度的预测效果，需要更进一步的理论建构和经验检验。

本章使用 AMC 模型（Chen and Miller, 2012）来制定关于行为者投入关系型竞争倾向的命题。有很多维度促使企业察觉到以关系型方法进行竞争的机会，并获得这么做的动机和能力。从微观到宏观，将这些维度分成了三类：组织、产业和文化。依照 AMC 模型，行动者察觉到围绕这些模式的机会和威胁——不论这些模式体现为组织过程和结构、行业特征还是文化社会化的因素，它将因这种察觉的驱动而在关系型竞争和敌对型竞争之间做出选择。行动者做出某个特定选择的动机将受组织诱因、产业危机和转型以及文化习惯的驱动。最后,行动者的能力则由组织(或产业)资源和经验以及文化和社会联系所决定。本章假设察觉、动机和能力的构成要素间存在乘法效应,以至于当缺乏其中任一项时,相关竞争模型的选择不得不告停(Chen and Miller, 1994)。考虑命题时应将这种相互依赖性铭记于心。表 7-2 是模型概述。

表 7-2 关系型命题的框架

	察 觉	动 机	能 力
组织	组织结构和体系	组织治理、文化和激励	战略性资源和核心能力
产业	地理位置的邻近性	危机和发源	资源充裕的环境
文化	教育和社会化	价值观和习俗	经验和实践

7.4.1 组织层级的因素:管理、文化与利益相关者的关系

察觉:组织结构和体系

关系型竞争要求对竞争环境具有非常敏锐的察觉,因为在多数竞争活动中,有更多的要求并涉及更多的利益相关者。这种认知必须不仅包括来自竞争对手的威胁和它们的竞争态度,还有竞争对手的资源优势和缺点,以及它们合作的潜力(Chen, 1996)。关系型竞争还要求企业了解其他关键利益相关者和潜在合作伙伴的利益和优势,其中可能包括贸易协会、大学研究实验室以及政府贸易部门(Freeman et al., 2010)。获取关于这些相关方的知识,依赖于有关拓展边界的组织体系和过程,例如,努力通过分权与包容的方式来审视环境,并将重要信息快速传达给关键决策制定者(Smith et al., 1991; Tushman, 1979)。大部分被披露的信息是定性的(Aguilar, 1967)。然而,除非恰当的信息在恰当的时间传递给恰当的决策制定者,否则信息的收集就无益。一般来说,赋予员工较广阔工作界定的扁平化组织结构最可能实现这一点(Galbraith, 1995),而集中式的、正式的、层级制的以及官僚化的机构往

往会阻碍关系型竞争。

<u>命题 1a：在相似的产业条件下，具有分布式、包容性和确定性的信息传达过程以及扁平化组织结构的企业，相比于结构层级化、官僚化的企业，更有可能获取投入关系型竞争所需的知识。</u>

动机：组织治理、文化和激励

组织掌权者所优先在意的事情，会塑造组织的目标和文化。西方很多上市企业的主导权掌握在那些只会短暂持有股票并青睐快速获得回报的所有者手中（Jacobs, 1993）。这些组织往往具有"不升职就离职"的惩罚文化，它根据短期收益对高管进行奖励（Sorkin, 2010）。考虑到其建立关系所用的时间，这类企业易于拒绝关系型竞争的理念。

然而，当企业所有者和管理者采取更为长期性的视角，并重视企业做出的实质性贡献以及它的可持续性时，情况就大为不同了。他们了解，要使公司能长远实现成功经营就必须满足大部分重要的利益相关者。康宁公司和香港利丰集团，同为家族所有和管理的公司，都与各自的供应商和伙伴保持了跨越一个世纪的联系（Graham and Shuldiner, 2002）。两家公司的首要考虑，都是要打造一个渴望与客户及资源提供者建立互惠互利关系的高动机员工队伍。它们采用严格的雇用和晋升程序，以确保接受任命的人能有与企业共同的目标和价值观（Pfeffer, 2010）。此外，这两家公司在激励与奖励机制的设计上，也是基于为利益相关者实现增值而非单纯创造短期财务业绩（Lumpkin and Brigham, 2011）。

<u>命题 1b：所有者和高管有着长期视角且倡导包容性、凝聚性和培育性文化的企业，相对于采用敌对型竞争的企业，更有可能愿意投入关系型竞争，这类企业很多都是由个人或家族紧密掌管。</u>

能力：战略性资源和核心能力

关系型竞争可以通过特殊的方式从其对资源建设和资源管理的重视中获益（Sirmon et al., 2010）。大力投资于能力发展的公司——包括投资于精良设备和卓越工艺、优势性地理位置以及优良的人力资源——可以唤起利益相关者更大的忠诚度（Helfat, 2007）。注重人才的选拔、培养和训练，以及打造良好的工作环境以降低离职率，可以使企业成为更具吸引力的关系伙伴（Pfeffer, 2010）。随之而来的能力，也许可以帮助企业吸引和接触外部伙伴并在专门技术和增值产品的基础上进行竞争。

关系型能力和核心能力的发展过程是双向的良性循环。那些想要集中发展后者的企业将很可能把部分业务外包出去以专注于最擅长的领域，从而累积战略联盟的经验并提高战略联盟的诱因。反之，随着核心能力的发展，企业也将更容易被看作具有吸引力的合作伙伴（Dyer and Chu, 2011）。

命题 1c：为发展核心竞争力而在物质资源和人力资源上投入更多的企业，相比于采取敌对型竞争的企业，更有可能投入关系型竞争。

7.4.2 产业层级的因素

察觉：地理位置的邻近性

在增强对关系型行为机会的察觉方面，经济地理学的属性能够发挥一定的作用（Semadeni, 2006）。比如，对于位于像波士顿 128 公路（Boston's Route 128）以及硅谷（Silicon Valley）这样产业集群中的行为主体来说，相互间地理位置的邻近为竞争企业的管理者和科学家创造了更加自由地进行交流和互动的机会（Jaffe, Trajtenberg, and Henderson, 1993; Porter, 1998; Saxenian, 1994），使他们能更多地察觉到彼此的强项和弱项，同时也因此察觉到建立互补性联盟的机会。这些产业集群还吸引了诸如科研项目和风险投资等专业资源。此外，它们可能会成为创业孵化器和行业协会的发源地，发挥用以交流信息的论坛作用。最终，行为主体与其对手或重要资源供应商之间地理位置的邻近性，可能会为交流、理解、互动以及惠及整个产业的合作项目的启动创造机会（Glaeser et al., 1992）。

动机：危机和发源

在发展经济体中，产业初始性危机可以激发关系性行为，资源的稀缺也有这种作用。个人电脑产业发展初期曾出现过关键供应品（如芯片）紧缺的情况。宏碁公司为确保其产品的正常供应，投入资金为自己也为对手创立了可信赖的供应商（Chen and Miller, 2010），这一举动促成了涵盖从上游半导体到下游辅助组件在内的个人电脑生态系统的产生，为整个产业带来了福祉。同样地，当产业面临危机时，企业会产生一种团结起来制定标准、更新技术并开发更加合理的商业模式的动机，正如经济危机后美国汽车制造商的案例所体现的那样。

能力：资源充裕的环境

一些产业位于人力、物质和知识资源充裕的环境中，比如大城市的中心，在那里接触到各类资源供应商的机会非常多。接触资源的便捷性提高了企业与这些资源供应商建立有益的伙伴关系的能力。例如，在大城市里，企业拥有大量接触各类行为主体的可能性，因此也更有机会与它们建立联盟（Glaeser et al., 1992）。

矛盾的是，在由于地理或社会隔离而出现资源稀缺的小型社区，必需品能够驱使具有不同功能和目标的组织相互之间建立紧密的联系。例如，已经在纽约康宁小镇持续经营了150多年的康宁公司采用的是关系型竞争视角,这一视角很明显地体现在它与供应商及其他公司之间几十年的合作伙伴关系上,它们都为康宁公司开发重要的新技术做出了贡献(Graham and Shuldiner, 2002)。这类组织也相当依赖社区,而社区也依赖这些组织,这样所产生的相互依赖性培育了情感上的亲近感、信任以及合作(Berrone et al., 2010)。

> 命题2:有些产业在密集型产业集群中运营,或者位于资源丰富的环境中,这类产业中的企业将更倾向于具有投入关系型竞争而非敌对型竞争的察觉-动机-能力。

7.4.3 文化层级的因素

察觉:教育和社会化

东西方之间的差异,凸显了文化个人主义与集体主义的差别对关系型竞争产生的可能影响(Chen, Chen, and Meindl, 1998)。传统上,儒家社会并不是由孤立的个体所组成,而是由相互联系和相互依赖的当事者的庞大网络所组成。东方无处不在的社会化过程,确保个人时时关注团体或系统的需求,以符合社会期望。这种"集体化"思维模式和相关实践对人与人之间的交往、组织互动和时间观念都有意义深远的影响(Chen et al., 1998)。组织如何被其商业和社会情境所看待,以及组织如何适应该情境是十分关键的,同时组织与包括竞争者在内的利益相关者之间的关系,对确保组织的正面形象和名誉也是至关重要的(Chen and Miller, 2011)。考虑到这种更加敏锐的社会性察觉,企业会倾向于寻找那些对其他参与者伤害性和挑战性更小、对自己和他者都有益且在经济和社会方面都具有可持续性的机会。

动机:价值观和习俗

在集体主义文化中,企业的决策和行为往往由对团体整体利益的考虑所驱动。发展完备的文化习俗、价值观和禁忌组成了能够激发关系思维的奖励和惩罚(Chen et al., 1998)。在东方,攻击型竞争会树敌,引致敌对性关注,还可能玷污名誉,因此避免正面对抗的动机很强烈。而在西方国家,正面战斗往往是受到赞赏的(Freeman, 1984; Freeman et al., 2010; Jacobs, 1993)。由于建立竞争性资产(如信任和名誉)需要投入时间,很多东方企业采用了一种更具调和性和创造价值的竞争模式。这种做法可能会涉及向关键参与者征求反馈,并逐步接近一个使大多数人满意的解决方法。企业还尝试按照利益相关者的预期进行经营,这些利益相关者能有助于企业的合法性,进而发展出一个对抗性更小的竞争模式。

能力:经验和实践

鉴于在观察他人反应方面经过完备的社会化和良好训练,许多东方管理者已习惯观察他人的反应,他们掌握了进行关系型竞争的社交和人际技巧(Chen and Miller, 2011)。比起那些身处偏向个人主义文化的对手,集体主义文化中的组织和个人更习惯于考虑团队观点或者站在他人的视角。这种文化环境中的很多企业获得了建立和利用巨大的商业和社会网络的能力。它们培养能够在很多合作伙伴和关键利益相关者之间建立互惠互利关系的文化和社交技巧。例如,宏碁公司非常重视本地合作者,在进入的国家只占有少数股权的国际扩张战略,这有助于其建立进行关系型合作的组织能力。通过允许合作者保持掌控权,宏碁公司充分展示善意并创造了彼此间的相互信任。

<u>命题3:由于具有高水平的对于关系的察觉、动机和能力,东方的(以及集体主义文化的)企业会比西方的(或者个人主义文化的)企业更有可能投入关系型竞争而非敌对型竞争。</u>

7.4.4 关系型竞争和绩效

关系型竞争并不总是会取得最好的结果。下述提出了一些可以帮助关系型竞争获得成功的情境和条件。

首先，定义关系型竞争预期成果的本质是很有帮助的。不要期望获得快速的收益、迅猛的成长或是即时的胜利。关系型竞争常常需要做好长期性竞争的准备——对那些需要一段时间才会得到回报的理念、能力和关系进行投资。因此，关系型竞争会呈现稳定和持久的绩效提升（James, 1999）。绩效可能会首先反应为实质性成果，例如，与利益相关者之间关系的改善、更高品质或更加令人满意的产品和服务，以及更具有积极性和天赋的员工；其次，会带来企业成长和市场份额的增加；最终，产生盈余报酬，对于公开上市的公司则能提高市场估值（Laverty, 1996; Miller and Sardais, 2011）。

<u>命题 4a：相对于敌对型竞争，关系型竞争倾向于长期绩效的提升：首先表现在实质性成果方面，其次表现在公司成长方面，最后表现在盈利方面。</u>

为了获得成功，关系型竞争要求组织的各个部门在面对各种利益相关者时，要能保持行为的稳定性与一致性（Freeman, 1984）。若没有坚持不懈的行动，就不能够发展能耐及信任关系；若没有互动和关系中的行为一致性，就会失去信用，同时也可能因此失去关键利益相关者的信任。组织管理、组织领导和组织文化有很大责任来确保这种一致性，这强化了前面章节提出的关于文化和组织特征重要性的论点。

<u>命题 4b：相对于实施敌对型竞争的企业，实施关系型竞争的企业只有通过长期保持对不同互动、关系和利益相关者实施一致性行动才能实现绩效提升。</u>

在东方，企业想要在竞争中获取成功，很可能会被要求采取关系模式。在那里，很多形式的正面竞争会被视为不被社会接受的，而通过人际关系和合伙关系发展合法性可能是至关重要的（Chen and Miller, 2011）。

情境也在公司层级中发挥作用。这在一些大型公司具有高可见度，敌对型竞争的侵略性会使它们陷入麻烦。微软公司和 IBM 公司的竞争性攻击曾导致反垄断诉讼和负面宣传，或许一个关系型方法可以更加富有成效。颇为矛盾的是，产业中的小企业也可能会获益于关系型竞争。它们的规模使得它们很难积聚攻击型竞争所必需的资源，而且间接和细微的计谋不至于招致危险的报复行动（McGrath et al., 1998）。

组织的治理、领导和文化还可能影响它有效地进行关系型竞争的程度。如果企业文化是奖励经理人的短期业绩，该组织就较难以通过关系战略来取得成功（James, 1999; Laverty, 1996）。当企业所有人追求定期的季度回报或高增长率且基于创造这种业绩的能力对高管进行奖励时，就可能造成耐心与共识的普遍缺乏（Jacobs, 1993）。

<u>命题 4c：关系型竞争将在集体主义的文化、在社会经济敏感的产业、在非常庞大的组织或在相对较小的组织，以及耐心管理和经营的组织中，产生最好的结果。</u>

7.5 讨论

在重构动态竞争理论的过程中，为了揭示该领域的基础并进一步识别其不同形式，本章提炼出五个决定性维度用以对动态竞争领域进行建构和系统化。这五个维度概括了一系列竞争选择并提出了竞争的关系观。特别地，在鲍姆和科恩（Baum and Korn, 1996）、陈和米勒（Chen and Miller, 2012）、戴尔和辛格（Dyer and Singh, 1998）、费里尔（Ferrier, 2001）、希梅诺

（Gimeno，2004）、马克曼（Markman，2009）、蔡（Tsai，2011）等前人研究的基础上，本章拓宽并夯实了动态竞争的理论基础。通过提出一个该领域迫切需要的架构，本章对动态竞争的基本元素和市场参与者之间接触关系的类别进行了概念化。过去，对这些问题的忽视限制了动态竞争与其他战略和管理研究领域的对话。此外，基于AMC模型对比了关系型竞争与敌对型竞争在前因与绩效后果上的差异，并提出相关的命题，其目的是拓宽动态竞争领域的范围并提高其准确度。

7.5.1　与其他理论的联系

本章所提出的框架列出了一系列竞争选择，通过这样的做法，建立了一个具有双重功能的平台。一方面有助于前述的学术研究，另一方面也为有用的概念性和践行性管理框架建立联系，其中构型论的观点、交易成本经济学以及利益相关者理论都包含在这些有用的框架中。过去，由于未能明确界定竞争的形式，这些联系一直以来都被动态竞争学者所忽视，而使用本章的框架，则可以提供洞察力并促进理论建构，从而使这些联系得以发展。

格式塔和构型论

多维度框架的一个根本性关键问题是，它的多个维度是否有可能高度相互依赖。本章猜想它们易于配置成主题性的"格式塔"，其意指"整体大于部分的总和"。也就是说，一旦某方法的一些维度被采用，其他维度很有可能会跟随它，以实现主题一致性和运营功能性（Fiss, 2007；Miller, 1996; Miller and Friesen, 1984）。这是因为像关系型互动这样的主题，能将诸如考虑不同利益相关者、为他们增加价值、使用社会和意识形态的武器进行竞争等元素协调地结合起来。此外，一个构型中的各个要素倾向于在功能上相互依赖（Milgrom and Roberts, 1990）。例如，那些通过价值创造来进行竞争的企业必须激发员工的积极性和创造力（Pfeffer, 2010）。此外，如果价值创造是一个优先选项，那么基于理念进行竞争以及考虑众多利益相关者将成为必要。这些联系和互动使得关系型和敌对型两种竞争可能会定期出现，也因此值得进行更进一步的研究。

交易成本理论

企业在很多情形下可能会结合敌对型和关系型竞争模式。他们可以在某些敌对领域保持战略性和独立性，而在其他情形下进行关系型竞争。在某些方面，传统动态竞争的敌对性方法会唤起以市场为基础的竞争——交易性、短期性，而当结果对于一个强大的行为主体是可预测的时候，这种交易性的短期竞争就是有帮助的。相比之下，关系型竞争把利益相关者集合起来形成一个更加紧密的、共生的以及持久的关系，从而提高了关系内部监督和协调的能力，并使参与者之间的动机和信任保持一致。这种关系所产生的优势，就如同威廉姆森（Williamson, 1975）对等级所提倡的优势一样。实际上，等级以及关系模式所能成功运作的情境，非常不同于以市场为基础的对抗性模式（Williamson, 1975, 1985）。他认为，前者可能会降低交易成本，从而特别适用于不确定性的环境，以及适用于存在故意欺骗、信息不对称和高机会主义风险的情况下。前述情境（关系模式）通常要求企业为动态的、异质性的市场生产复杂的产品。关系型竞争可能得以克服一部分前述的阻碍，实现所有参与者的共赢。检验这些观念将十分有用。

利益相关者视角

尽管动态竞争的关系视角在某些方面与利益相关者和企业社会责任（CSR）视角是一致的（Freeman et al., 2010；Hillman and Keim, 2001），但它们仍然有着本质区别。显然，相同点是关系型动态竞争与企业社会责任一样，在发起和进行竞争时会考虑利益相关者，在可能的情况下与它们建立共赢关系。然而，利益相关者和企业社会责任视角的基础是道德和哲学的指引——尽可能为最广大的人群做正确的事，这本质上是功利主义的一个基本原理（Donaldson and Preston, 1995）。

与利益相关者理论相比，关系型竞争观点在目标上更为保守且有较低规范性。首先，它的注意力集中在市场中的互动，而非企业的所有行为。其次，它强调为利益相关者做出的贡献是为实现组织宗旨，而非社会性目标；从根本上来说，发起竞争的首要目标是企业的长期成功，而非社会公共福利或经济价值创造。最重要的是，关系型动态竞争并不是要以规范性的姿态自居。关系型竞争是一个潜在有用的竞争形式，但绝不是一剂万灵药。在某些情形下它可能很有价值，而在其他条件下则益处不大。最后，企业社会责任并不强调利益相关者的互动状态，而互动状态正是关系型竞争的必要元素。例如，根据主要的竞争挑战，在一段时间内来平衡对不同工具的运用，或者长短期利益互换牺牲的重要性。

大多数调查社会与财务绩效关系（Barnett and Salomon, 2012）的文献隐含假设了企业政策在整个组织中均得以实行，因而为了回应这些政策，利益相关者会以可预测的方式进行回应。关系型竞争的视角，采用了企业/利益相关者互动的动态视角，这可能有助于更好地理解关系导向在何种条件下可以有效实现组织目标，以及识别那些可能支持或阻碍企业间合作的特定情境因素。

竞合

布兰登勃格和内勒巴夫（Brandenburger and Nalebuff, 1996）将"竞合"定义为"无须毁灭对手的竞争和无须忽视自我利益的合作"。拉多、博伊德和汉隆（Lado, Boyd, and Hanlon, 1997）认为，竞争和合作战略的结合会让企业产生一个更高的"协同"成本。源源不断的研究已经将竞合理论与一系列议题联系起来，如组织学习（Dussauge et al., 2000）和组织内知识共享（Tsai, 2002）。这个研究领域的一个根本性挑战是如何超越竞争与合作之间的分离和对立（Chen, 2008；Smith, Carroll, and Ashford, 1995）。这一研究脉络所欠缺的是未能考虑更广泛的利益相关者，尤其是员工、供应商和监管机构，以及缺乏对非财务性目标的评量。本章的框架为对竞合进行进一步的概念化提出了一些有趣的问题。最关键的问题是，竞合是否意味着同等程度的竞争和合作，以及在什么条件下必须在竞争与合作、敌对型与关系型模式之间进行平衡的转换？此外，本章的研究视角还认为竞合的观念可以被延伸到涵盖价值链上的任何一个利益相关者，包括所有有利于制度合法化的利益相关者。

7.5.2 未来研究方向

进一步发展关系视角所面临的一个核心任务是，以经验研究来验证本章所提出的命题是否有效。AMC模型会像前文所描述的那样帮助预测企业进行关系型竞争的时机吗？关系视角在诸如家族企业和新兴企业这样的特定组织形式下，或者在不同文化情境下会有什么表现？本章命题中提到的绩效结果是否能够应用于特定的情境？在不同的文化、产业和组织背景下，关系型动态竞争的绩效相对于传统动态竞争有什么启示？收益是财务性的还是非财务性的，它们是得到了广泛的分享还是只进行了狭隘的分配？

回答这些问题需要做出更多努力，首要障碍将是关系型竞争的可操作化（operationalize）。一种可能的方法是专注于该竞争的每个不同组成部分：使用的时间范围、服务的利益相关者、互动的目的和行动工具。一个值得研究的问题是本章提到的管理、文化和组织因素，是对每个关系型竞争元素还是整体的关系型配置产生影响。另一个值得探索的是，检验关系型竞争所产生的各种不同绩效结果（财务的和非财务的、短期的和长期的），并判定它们在不同情境下出现的程度。例如，在什么情况下关系型竞争会比敌对型竞争更易于防止报复行为？企业是否可以通过短期挤占性攻击实现长期的积极成果（Young et al.,1996），或者说这样的结果仅能靠耐心、关系性方法来取得（Chen and Miller, 2011）？企业如何通过与竞争者进行合作从而实现在更广泛社区的"水涨船高"式的利益最大化，以及在此过程中必须做出的排序和权衡将面临什么样的挑战？

判定这五个维度之间的经验关系，以及这些关系的驱动因素和规范性影响将是十分有意义的。例如，研究者可能希望探究本章用来构建动态竞争的维度如何结合起来形成了竞争原型模式。当然，很多企业预计可能会选择性地采用这五个维度，并探索中间形态，而不是刻板地遵守本章所提出的完全敌对性模型或关系性模型。此外，探索规范性影响也是很重要的一点：在五个维度上均为完全关系性极端一定会比混合方法更有效吗？它们各自的益处是什么，以及这些益处是如何在不同类型的利益相关者之间得到共享的？

最后，正如本章已指出的，证明了AMC模型不仅是一个能够有效识别竞争者的框架，同时也适用于合作伙伴。实际上，因为动态竞争的"关系"导向，AMC视角可以被用于竞争以及合作议题的分析和应用（Chen, 2014）。尽管竞争关系下的行为会与寻求合作背景下的行为有些差异，然而与察觉、动机和能力相联系的因果机制在这两种情况下可能是相似的。这些AMC的构成要素，在不同的情境下，针对不同类型的行为，会产生怎样的个体和整体效应？这值得未来进行深入探究。

| 第8章 |

由动态竞争到动态合作

原文出处　陈明哲，由动态竞争到动态合作，《哈佛商业评论》（全球繁体中文版），2013，第 86 期，34-35 页。

竞争与合作是企业经营战略的主体。竞争是行动（攻击）与回应（反击）的交换与互动，合作是两家公司为达成互利所采取的联合（joint）行动，两者目的虽有所不同，却具有相互依赖性。企业运作是动态的，商场上没有永远的敌人或朋友，竞争者经常彼此合作，有时甚至会联合次要敌人打击主要敌人。竞合是事业发展的常态。

一个行动可能同时具备竞争与合作的本质。微软以 72 亿美元收购了诺基亚手机业务，获得了 Lumia 和 Asha 两个品牌，以及大批专利的 10 年使用权。为了免除合作伙伴的疑虑，微软特别在官方博客上强调，公司对内部的硬体开发小组与外部的合作伙伴将一视同仁，除继续授权手机企业制造 Windows Phone 外，也会提供 Windows 生态系统及企业具有商业价值的互利条件。微软的行动一方面与下游合作伙伴发生直接利益冲突，另一方面却可以强化这些品牌商的专利保护伞。如同 Visa 的创始人迪伊·霍克（Dee Hock）所说："一切事物都有对立面，尤其是竞争与合作，除非将两者无缝结合，否则两者都不能发挥各自最大的潜能。"

既是伙伴又是竞争者的态势，普遍存在于企业之间。谷歌在2011年8月宣布并购摩托罗拉的执行部门后，与安卓（Android）生态系统伙伴三星、HTC等即处于既竞争又合作的状态。苹果与三星的关系也是如此，两家公司的智能手机与平板电脑在世界各地近身肉搏，大打市场占有率竞争战与诉讼战，但到目前为止，三星依然是苹果最重要的零件供应商之一。因此，竞争与合作会动态地交互影响，两者并不是非此即彼（either/or）的关系，而是具有高度关联性。

基本上，竞争与合作的关系包含三种形式。第一种是独立对立，假设竞争与合作相互独立甚至相互对立，两股力量会相互抵消，这是典型的零和游戏思维，也是新古典经济学中的寡头市场论点。在寡头市场中，竞争与合作位于两股相反力量的两端：第一股是企业基于共同利益，合作追求利润的极大化；第二股是每家企业仅追逐自身利益，各自采取行动增加本身的利润。在寡头观点下，企业若要提高合作行为，必须先降低竞争行为，反之亦然。乔布斯生前曾撂下狠话，宣称就算对谷歌的安卓系统"发动核战争"也在所不惜，与这个观点颇为相符。

第二种是相互关联对立，强调竞争与合作存在着重叠却又模糊的关联性。通用汽车曾提供1000美元的汽车零部件优惠券来促销，优惠券可以在对手的店铺使用，此时该公司竞争者（如福特）应该将这个方案视为一项合作还是竞争行动呢？这个模糊地带存在着类似阴阳哲学的两种对立根源，竞争与合作的力量相互拉扯，塑造了企业间竞争或合作的本质。此时，企业对彼此关系的察觉差异程度，即关系不对称性（relational asymmetry），将攸关企业间的动态，如果企业未能善加管理这种微妙状况，所采取的行动可能适得其反。

以企业间的网络关系为例，当某家公司引进新标准时，需要与其他公司合作建立并维系这套标准，最终创造出能被普遍接受的规格。例如，20世纪80年代JVC的VHS与索尼的Betamax竞逐录影带规格，几年前索尼的蓝光（Blue-Ray）与东芝的HD DVD争夺DVD规格。然而，当某一套标准胜出后，一方面，所有的公司必须共同维系这套标准，以避免巨额的投资无法回收；另一方面，因同业纷纷展开收割行动，彼此间的竞争也跟着升温。这种相互关联对立的现象，隐含着竞争与合作两者在对立之外也扮演着互补的角色，清楚地呈现了商业生态系统内企业需要同时面对的机会与压力。

第三种是全部包含的相互依赖对立，强调组织间除了竞争、合作与相互关联对立外，还包括其他潜在的、无形的互动。一项竞争行动可能引发对手希望合作的回应，但两家企业的合作也可能招致竞争者采取报复措施或者吸引其他企业加入。因此，竞争与合作有多重的交互影响关系。另外，任何行动或关系都隐含潜在的对立根源，虽然一开始相当单纯，将来却可能会变得很复杂。华硕电脑在2013年获得谷歌的青睐，两家公司联合推出Nexus 7平板电脑，品牌价值与知名度大增，这与华硕几年前为了竞争而进行品牌与代工分家时，坚持拥有自己的研究与设计团队有关，也显示了"务本"与"乘时"在动态竞合中的重要性。

全部包含的概念，考虑了企业与既非竞争又非合作的组织间的关系，如政府和非营利组织等。例如，为了消灭"血汗工厂"，一些非营利机构对GAP、耐克和苹果等企业的产品发起拒买运动，迫使它们向代工厂施压，改善工人的工作条件和薪资；为了避免沃尔玛进驻社区导致小杂货店无法生存，美国的非市场参与者控诉沃尔玛容忍"血汗工厂"、造成交通混乱、夺去民众工作机会，最后竟成功地把沃尔玛赶出许多社区。对企业来说，跳出业务框架来审视自己与所有利益相关者的关系，具有重要的战略意义。

全部包含的相互依赖对立与企业实务最契合，通用电气前CEO杰克·韦尔奇曾用"人面狮身之谜"来形容企业间多方面关系的挑战:"早上是我的客户,下午是我的对手,晚上则是我的供应商。"动态竞争中的"动态性"与"相对性"概念以及 AMC(察觉–动机–能力)模型与 MC-RS(市场共同性–资源相似性)架构等,可以厘清企业与竞争者、合作者与非市场参与者的关系,帮助企业更全面地思考组织间的动态,进而拟定适宜的经营战略。

| 第9章 |

动态竞争观点下的动态合作分析

原文出处　陈明哲，动态竞争观点下的动态合作分析，《哈佛商业评论》(全球繁体中文版)，2013，第87期，38-39页。

在商业生态系统主导企业经营的时代，竞争与合作的分界越来越模糊，通过集体的力量创造客户价值，以"打群架"的方式提高胜算率，已是企业常态。动态竞争因其独特的中华文化底蕴，视竞争与合作为一体的两面，因此，AMC模型与MC-RS架构也可用来分析企业间的合作关系。

传统竞争分析大多仅考虑"零和"的竞争模式，动态竞争观点强调竞争者可以共赢，企业若能洞察客户隐而未现的需求，在全球市场与产业分工中确立独特的定位，具备动态整合的能力，将会成为该领域的中坚企业。在这种思维下，竞争者的角色要重新定位；它们不尽然是对立的分食者，而是企业创新求变的驱动者，彼此间有一种微妙的相互依赖（interdependent）甚至协同合作（collaborative）关系。

可口可乐与百事可乐的对峙已近百年，两家公司先前多采用相互诋毁的方式直接攻击对手。百事可乐曾经制作一则广告，一个小男孩从贩卖机买了两瓶可口可乐，不是要喝，而是垫在脚下，目的是购买放在高处的百事可乐。随后，可口可乐也推出类似广告。然而，20世纪90年代末，可口可乐重新审视自身与百事可乐的关系，提出了"有对手才有自己"的竞争宣言，这种高度让它在碳酸饮料市场的霸主地位一直屹立不倒。因此，竞争者可以说是企业的另类合作伙伴，督促企业不仅要"养敌"（选择与培育自己的竞争对手）、"以敌为师"，更要自我超越、与自己竞争，甚至与竞争者共同成长。

企业也需要从合作的角度，广泛地审视自身与所有利益相关企业的关系，从而提高自身在竞争中的发言权。联发科在2001年切入手机芯片领域，但当时的技术层次低，主要手机品牌商没有人在意它的存在，联发科只好锁定为数众多但缺乏知名度的无牌手机业者为合作对象。这些企业的资源有限，必须帮助它们排除技术障碍，才能提高它们合作意愿。因此，联发科开始整合零部件供应商，把许多功能放在一颗芯片上，让合作伙伴能够轻易组装成手机出货，结果一举攻下中国大陆市场的大半江山。迄今为止，联发科不仅发展出一个以它为核心的独特生态系统，更直接威胁到高通（Qualcomm）的霸主地位。很明显，联发科乃是基于AMC模型，从察觉（A）自己与伙伴的弱点出发，先发掘彼此价值互补的商机，再运用整合能力提升伙伴的合作动机（M）与能力（C），借此从边缘走向主流。

AMC模型可以预测潜在合作伙伴的可能回应，帮助企业预先思考下一步行动，MC-RS架构则用来选择合作对象。基本上，市场共同性高、资源相似性低的企业，因目标市场重叠且关键资源互补，最有可能合作。这种形态的合作，多由一个或几个核心企业主导，透过协作方或供应链的统合，以母鸡带小鸡的方式，提高对外竞争能力。几年前，自行车生产商巨大与美利达等组成"A-team"，透过协同管理、设计与行销，提升自行车的附加值，便是经典案例。

市场共同性低、资源相似性高的企业，因冲突性较低，若能发掘共同的利益，也有机会合作。此情形常见于跨国联盟，例如，航空业三大联盟（天合联盟、星空联盟和寰宇一家）内的航空公司各据一方，通过结盟不仅可以扩大各自的营运范畴，而且能增加服务的广度与深度，并且能相互学习。某些企业间的并购也是基于市场共同性低、资源相似性高的考虑，其目的在于填补缺角的企业版图。台湾富邦金控于 2012 年并购大陆华一银行，台湾中信金控于 2013 年并购东京之星银行，都是为了拓展市场。另外，富邦金控于 2008 年并购安泰人寿、中信金控于 2012 年并购大都会人寿，则是为了弥补产品线的不足。

　　市场共同性与资源相似性均高的企业，通常是直接竞争者，但是为了应对共同的挑战或商机，发挥"1+1>2"的功效，也可能合作，这就是一般通称的竞合。苹果与三星是最典型的案例，两者在最终产品市场厮杀惨烈，但在上游要素市场的合作关系密不可分。同样地，奔驰与宝马在高级轿车市场竞争激烈，但双方不仅共同开发、采购与生产汽车零组件，也合作研发混合动力技术。尽管不像奥迪或雷克萨斯那样有强大的母公司做后盾，也没有不同等级的产品分摊成本与风险，但通过资源共享与资讯互通，两家公司的竞争力一直领先群雄。谷歌和 Facebook 这两家在社交网站领域激烈竞争，而且都以创新著称的竞争者，也达成了合作协议，谷歌旗下的网络广告代理商 DoubleClick 未来也将提供客户在 Facebook 上刊登广告的服务。如此一来，谷歌与 Facebook 都能从广告主获利。

　　最后，市场共同性与资源相似性均低的企业，也可能基于标杆学习而合作，其目的在于汲取不同产业领导者的经验与做法。宝洁是全球最大的消费品制造商，谷歌则是线上搜索引擎龙头，它们在 2008 年进行了一项员工互换计划：3 名谷歌员工到宝洁，20 名宝洁员工到谷歌。宝洁期待员工更了解广告的真谛，并观察其他消费型企业的做法，同时也学习运用线上搜索与广告资源；谷歌则希望学习品牌管理方法，同时也更深入了解客户的广告需求。

由于彼此没有利益冲突，这种异业学习往往可以成为企业成长与创新动能的来源。

竞与合、争与不争是一体两面、一念之动，背后有其战略考虑。然而，从战术工具层面来看，AMC 模型与 MC-RS 架构却是异曲同工，运用之妙存乎一心，两者同时适用于竞争与合作的分析。

第三篇
古-今双融

"四方上下曰宇,往古来今曰宙。"(《尸子》)文化双融需要一种持续不断的努力,不仅在空间尺度上"经天纬地"、智周万物,而且能够在时间尺度上"因不失其亲"(《论语·学而》)。追溯文化双融的哲学基础与管理意义,其本身即在传统性与现代性之间寻求平衡与整合。在当今日新月异的全球商业浪潮中,于古今之间实现文化双融,对华人企业而言,不仅是对基于中华文化的差异性优势的全新探寻,更是从躁动浮华的遗忘中唤醒本我的价值回归。

第三篇涵盖三章内容,包括两篇学术论文,一篇人物采访报道,以及三篇访谈实录。第10章,以动态竞争理论的基础和内涵为剖析对象,着重探讨了动态竞争理论作为西方战略管理理论典范，其基本原理、分析视角以及典型概念如何承接渊源已久的中国传统哲学。在这章中，作者展现了动态竞争理论如何在时间和空间二重维度上实现文化双融——不仅是东－西双融，也是传统－现代双融、古－今双融。第11章，基于传统哲学中的"中庸之道"提出了一个引人入胜的理论观点——超悖论。在该章中，作者结合中国哲学与文化的传统，对比现代管理现实，细致入微地剖析了悖论性整合的意义及其在管理学术中的应用。第12章，采访者通过对本书作者的访谈报道，着重论述了动态竞争理论与中国传统哲学中的集大成者（儒家哲学经典）的古今渊源。第13章和第14章，分别记录了本书作者与商业杂志主编和商管学院院长的对话，本书作者在访谈中通过扼要阐述"王道企业家"与"企业士"的核心理念，揭示了包括原始儒家在内的"夏学"本源如何与当今全球视野下的商业与管理的领先之道互相融合，以及传统中国学问如何启迪当今管理实践。本篇最后一章（第15章）是有关"夏学"特征的重要内容，通过访谈对话实录，读者可以从中体会出"夏学"经典中启迪当今商业智慧的微言大义。

逝者如斯，不舍昼夜。从管理理论的角度而言，时间及其衍生的时机、节奏、动态性等概念，在研究中具有重要意义。古－今双融作为文化双融的重要运用，对于管理研究乃至实务颇具启示作用。古－今双融的知觉与敏锐，或许可以让管理研究者找寻到其所专注领域千年前的哲学与智力基础，进而进一步反思、启发与推动新的理论贡献；对于管理实务领域的专业人士而言，借由文化双融理念实现古与今的平衡与整合，有助于以古人之智启迪今人之智。在当今浮躁的社会中，古－今双融能够为每一位有识之士提供来自传统智慧与道德层面的双重精神力量。

| 第10章 |

源于东方、成于西方的动态竞争理论

原文出处 Chen, Ming-Jer, 2016. "Competitive Dynamics: Eastern Roots, Western Growth," Cross Cultural & Strategic Management, 23(4): 510-530.

文章宗旨：本章将一些常见二分法现象（如东方与西方、哲学与科学、传统与现代）与东西方理论融合的领域相结合，以继续对动态竞争理论研究进行积极的延展。

研究方法：本章用中国古典哲学来探寻动态竞争理论的起源与本质，并提出一个前提假设：当代西方管理学论题的基本推力来源于古代东方的对偶性、相对性和时间概念。

研究发现：本章有两个研究思路。首先，将动态竞争理论和哲学基础追溯到东方思想；其次，通过把经常被视为本质完全不同的典范加以联结，为战略管理分支学科（动态竞争）的经验研究提供了一个崭新的视角。

研究意义：西方管理学，具体到动态竞争理论研究，与东方古典哲学相结合，为国际管理、管理教育以及动态竞争这些领域提供了新的研究问题。本章为探索传统中国概念与当代组织和竞争研究问题（比如产业层面上的竞争和合作关系）相结合方面提出了一些研究机会。未来的研究也可以探索东西方哲学中的基本异同，以及这些异同对竞争战略的意义。

原创性/价值：动态竞争最初只是管理研究领域一个相对不为人所知的议题，如今已在战略管理领域占据重要的地位，成为引发研究者浓厚兴趣的一个研究课题。一般来说，动态竞争可归入社会科学，是一门在西方土生土长的学问。本章将从一个不同视角即古代东方哲学的角度来研究这个议题，挖掘动态竞争更深层的意义和更广泛的应用。

10.1 绪论

动态竞争是战略管理领域一个主要的分支领域（Hambrick and Chen, 2008）。学界对动态竞争理论的兴趣持续增长，这得益于理论和经验研究方面所取得的进展，这些进展包括：微观心理学的发展（Kilduff, Elfenbein, and Staw, 2010; Livengood and Reger, 2010），产业链上游与下游参与者之间竞争关系的拓展性研究（Markman, Gianiodis, and Buchholtz, 2009），焦点企业从竞争对手角度来研究其竞争对手（Tsai, Su, and Chen, 2011），将产品市场竞争与资本市场财务绩效联系起来（Zhang and Gimeno, 2010），采用过程观点来研究企业在不同时段的竞争关系（Lamberg, Tikkanen, Nokelainen, and Suur-Inkeroinen, 2009）。最近，继陈（Chen, 2008）之后，陈和米勒（Chen and Miller 2015）对动态竞争理论进行了概念重构，构建了一个多维度框架，该框架考虑了所有利益相关者，并将研究领域扩展至企业间业务往来的合作关系模式。通过这些进展，动态竞争已经从一种现象（MacMillan, McCaffery, and Van Wijk, 1985），逐步演化为一种理论视角（Chen, 1996），并已成为战略管理中一个蓬勃发展的研究领域（Chen and Miller, 2012）。

见证动态竞争理论研究发展成为战略管理的一个独立领域，是极为荣幸的。㊀在这个理论的发展过程中,我曾不止一次在研究中提到孙子和孔子,抑或其他中国思想家,后来我突然意识到,作为中国古典哲学的基础,"人-我-合"这一理念早已深刻影响我的研究。出乎意料的是,这些看上去彼此迥异的研究方向之间的联结以及关系已然变得非常清晰。㊁在东方哲学与西方社会科学之间建立联结,促使人们意识到中国古代思想对管理学研究的基础性贡献。对我而言,更重要的是探索东-西双融,为学术成果和专业发展开辟新方向。本章期望以我个人的探索与成长历程所淬炼或衍生出来的经验,为其他研究者和学者(特别是在跨文化情境下工作的学者)提供一些启示(Barkema, Chen, George, Luo, and Tsui, 2015; Berry, 2015; Hofstede, 2015)。

本章不仅融合那些追溯动态竞争理论的中国哲学根源的研究,更将该研究拓展至其他方面的融合,旨在缩短东方与西方、哲学与社会科学、经典与现代的距离。本章认为,动态竞争理论作为一个在西方学界下发展和验证的研究领域,它的某些基本前提、理论推力以及经验研究成果可从中国古代哲学中找到其思想来源。本章除了拓展动态竞争理论之外,可为从事跨文化管理和本土研究的学者提供一个崭新的研究方向。

本章首先对动态竞争的现有研究进行文献回顾,分别说明动态竞争理论的重要性、理论基础以及近年来的一些重大研究发现与进展,同时阐述动态竞争理论如何从一种以现象为主的理论,演化为战略管理中一个重要的研

㊀ 陈和米勒(Chen and Miller, 2012)指出,动态竞争战略之所以出现,是许多学者集体努力的结果。在本章中,我从自己的视角来探讨这一话题,可能有些不循常规,我会在文章中插入逸事和其他一些个人感触。一个人的工作与生活存在密不可分的关系,就我而言,我一直感到很幸运,我的工作与生活一直都存在着彼此启发的关系。从很多角度来看,动态竞争理论发展背后的东西方故事也反映出我的个人专业经历。我希望本章某些部分提到的逸闻趣事,可以帮助读者了解动态竞争理论的实质与发展,以及人文主义学者在工作与生活之间力求实现的平衡。

㊁ 陈(Chen, 2010)描述了发现这个具有启发意义的观点中艰辛的研究过程。

究课题和分支领域。此外，本章还尝试与中国古典哲学中的核心观念联系起来，并强调其中一些核心观念。在这两方面进行回顾之后，本章提出一个框架，说明如何在动态竞争理论中融入中国古代思想中的核心思维，特别是传统儒家思想中的某些观念。另外，本章还将说明，采用"西方遇见东方"这条路径（Barkema et al., 2015; Chen, 2014）的动态竞争理论如何将东西方思想中的优势融合起来，并在结语部分阐述这种融合对于学者的意义。

首先，本章为启发那些尝试拓展自身研究范围和理论的动态竞争研究者做出了贡献。同样重要的是，本章尝试为那些致力于将中华传统文化与主流管理文献（主要在西方情境下孕育出来）进行联系的中国学者和/或国际管理学者，扩大其研究范围。本章借此揭示东西方互动的前景，并展示一位研究者如何应用其中的观念探讨其他各式问题和领域。最后，本章提出，以动态竞争理论为背景，将中国哲学和西方社会科学联系起来，有助于学者在不同（并非冲突或相悖的）范式之间创设一个建构性、互惠性的对话。

10.2　理论基础

10.2.1　动态竞争理论：从竞争到竞争－合作，再到超越

动态竞争研究有几个精要的特质，其中最重要的特质是，竞争被视为"动态的"或互动的。此外，竞争行动/对手响应这种竞争性互动构成了竞争的基础（Smith, Ferrier, and Ndofor, 2001）。动态竞争理论的一个核心观点是，以企业的对偶性为中心，与既往的管理学和战略学文献中普遍使用的分析层级，包括个人（Deci et al., 1981; Deutsch, 1949）、团队（或小组）（Janssens and Nuttin, 1976）企业（Miles and Snow, 1978）、战略群组（Fiegenbaum and Thomas, 1990）、行业（Porter, 1980）、族群或社会（Barnett and Carroll, 1987），形成了鲜明的对比。此研究主要集中于企业间互动的行

动上,这些行动包括新产品导入、进入新市场以及与其他企业的战略联盟。企业间的这种互动,从本质意义上来讲,即行动/响应对偶性,不仅居于战略的中心地位,而且有助于开展经验性研究。研究人员已创立新概念和新变量,如行动(和响应)的速度和可见性,以便开展企业对偶性层面的研究。

类似地,竞争者分析,作为动态竞争理论整合性研究领域的一部分(Chen and Miller, 2012),也采用对偶性的分析方式,具体方法是从市场和资源两个维度(Chen, 1996)对两家企业进行比较。这种两两比较展现了相对性的概念,也就是说,要检视焦点企业的战略和市场定位,必须根据其竞争对手的战略和市场定位。相对性,与企业的关键市场-资源属性进行两两比较,对于推进诸如竞争不对称性等理论洞见来说至关重要。这些理论洞见包括:竞争不对称性(Chen, 1996;DeSarbo et al., 2006)、竞争者换位思维(Tsai et al., 2011)以及关系型竞争视角(Chen and Miller, 2015;Gnyawali and Madhavan, 2001)。总之,"对偶性"这个概念既为竞争行动(对手响应)提供了理论基础,也为进行经验性研究提供了基础;同时,被视为分析重点的"相对性"这个概念使得对企业之间的两两比较成为可能。本章稍后将提出,中国古代哲学中的对偶性、相对性、时(或时机)构成了动态竞争理论的基础性理论推力。

图10-1明确界定了动态竞争理论的研究领域,并与管理学视野下专注企业间竞争的其他研究方向进行比较。

尽管动态竞争理论的重点一直倾向于研究敌对型竞争,但近年来出现了突破性的进展,即将合作融入动态竞争理论的研究范围(Gnyawali and Madhavan, 2001;Tsai, 2002)。在这方面出现了一些值得注意的研究。竞争与合作可被视为一枚硬币的两面,在本质上是一种相互依存的两两关系(Chen, 2008),这与将两者视为彼此独立的对立面的传统看法形成了鲜明对比。尽管博弈论是进行竞合研究的视角之一（Brandenburger and Nalebuff, 1996），但迄今为止，研究者却极少回答这样一个根本问题：在竞争与合作中，这两个"对立面"如何相互影响（Lewis, 2000）。因此，当下盛行的概念化过程，甚至是主张竞合的学者，也坚持西方的二分法，即非此即彼。这种方法起源于将不同范畴进行互相排斥的亚里士多德式逻辑，并在近代的黑格尔式辩证法中被明确提出（Lewis, 2000; Poole and Van de Ven, 1989）。陈（Chen, 2008）采用了"超悖论"的视角，提出这样一个观点：竞争与合作在本质上是相互依存的，两者共同构成了企业间关系的整体。超悖论这一概念，以及悖论（Schad et al., 2016）本身，与阴阳（Li, 2016）、文化双融（Chen, 2014）、双元性（Luo and Rui, 2009）这些概念紧密相关，每个概念都说明了两种看似相反实体关系的本质以及它们之间的相互影响。本章将阐述这些概念与对偶性（两个概念或实体共存的紧张状态，尽管这种状态存在不对称）以及相对性（两个概念或实体相互联系、相互依存的状态）之间的相似性。

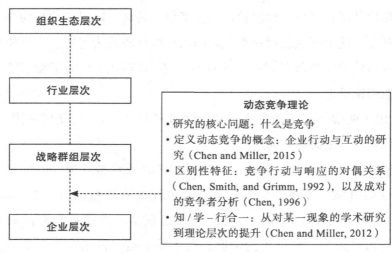

图 10-1　动态竞争的特有研究领域

陈和米勒（Chen and Miller, 2015）延伸出一个多维度框架, 借此搭建动态竞争理论研究范围的架构。本研究解决像全球化和利益相关者权力不断增长和日益多样化这样的问题, 与此同时, 对传统的竞争观念进行拓展, 使之包含竞争 – 合作领域及其"对立"视角下的关系型竞争。考虑成对竞争关系很重要, 因为它为动态竞争理论与其他研究领域, 如经济学交易 – 成本理论（Williamson, 1975）和利益相关者理论（Freeman, Harrison, Wicks, Parmar, and de Colle, 2010）, 之间开展理论对话开辟了道路。此外, 从成对竞争关系的角度来看, 察觉 – 动机 – 能力（AMC）和市场共同性 – 资源相似性（MC-RS）都是以往企业间竞争研究所倚重的核心观点, 它们被证明对合作分析和应用具有同等重要的作用（Chen and Miller, 2015）。本章稍后将会提到, 这种更全面的动态竞争理论, 如何在中国古代哲学的理念中找到理论源头。

连点成线。虽然动态竞争理论成长于西方, 但该理论的一些基本前提和观念可追溯至东方古典哲学或中国传统思想。例如, "不可逆转性"这个概念（Chen and MacMillan, 1992）对应于中国成语"破釜沉舟"。同理, 西方的"资源转置"观念（McGrath, Chen, and MacMillan, 1998）对应于中国的间接竞争智慧"声东击西"; 西方的秘而不宣与选择性攻击（Chen and Hambrick, 1995）与中国的"以小博大"存在关联。中国军事战略家和哲学家孙子提出了一个著名原则：知己知彼, 百战不殆。我们从中提炼出竞争者分析中以对手为中心的观点, 并提出了"竞争者换位思维"这一观念（Tsai et al., 2011）。由此看来, 动态竞争理论拉近了中国传统思想和西方社会科学之间的距离, 作为一个研究课题, 动态竞争理论包容并融合了东方与西方的思想和实践。尽管存在差异, 但东方与西方的思想和践行各有优势, 东 – 西融合（Barkema et al., 2015）的机会比比皆是。

10.2.2　中国古典哲学：夏学㊀的基本思想

许多思想流派在过去几个世纪中不断演进，促进了中国古典哲学的发展（Schwartz, 1989）。尽管中国思想复杂多样，但在诸如爱新觉罗·毓鋆在内的大思想家看来，其核心思想和信条是简约却有力的。爱新觉罗·毓鋆终其一生虔诚地遵循并倡导正宗的儒家思想，用他自己的话来讲，这种思想就是夏学传统。我在赴美前，有幸师从毓老师，研习中国经典著作，在他的耳提面命之下，涉猎中国古代思想顶峰时期的伟大哲学家的著述。在那段求学期间，我沉迷于阅读《孙子兵法》以及对孙子著作的各种评注。这段学习经历对我所从事的动态竞争研究产生了深刻的影响。

本节主要是将读者直接引向古代中国哲学之"源"（origin）或"元"（core）。孔子（公元前551—前479）将这个源头正式融入自己的思想体系（Ku, 1920）。应指出的是，目前儒家哲学仍然在中国（Osnos, 2014）、太平洋地区和东南亚地区拥有影响力：据估计，以儒家价值观为基础的经济体掌握了全球外汇储备的46%㊁（Wiarda, 2013）。西方历史学家（如Davis, 1983）和社会学家（如Cressey, 1945）也提到孔子对欧洲文明的影响。

正如毓老师所观察到的，由于君王的影响，某些古典儒学观念在历史上长期被误解和/或误用，因此有必要（重新）考虑这些观念的本意。例如，在孔子（或毓老师）的思想流派中，"Chinese"这个词本身就该从文化的角度来进行界定，或被视为一种思维方式，而不是一个用于界定民族的术语（Chen, 2001）。㊂按照这一传统，"Chinese"还包括支持"中"或"平衡"的人士，而并非只是一个用于描述中国人的词语。这种对"中国人"

㊀　"夏者，中国之人也。"（《说文解字》）
㊁　该数字由作者根据薇尔达（Wiarda）关于"曾经/现在受中文/儒家政治传统影响的国家"的定义，以及国际货币基金组织关于外汇储备的统计结果计算得到。
㊂　考虑到它丰富的研究含义，我们将在讨论部分从传统人口统计学的角度重新讨论这种背离。

这个概念所持的极其广泛和兼容并蓄的看法散见于《大学》和《中庸》（这两本书居"四书"之列，"四书"是中国古代读书人的必读书目）之中。按照这一思路，我们从中国经典中找到了动态竞争理论的哲学基础。至少下列三个基本观念与动态竞争理论具有特别的相关性：精一、知/学行合一、中道。

精一。作为承载儒家思想的主要教材，《论语》主张"一"的重要性，子曰："参乎！吾道一以贯之。"（《论语·里仁》）简言之，孔子毕其一生，只追求一个可包容万事万物的真理或原则。他的一位学生后来这样解释，尽管孔子的思想体系复杂、含蕴丰富，但可以精练或提炼为一个概念："忠恕"。他做了进一步阐述，"忠"指忠诚或"恪守某人本性要坚持的原则，并竭尽全力执行这些原则"；"恕"指互惠或宽恕，或"己所不欲，勿施于人"（类似于西方社会的基本道德原则——黄金法则）。需要指出的是，尽管儒家与世界上的主要宗教有一些相同的基本原则，如追求真理以及宽恕，但儒家并不是一种宗教，而应该看作一种思想体系。⊖

理解儒家思想中当下的观念有助于理解"一"这个概念，它是指体现在我们日常决策和行动中能反映本质的东西，如价值观、原则甚至是我们的能力。我终身研习儒家哲学，一直以来都在尝试遵循和执行"一"的原则，我所决心实现的"一"是"让世界变得更小"。自从攻读博士学位以来，我的学术努力专注于"一"这个问题：什么是竞争。图10-1以图的方式描述了动态竞争领域的研究范围，探讨了这个问题。自亚当·斯密（Adam Smith）那个时代以来，无数的学者广泛地研究这个看似天真却富于战略意义的问题，不过，每每翻阅战略和管理领域的文献，看到对这个议题的

⊖ 儒家哲学和宗教信仰之间的一个主要区别在于儒家专注于人类在世时的状态和生活，而不涉及亚伯拉罕诸教中的灵魂、重生以及复活或来生。孔子是儒家文化的代表人物，其儒家哲学对中华文明有着深远影响，并且已经融入华人的DNA中，它经常被等同于一种类似宗教的信仰，并且与道德有明显的重叠。

研究时，我总感到寝食难安。看到学界将竞争简单定义为争胜行动和对手响应的交换，我首先想问的问题是，竞争行动和/或对手响应到底包含了什么？这个基本的探问从本质上挑战了相关的研究方法。例如，我们如何描述竞争行动和对手响应？接下来的问题是，这两者之间究竟是怎样一种关系？这种探问思路最终促成了我的博士论文（Chen, 1988）以及一系列有关"预测竞争性响应"的论文，这些论文谈及攻击的属性（Chen and MacMillan, 1992）、攻击者的属性（Chen and Miller, 1994）以及防御者的属性（Smith et al., 1991）。我专注于研究一个问题，这种专注使我在后来又提出了另一组基本问题：竞争是一个客观的事实，还是潜在于大多数经济学研究的假定？或者，竞争是如大多数行为学研究所认为的，是一种可感知的或主观的取向？在何种条件下，客观事实和主观感知会聚焦（或发散）？另外，在解释所关注现象时，在何种条件下，一种观点会凌驾于另一种观点之上（Chen et al., 2007）？

　　知/学－行合一。"道"这个观念揭示了为什么中国古代学者强调要将理念与践行结合起来。由此看来，我们会看到中国古代思想中存在拥护行为主义的取向，主张知识是无用的，除非人们将知识付诸实践或者运用知识来解决实际问题。这样的哲学取向导致了一种持续和同步的追求，即一方面进行艰辛的学术探究，另一方面进行践行。稍后，本章将对这个观点进行拓展，对相悖之物进行融贯。动态竞争理论继承了这一哲学传统。动态竞争理论最初重视商界企业间竞争的普遍现象，这明显体现出知行合一的理念。此外，该理论主张持续运用理论和经验性研究成果来解决实际问题，这也体现出知行合一的理念。图10-1和图10-2强化了这一核心观念和哲学思想。

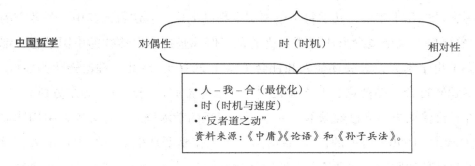

图10-2 动态竞争理论与中国古代哲学

的确，按照儒家传统，必须坚持学行合一和知行合一。《论语》可让我们更加直观地认识这种知－行观。在被问及自己的弟子中谁最好学时，孔子曰："有颜回者好学，不迁怒，不贰过。"请注意，在这个案例中，"学"并非指一个人学到多少知识，而是在多大程度上将所学知识付诸实践，以及在日常生活中谨言慎行。另一个值得注意的是一位叫王阳明（1472—1529）的哲学家，他宣扬知行合一的观点，这种观点对中国乃至日本和韩国都产生了深远的影响。要应用这一原则，需要某位学者（或教育家）将教学与实践结合起来，只有当这位学者能够将他所宣扬的理论付诸实践，他才能被视为真正的学者。

发生在当代的一个故事说明了中国和西方在对待学者身份方面所表现出来的显著区别。几年前，我对期刊《美国管理学会探新》（*Academy of Management Discoveries*）的创刊编辑安德鲁·范德文（Andrew Van de

Ven，他还有很多其他的学术职位）说，他的那本《入世的学术》（*Engaged Scholarship*，2007）的书名在华人的情境下是冗赘的。当范德文问我为什么时，我回答说："华人学者经常要入世去关怀其他人和社会，通过这种方式将理论转为实务。"随即，他以典型的绅士和学者的风度问我这种看法的参考出处。我告诉他，要找出具体的几个出处，这是一项无法完成的任务，因为在过去几千年里，几乎每个中国文本都已把这一看法融入其中。与西方的"象牙塔"这个概念形成鲜明对比的是，但凡坚持儒家传统的中国学者，都会走出学术界，去关怀他人和社会（Tsui, 2016），借此，理论转化为实践。尽管知行合一的观点在西方文化中并非根深蒂固，当然也不为东方所独有，并且许多西方学者已经采取了一个更为宽泛的学术概念，正如安迪引用博耶（Boyer, 1990）所说的，"学者的另一个工作是要从他的研究中走出去，寻求与外部的联结，在理论与实践间搭建桥梁"，而徐淑英（Anne Tsui, 2013）在所写的有关"做富有社会责任感的学者"（socially responsible scholarship）的文章中，对前述观点给予了进一步的支持。

中道或"人－我－合"。我们来谈一谈"中国"这个汉语词语。从字面上来讲，可理解为位于"中心的王国"。但是，从儒学意义或中文意义上来讲，"中国"这个概念含有一个纯粹的哲学意义。从传统上来看，中国指的是秉持中间或居中立场的原则，即维持一个均衡和整体的世界观和生活。或者，按毓老师的话来讲，"中国不是由居住在这个 960 万平方公里土地上的中国人所组成的，而是由尝试坚持'中'这个理念的人所构成的"（Hsu, 2012）。

诚然，"中"这个概念包含了孔子提出的遵循"中庸"的本质内容，即避免极端，保持适中、慎重和平衡的状态，并综合考虑所有相关方的期望。"中"不是一种被动的妥协，相反，它代表着一种积极的追求，追求一种兼容并蓄的平衡，要求人们具有创造力、灵活性和开阔的胸襟。这种观念（或理念)出现在《中庸》,意指将"中"或"中道"融入践行,并在日常生活中践行这一观念。"道"的观念本身就是中国哲学中一大核心概念,对"中"这一观念起到了启发作用。实际上,包括孔子、孙子在内的所有中国哲学家都在探索和践行"道"的观念。道家是基于老子学说的一套著名思想体系,它以"道"的思想作为基础并有所发展。"道"在中国思想中既是最复杂的概念,同时也是最为简单的概念。从哲学意义上来讲,它指"生活方式""自然之法"、一个标准或模式,或者说是一个根本法则。从最实际的意义上来讲,"道"是指一种方法、一条路径或一种手段。

从道家我们自然会谈到"仁",这是东方哲学中另一个重要概念。在中文里,"仁"字是指人性(同样也指水果的内核或种子),由两个汉字"二"和"人"组成。一个人不可能独立于他人而存世。同理,"人–我–合"的观念将彼此对立的事物看作是相互依存的,如"我"与"(他)人",由此构成一个整体(Chen, 2002)或"最优"(optimum)。

用毓老师的话来讲,无论世界多么复杂,万物最终都可归结为"你"(或"他人")以及"我"(或"自我")的关系(Hsu, 2012)。如前所述,许多汉语日常词语包含的汉字表达着彼此对立的两个意思。例如,矛盾就是由"矛"和"盾"所组成的;"内"和"外"一起构成了到处;经常被引用的"危机"一词是由"危"和"机"构成的。事实上,在汉语中,将相互依存但意义相反的汉字组合起来会构成一个全新的词语。另一个例子,则是西方人现在已经熟悉的一个概念"阴阳",或者对立面的互补性。

从战略的角度来看,这种思路的一个直接运用是,通过以创造性和包容性的方式融合两极,使两极之间存在无数选择,这种态度与在处理两极(如"我与人""是与否""进入与不进入")时所采取的非此即彼的态度形成了鲜明对比。此外,任何两个"对立"的动态平衡取决于时间和情境。也就是说,从中国哲学的角度来看,平衡动态是有条件的,受环境和时间的制约

（Nadkarni and Chen, 2014; Nadkarni et al., 2016）。

沿着这种思路，我们自然而然地谈及中国哲学中的另一个重要概念：时（或时机）。这个概念表明前后相继的或同时发生的事件之间彼此的时间关系。时机的重要性在著名军事战略家孙子的论述（这些论述被西方人广为阅读和引用）中显而易见；孔子被称为"圣之时者"，人们将其哲学称为"时间哲学"。中文的"时机"（英文为"window of opportunity"）一词是由两个汉字"时"（time）和"机"（opportunity）组成。在现代西方情境下，动态竞争理论源于对预测竞争响应时间（或滞后时间）的研究（MacMillan et al., 1885; Smith et al., 1991），尽管各种速度（如行动和响应的速度，以及响应的宣告速度）（Chen and Hambrick, 1995）已经在动态竞争中被广泛研究。

当把"人－我"观与动态竞争联结起来时，"我"等同于一家核心企业或该企业倡议的行动，"人"对应的是涉及利益之争的竞争对手或其响应，"合"（或"最优化"）意指前述两家企业的接触关系，这种关系反映在响应的可能性和响应时机这样的变量上（Chen and MacMillan, 1992）。"人－我－合"或"最优化"的概念也出现在对竞争对手的两两比较（市场和资源维度）之中（Chen, 1996），比如"竞争相对性"（Chen and Hambrick, 1995）与"竞争不对称性"或者 d（a, b）≠ d（b, a）这样的概念，也是这种思路所孕育出的成果（DeSarbo et al., 2006）。

10.2.3 连接动态竞争理论与中国古代哲学

东方哲学和西方社会科学经常被视为（若没有经验研究作为佐证的话）毫无干系或彼此冲突。本节将描述各自的优点，并提出一个有关动态竞争的整合性框架，将其思想渊源追溯至中国古代哲学（或儒学），并且强调对偶性、相对性和"时"所提供的理论推力。本节表明，动态竞争理论有望融合这些看似冲突的范式的相对优势，并为东－西融合提供一条新路径

(Barkema et al., 2015; Chen, 2014)。

整合性框架。动态竞争理论的分析焦点是对竞争行为－对手响应这一对偶性的分析（这标志着这一新兴领域的开始），以及从市场和资源维度进行企业间的两两比较。这一领域具有独特的特点，因为它不仅审视企业间彼此的交锋，而且从一个分析性视角，从市场－资源维度考查了这些企业如何彼此联系在一起。在此背景下，其核心观念和变量包括竞争性行动的属性（如行动的速度和攻击的主要目标）以及响应（如可能性和时效性），作为竞争性行动和响应的主要驱动力的察觉－动机－能力（AMC），以及用于分析企业间关系的市场共同性（MC）和资源相似性（RS）（Chen, 1996）。

相比之下，早在2500年前由孔子正式创立的中国古代哲学尽管本身比较复杂，但如果我们站在西方的角度使用相近的表达，却可将其提炼为几个核心概念，包括"精一""知行合一"和"人－我－合"。我们在前文对这种思路进行了回顾，强调"中"这个观念（或理念）以及在两极（两个极端）之间追求"执两用中"（或动态平衡）的重要作用。在这种思维方式下，"我"与"人"如同其他任一对或两极一样，是一枚硬币的两面。它们的关系从本质上来讲是相对的、相互依存的。事实上，按照真正的儒家思路，"反者"促成了"道之动"。也就是说，同一枚硬币的两面必须同步，才能使进步成为可能（如动态竞争理论下的竞争行动－对手响应）。

图10-2展示了一个整合性框架，该框架将动态竞争理论与其中国的哲学源头联系在了一起。该图通过将竞争行动－对手响应作为竞争的基础，阐明了竞争行为现象应作为研究重点。同样，本研究领域的独特方法集中于对竞争对手分析时，将竞争对手进行两两比较。竞争性行动和响应（以及作为响应驱动力的察觉－动机－能力）的不同属性的思想来源，可以反过来追溯至一些中国古代的传统概念，如对偶性、相对性和"时"。同样地，在做整体性竞争者分析中，我们也可以在中国古代哲学中找到市场共同性和资源相

似性的源头。按照这一思路，对偶性和相对性，从中国哲学视角来看，源于"中庸"的观念（或理念），具体而言，它与一些核心概念（如"执两用中"和"道"或"反者道之动"）存在关联。总而言之，图 10-2 描述了动态竞争理论如何代表着中国哲学和西方社会科学的文化双融的整合（Chen, 2014）。

走向东 – 西融合。在管理学领域，人们对东 – 西融合越来越感兴趣（Barkema et al., 2015; Leung, 2012）。从现实层面来看，全球化和技术进步是这种融合兴起的幕后推手；从学术层面来看，在学术界有一股推力，旨在寻求对这个研究课题有一个更具包容性和更加广泛的理解（Chen and Miller, 2010, 2011）。在国际管理学会的主席演讲中，陈（Chen, 2014）探讨了如何"实现文化双融"——缩短全球与本土、研究与教学、微观与宏观等二元对立面之间的距离，从而使个人、群体、组织和社会能够将看似不可调和的对立物的最佳品质得以融合。按照中国古代哲学对"文"的概念，在文化双融情境下，"文化"不仅包含商业的、社会的和民族的哲学和特征，而且还越界并包含所有人类事件。Ma 和 Tsui（2015）提供了这一话题下的一个典型例证，他们将中国哲学思想的三条主线整合在一起，以经验分析研究了中国当代的领导行为，他们早期的努力则探寻了战略管理的哲学基础（Powell, 2001, 2002）。

西方社会科学的两大特征是：清晰的概念定义以及研究结果的可复制性。方法论和框架对于这种思维体系而言是不可或缺的，西方商务践行是标准的、可量化的。其结果是，西方学者已经开发出许多研究工具来解决实际问题，波特（Porter, 1980）的五力分析、巴尼（Barney, 1991）的资源基础观点，以及对企业可持续性竞争优势的不同测试（Newbert, 2007）和波士顿矩阵（BCG 矩阵或 GE 矩阵）（Hofer and Schendel, 1978），是比较著名的一些范例。就动态竞争理论而言，AMC 和 MC-RS 是两大实用工具。

本章所提到的动态竞争理论强调对偶性和相对性，代表着中国哲学和西方社会科学的文化双融。图10-3是在陈（Chen, 2014）提出的模型上改造而来的，阐述了动态竞争理论如何以最优的方式缩短东方与西方、哲学与科学、学术与实践、传统与现代的距离，组织思路沿着四大层次（文化与哲

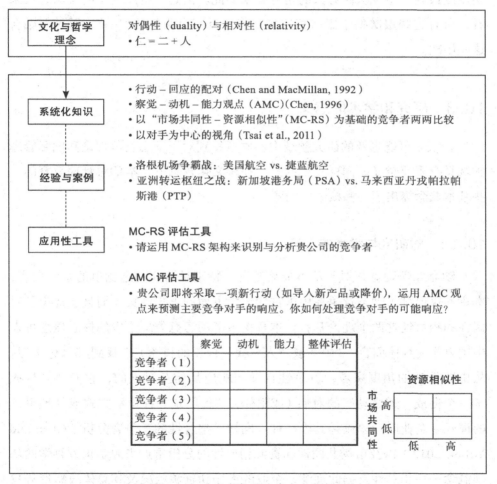

图10-3 动态竞争理论走向文化双融

资料来源：M. J. Chen, "Becoming ambicultural: A personal quest, and aspiration for organizations," *Academy of Management Review* 39 (2014), 119-37.

学理念、系统化知识、经验与案例以及应用性工具）。这些层次因抽象程度不同而有所区别，既有抽象程度最高的哲学，也有抽象程度最低的工具。换一个角度来看，这四个层次根据实用性比较，哲学的实用度最低，而工具的实用度最高，至少从西方人的角度看来如此。但是，按照真正的儒家思维来看，所有这些层次处于紧密相连的状态，有一个明确的"一"，跨越并融合这些层次。

10.3　研究和学术的意义

在众多可能惠及的研究领域中，本章特别对于动态竞争理论和国际管理领域具有重要意义。同样重要的是，在跨文化背景下，本章对管理教育的一些基本概念提出了一些核心的问题。

10.3.1　对研究与学术的启示

动态竞争理论。对于从事战略管理，特别是研究动态竞争的学者而言，本章不仅追溯了动态竞争在中国古代哲学方面的思想源头，而且还提出了对偶性和相对性这两个理论基石。本章揭示了动态竞争理论中的核心概念可在中国哲学（具体而言，"中"或"人－我－合"的概念）中找到其思想来源。从中国哲学的角度来看，竞争性行动与响应是相互对立的，它们共同构成了一个促成"道之动"的对偶（或整体），"道"是一种生活方式或处理事情的模式，企业间竞争仅是其中一种。同样，整合性的竞争者分析（Chen and Miller, 2012）以及市场共同性和资源相似性的分析重点来源于东方哲学的基础概念——相对性。据此理解，企业的市场和资源状况及其总体战略形势只是一个相对概念，必须与某一特定竞争对手在市场和资源状况及其总体战略形势下进行两两比较才有意义。

因此，本章拓展了动态竞争理论的边界与范围，从而联结其他学术研究的进展，为战略管理下的这个具有前景的分支领域提供一个基本的结构（Chen and Miller, 2015）。将对偶性和相对性视为动态竞争理论的基石，这有助于建立其基础，并将动态竞争理论与中国哲学联系在一起。这种关联可以启发未来的研究。例如，保持三方的权力平衡，或者说保持三足鼎立。此种三足鼎立的概念有助于理解"三方竞争"（tripartite)，并将"三角关系"（triad）视为动态竞争研究或战略管理中，一个崭新且颇具前景的研究方向（从本质上来说，可以视为一个新的分析层次）。很多产业都被三巨头主导着，可以研究的问题是，产业面或组织面的因素（例如，产业增长的变化，高管团队的变化，这三巨头以外的市场饱和程度）会如何影响三个竞争者在市场上竞争的稳定性。

同样地，像"老二哲学"的思维，应该可以引起宏观和微观学者的关注。"老二哲学"是指在各种形式的竞争中（从争夺市场领导权到争取机构领导权，再到人际互动），采取"追随者"或"甘居老二"的战略或原则。这样的思维带来了大量的研究问题和研究洞见，例如，避免"功高震主"或者避免挑战那些具主导地位的竞争者。无论这种思维是内因所致，还是外因所迫，早已经是中国传统文学和史书中经常关注的有趣议题。这样的思维可以为我们在研究 CEO 与直接下属的关系，及其如何影响高管团队运作时，提供一些洞见。在研究企业间的竞争时，探讨哪些条件会导致领导者与下属之间关系的稳定性（不稳定性）是一个相当有趣的研究议题。

再者，《易经》——一本在孔子所处时代之前成书的哲学作品，提出了"见群龙无首，吉"的观点，暗示通过分享权力和利益的方式实现可持续的和平。将此种传统智慧应用在现代情境下，就如"所有员工都是 CEO"以及"无领导者的领导力"（Bennis, 1959），更直接的案例，就是西方的林肯电气和东方的海尔集团。这些企业及其他一些类似的企业是我们在研究"文化－战略－执行三环链",以及如何将管理理念转化为商业战略和管理行动时,较为合适的研究对象。同样地,像上述这样的企业既彼此竞争又相互合作,以提高所有利益相关者的利益。若我们深入研究,必可推进关系型竞争的研究(Chen and Miller, 2015)。

的确,动态竞争理论(和广义上的战略管理)与中国哲学的联系,可以产生不少广泛且重要的问题和议题。最后,这些观念也许能为我们从行业层面来研究竞争性和合作性的关系开创机会。

国际管理研究。管理学领域过去几十年来在许多方面已经国际化,虽然这种国际化的速度和范围还未能全面反映全球化的全貌(Barkema et al., 2015)。过去几十年来,已经涌现各式各样的国际管理研究,在很多前沿领域也取得了进展(Tsui, 2007),包括对跨国企业的研究(Gupta and Govindarajan, 2000)及对这些企业行为的研究(Hitt, Hoskisson, and Kim, 1997; Yu and Cannella, 2007),对位于不同国家的不同企业和管理践行的比较研究(Luo, Wang, Zheng, and Jayaraman, 2012),对跨国合作伙伴之间的协作与关系的研究(Liu, Adair, and Bello, 2015),以及对当地情境因素(如制度问题、哲学问题和文化问题)如何导致企业行为差异的研究(Meyer, Estrin, Bhaumik, and Peng, 2009)。对上述最后一类议题进行延伸,就会出现所谓的本土性研究(indigenous),但是研究这个领域的学者,对于这个领域所关注的问题,或者如何开展这个领域的研究,还未达成一致性意见(Li, Leung, Chen, and Luo, 2012)。

鉴于亚洲国家(特别是中国和印度)经济的快速增长,以及东方与西方管理践行和理念存在的文化差异,《管理学会杂志》(*AMJ*)最近出了一期专刊,主题是"西方遇见东方"(West meets East)(Barkema et al., 2015)。毋庸置疑,无论是东方还是西方,其本身都并非一个同质的概念,*AMJ* 的编辑在介绍该专刊时特意提到了这一点;不过,当本章在使用这个二分法来区分两组不同类别的国家，以及比较和对比这两组国家在制度、文化和战略与管理实践时，这种二分法仍然具有启发意义和建设性意义。中国或中国企业（包括境外华人社群）以及美国或美国企业时常被用来分别代表东方范式和西方范式，因为这样做一来简单（simplicity），二来简约（parsimony）（Chen, 2014; Tsui, 2007）。本章便是以此为基本假设和前提而立论的。

不过，与现有的国际或中国管理研究相比，本章另辟蹊径，采用一些更新颖的方法。本章将形成于西方社会科学或组织科学的动态竞争理论与古代中国哲学或儒家哲学联系在一起。正因如此，本章在两种本质上将不同的学术范式建立起一个直接对话的桥梁。同样重要的是，本章让我们看到在学术层面追求东-西融合的曙光。本章揭示了战略研究（Powell, 2001, 2002）和竞合研究（Dagnino and Mina, 2015）背后的哲学基础，这可响应近期管理学文献的研究成果。

遵循孔子和毓老师的哲学和教义所体现的思想，本章所用的"Chinese"一词应从文化层面来进行定义，其本身是一个无国界的概念。我们将这个概念视为一种思维方式，这种思维方式强调平衡和融合。采取如此广泛的一个概念，意味着我们可以在这个日益分割化的世界里，推进国际性和/或跨文化的管理理论（Chen and Miller, 2011, 2012）。这个文化性的"中国"概念不同于常规的人口统计意义上的概念，两者的差异指向了一个有价值的研究方向：因为中国文化的本质是平衡的，是否可以建立一套量表描述"中国性"（Chineseness），结合一个民族的量化指标与"平衡"的柔性量化指标，或者某一个人对于平衡之文化意义的认可程度。此类研究总结出两个有趣的见解：对于"Chinese"更精细或新的定义（以及可以以一套度量系统来决定其中国度），并且深入揭示对此概念两种解释的互补性和特殊性。

这个文化概念有助于实现其自身的广泛运用，包括将各种视野融入其理论建构之中（Okhuysen and Bonardi, 2011）。再者，将对偶性和相对性确立为动态竞争理论的两大基础性理论推力，应会对我们从事本土研究或者构建中国式管理理论，提供重大的指导意义（Barney and Zhang, 2008）。对偶性和相对性的广义（相对于以东方为导向的）架构已经在哲学范畴内经过了广泛的研究（Block and Stalnaker, 1999），而且社会科学（Sewell, 1992）和组织科学（Farjoun, 2010）领域对这两个概念也有过广泛研究。沿着这一探究之路继续进行探索，动态竞争研究领域将有望取得显著的理论进展。

未来的研究可以探讨东西方哲学的本质异同，以及它们在商业战略和竞争中的意义。这其中可能存在一些有趣的问题，例如，哲学在社会科学研究中扮演怎样的角色？广义的哲学包含很宽泛的思想流派。作为管理学领域的学者，我们可以专注于两个西方哲学的基础——理性主义和实证主义（Joullié, 2016），或者如本章的主旨，将东方思想的基本观点（对偶性和相对性）作为方向，思考我们是否有可能在已经经历长时间发展的中国哲学（或其他国家的哲学）的基础上，发展出某一研究流派？我们如何将中国哲学（或其他任一国家的哲学）转化为系统性知识和可以验证的假说？我们如何对"精一"（oneness）和/或"执中"（ambiculturalism）这样的中国哲学理念概念化，而且将其操作化？本质上，中国哲学会为我们的研究工作、学术生涯甚至人生带来怎样的意义？我们如何开展具有践行性、文化面和本土性的研究？我们如何将基础研究的成果转移到实用工具或管理流程，以解决与本土和文化相关的一些问题？在多大程度上，我们以美国为中心的研究可以与全球各地的基础实践联系起来？最后，在不同的文化情境和制度情境下，研究和学术到底意味着什么？

在战略管理领域，特别是在动态竞争领域，一些中国传统的竞争观，包括"暗度陈仓""避实击虚""欲擒故纵""直捣黄龙""釜底抽薪""以逸待劳"和"远交近攻"，应该被放置在首要的研究议程中。

10.3.2 对管理教育的启示

虽然一个学术领域的持续累积源于世界各地学者的努力，但是一个学术领域的社会性可能会因为国别不同和起源不同而存在很大差异（Merton，1973）。比如，一般人会认为，与美国学者相比，欧洲学者会更趋向于采用质性、归纳式和哲学性的研究方法。同时，学者的工作往往体现在多个层面上，是由一系列特定活动所组成，包括研究/写作、教学、专业服务，甚至还包括参与政务和政府决策（Hambrick，2004；Schuster and Finkelstein，2006）。然而，遗憾的是，很少有人会关注在不同制度情境和文化情境下，管理学者在专业取向和思维层面存在本质差别，以及因此存在本质不同的行为。

"知/学–行合一"这一理念是孕育动态竞争理论的基本前提。基于这个前提，本章在全球化背景下，对管理学术或教育的意义提出了一个核心问题。从历史上来看，中国一直对"学术"有一个与西方截然不同并且也是最富包容意义的概念，中国学者（教育家或教师）在学界和更广义的社会中，扮演着意义深远的角色。从中国人的角度来看，由于儒家思想对教育和学术产生了深远的影响，一位学者（教师/教育家）往往承担着三大责任。如果按重要性排序的话，中国学者的首要责任是传道，其次是授业，然后是解惑。这种表述出自中国唐代一位著名儒家学者——韩愈（768—824）。这种思想与美国主流学术界盛行的"不发表，就毁灭"（publish or perish）的心态截然对立。其结果是，在对待学术和教育的基本观点中，存在全球–本土的巨大差异，这种差异产生一种张力，而这种张力对过去三四十年来积极提升国际化水平的中国管理学界带来了挑战。下面所提出的一些问题应该也是大家一直感兴趣的话题：谁是管理学界最大的利益相关者？每个利益相关者的相对重要性如何排序？这些问题何以因国家和地区的不同而出现差异？教学和研究是彼此排斥还是相辅相成的，抑或是一枚硬币的两面相互依存？在什么情况下，两方的文化双融成为可能，而且双方皆能从中获益？

10.4 结语

动态竞争理论的进展丰富了战略管理的研究。本章讲述了动态竞争理论的演进历程，即从早期只是狭隘地关注企业间竞争的本质，到后来经过不断演化成为涉及多维度研究的分支领域。动态竞争理论的有机成长，如今看来似乎是不可避免——事后看来，我们才明白，该理论不仅为一个蒸蒸日上的分支领域提供了丰沃的土壤，而且还孕育出许多学术研究的新路径。直至最近，对于那些隐匿于表象之下的问题（例如，这个理论的源头到底可拓展到怎样的深度，往哪些方向拓展），我们才有较为明确的答案。

为了揭示动态竞争理论的哲学基础，本章试图从一个崭新的视角来检视这个蓬勃发展的研究领域。本章揭示了属于西方范式的社会科学与中国古典哲学之间的联系，具体检视了对偶性（行动和响应）和相对性（两家企业的成对比较）这两个推动动态竞争理论的基石，以及这样的中国观念或关系型管理与整合"人－我"（核心企业－竞争对手）等概念所共享的思想基础。此外，本章揭示出一个道理：将东方思维与西方学科联结在一起，不仅可以提升战略管理的研究，更有助于提升动态竞争理论行为维度上诸多方面的研究。

最后，本章超越了动态竞争研究的思考范围。在当今管理体系中，它提出了学术与教育的本质问题。这种反思的背景，是作者作为一名"文化双融"的学者，30年来研究西方社会科学和中国哲学的双重经验。这一优势支持了本章的用中立场，即竞争动态是最适合探索人类未来事务（包括商业）的研究课题。希望本章能为那些有兴趣扩大工作边界与范围的学者，以及那些关注全球－本土差异的跨文化背景的研究者，带来广泛的研究问题。

第11章

超悖论[一]
"中庸之道"

原文出处 Chen, Ming-Jer, 2002, "Transcending Paradox: The Chinese "Middle Way" Perspective," Asia Pacific Journal of Management, 19: 179-199.

西方思想以框架和分析方面的优势而著称；东方，或称中国的思想，则因其整合性与包容性的本质而著名。本章寻求两者的桥接，旨在通过提出"悖论性整合"——这一由中国中庸哲学所得到的概念，来丰富西方思想和既有的悖论文献。悖论性整合，指对立的两面（如"他人"和"我"）在本质上是相互依赖的且能形成一个新的整体（totality or integration），这个新整体是一种超越悖论以及传统西方互斥对立面的概念化的工具。本章揭示了如何应用两者并存框架中相互依赖对立面的概念，将表面上看似对立的两面（如竞争与合作）进行调和。在结论部分，本章讨论了悖论性整合这一概念在学术研究与商业践行两方面的诸多启示。

[一] 作者在此想要感谢查尔斯·塔克（Charles Tucker）在发展这篇论文中做出的贡献，并感谢葛雷·费尔柴尔德（Gregory B. Fairchild）、约翰·米歇尔（John Michel）、Shaohua Carolyn Mu、玛莉·萨默斯（Mary Summers）、蔡文彬、于铁英、张国义、Rob Baedeker 和 Alberto Hanani 具有建设性的评论和帮助。作者还要感谢 Chung-Ming Lau 和一位匿名评论者富有洞见的评论。

11.1 绪论

霍夫斯泰德在他奠基性的跨文化著作中，将中国人的价值取向归类为高集体主义和高权力距离（Hofstede, 1980, 1991; Hofstede and Bond, 1988）。这一范式被广泛接受并应用于其他诸多研究中（Earley, 1993; Newman and Nollen, 1996）。另一方面，中国人一直以来又以创业精神而闻名（Weidenbaum, 1996；Hofstede and Bond, 1988）——创业家本质上是个人主义者。进一步说，传统上中国人的特质是有耐性的和长期导向的，但短期导向的、机会驱动的行为（例如，从历史角度看，高度依赖现金交易以促进生意往来），同样也成为中国人鲜明的特征（Chen, 2001）。因此，这些相互矛盾的特质如何得以调和？"中庸"的思维，一直以来被公认为一种整体性与和谐性的世界观，也是理解这个明显悖论的关键所在。

在合唱团中，与女高音相反的声音，即女低音，是以和谐（合音）的方式来配合表演。然而，这种和谐与不和谐之间的互动，正是激发贝多芬和莫扎特的作曲灵感（Lewis, 2000）。同样地，中国传统哲学思想提供了一种能够化解"相反声音"的视角。西方的分析性思维是将整体拆解为部分，相反地，中国人的思维是采取一种整合（体）性观点，这种观点考虑到彼此之间方方面面的关系，包括社会面、经济面以及生态学面。从中国人的视角来看，整合（体）性并非那种根植于西方哲学范式的概念，仅将各个部分加总或组合起来，而是一种因果关系所构成的整体，将所有的部分相容在一起。众所周知的"凉拌沙拉与大熔炉"的比喻即可阐释其中的区别。前者象征西方式的分析性观点，后者则是中国式整合性思维方式，充分体现了儒家哲学中的平衡与和谐。

"西方文化的一个优势在于分析，"纽曼（Newman, 1995）评论道，"与此相反，东方思维的长处则在于合成和整合多个不同的元素。尤其在西方，对多种商业活动的整合性研究远少于分析性研究，因此，通过整合性研究，有很多提升的机会。"中国思想和文化可能是战略性思维的丰富来源。然而，可能除了关系（connections）(Farh et al., 1998; Xin and Pearce, 1996)之外，大多数中国通用性的哲学基础（如"危机"），在西方管理文献中还有待探索。

本章有三重目的：(1)引入中国中庸哲学最原始的思维（Chen, 2001; Peng and Nisbett, 1999; Tu, 1979）；(2)联结悖论文献（例如，Poole and Van de Ven, 1989; Lewis, 2000）与中庸思想；(3)通过引入悖论性整合（paradoxical integration）这一由中庸哲学的不同来源综合而成的概念，来延伸并提升悖论的相关文献。刘易斯（Lewis, 2000）在其引人注目的研究成果中，提出了三种应对悖论的方法：逃避、面对和超越。特别地，本章提出的悖论性整合概念，即两个对立面（如"他人"与"我"）在本质上可以是相互依赖的，而且可以共同形成一个整体（整合性），为"超越"悖论提供了一种途径。

首先，本章简要回顾了悖论的主流文献，特别强调一些急需开发的理论局限和领域；其次，本章援引中庸哲学，将西方思维的分析性本质同整合性、整体性的中国视角进行比较；再次，本章提出了悖论性整合，这一概念来源于中国中庸哲学，通过开启在一个"两者并存"而非"非此即彼"框架内，其对立面相互依赖的新视角，悖论性整合的概念为推进组织与管理理论中现有的悖论文献带来了前景；最后，为了展示悖论性整合这一框架的应用，本章对著名的竞争-合作分派进行了检验。文章得到的结论对研究和践行具有广泛的启示，并提出了一些有前景的未来研究方向。

图11-1提供了一个总体框架，帮助我们理解一些关于悖论和中庸哲学的核心概念，以及这些概念如何与本章所提出的悖论性整合相互联系。悖论性整合的概念代表了悖论最为全面及最有前景的形式。

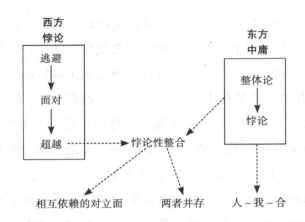

图 11-1 理解悖论：连接东方和西方

11.2 悖论文献

"我学会了扩大自己的思维，因为宇宙如此之广阔，足以容下悖论"（Maxine Hong Kingston，1975）。根据定义，"悖论"这个词是指扩张性（expansiveness），由希腊语中的 para（意为"超越"或"矛盾于"）和 dox（意为"看法、观点"）所组成，"悖论"意味着一种超越理性和逻辑的状态或关系。

渐渐地，研究者（例如，Cameron and Quinn, 1988; Lewis, 2000; Morgan, 1997）已经将悖论的多种意义与其对企业实务的意义作为组织研究的一个主题。范·海耶诺尔特（Van Heigenoort, 1972）指出，修辞研究传统上一直将悖论描述为"两个被接受命题之间的对立性"，然而，逻辑学中的悖论"由两种相反甚至是相矛盾的命题组成，这些命题均能提供表面上的合理论据"。普尔和范德文（Poole and Van de Ven, 1989）观察到，每个命题单独来看都是无可争辩的，但当放在一起考虑时，它们互不相容。因此他们提出，悖论是"理解如何处理嵌入在复杂传统中的理论矛盾和对立"的关键所在。

卡梅隆和奎因（Cameron and Quinn，1988）是最早一批将悖论的概念与其他相关概念，如进退两难、不一致、辩证或冲突，区隔开来的组织理论家之一。他们强调，在悖论中，不需要在两个及多个矛盾中或者相反意见中做出选择。他们指出，悖论是纳入且拥抱那些看似难以调和的冲突概念，并提出建构悖论的是这些看似相互矛盾或相互排斥，实际上是同时运作的元素。默宁翰和康伦（Murnighan and Conlon，1991）使用悖论框架分析紧密的工作群体（如弦乐四重奏乐队）的张力并发现成功的群体不会公开讨论悖论，他们只会含蓄地识别和管理内在矛盾。拉多、博伊德和汉隆（Lado，Boyd，and Hanlon，1997）结合了长期被视为对立面的竞争与合作的考量，提出一个衡量绩效的新构念——"综合利润"（syncretic rent）。

从上面提到的学者那里可以发现，对于同一现象有着不同解释，冲突、对立与矛盾能够丰富我们对于悖论多面向的理解。在响应卡梅隆和奎因（Cameron and Quinn，1988）的众多研究中，刘易斯（Lewis，2000）提出"有效推进组织与管理理论，需要一种能够处理人类及其社会组织中固有悖论的方法"。普尔和范德文（Poole and Van de Ven，1989）认为，这种努力对构建组织和管理理论至关重要，并呼吁我们"寻找理论张力或对立，并利用它们发展更具包容性的理论"。在商业践行中，悖论的重要性也已经被清楚地指出："杰出的企业都已经学会如何管理悖论。"（Peters and Waterman，1982）这些公司意识到，一个有效的组织必须具有同时性矛盾甚至彼此排斥的特征（Cameron，1986）。

尽管悖论研究已经取得了显著的进展，但是组织和管理领域总体上还未能充分涵盖悖论的所有方面，还是将悖论放在一个非此即彼的框架中看待。这意味着，悖论所包含的两个对立面，被视为相互独立的，只有其中一方可以在特定时间或特定条件下运行。刘易斯（Lewis，2000）发现了这一局限和潜在的原因：为了试图解释"纷繁复杂、模糊不清和不断变化的世界"，常会导致"用两极非此即彼进行区分，以此来掩盖复杂的相互关联……基于亚里士多德、笛卡尔、牛顿的哲学体系，逻辑学需要把现象解释为更小和更细分的组成部分。然而，以非此即彼思维的思考逻辑，缺乏融合悖论的复杂性的能力。"

彭凯平和尼斯贝特（Peng and Nisbett, 1999）开展了关于不同文化中如何应对矛盾的研究，经验分析的结果表明，当面对两个明显矛盾的命题时，美国参与者会选择极端化他们的看法，而中国参与者则更有可能同时接受两个命题。在对此结果的解释中，他们指出，中国式处理看似矛盾的方法使用了辩证的（dialectical）或折中的取向。也就是说，他们倾向于通过寻找"中庸"的方式来保留相对观点的基本要素。相反地，源自亚里士多德逻辑的西方取向，会倾向极端化相反的观点，目的是判定哪种观点才是正确的。

组织与管理领域的理论推进从两个重要方面对悖论研究做出了贡献。普尔和范德文（Poole and Van de Ven, 1989）在其研究中表明，悖论可以通过两种方法得到有效解决，即时间分离（考虑时间因素）和空间分离（阐明分析的层次与区域性）。其他研究者则开始发现对立面之间存在着一些可能的关系。依循组织复杂性和模糊性的文献脉络探究，刘易斯（Lewis, 2000）指出，"悖论代表着相互矛盾但又相互关联的要素，这些要素单独来看符合逻辑，但当同时出现时却荒谬、不合理"。

事实上，中国的"中庸哲学"强调整体论与分析、悖论与排他的对立面，可以作为推进现行悖论研究文献一个充沛的思想来源。

11.3 中国"中庸"思想[一]

"中国"词的字面意思是"中央之国",常被误解为中国人把自己视为一个享有特权和优越的民族或宇宙的中心。另一个错误的理解是,"中"被视为"一般"或"平均"(此误解源于对儒家经典《中庸》标题的不当翻译)。这个术语的哲学起源,扎根于一些有影响力的哲学家,诸如孔子和老子(道家创始人)的"中庸"思想,从中可以找到它的真正内涵。"中"这个词,实际上传递了一个动态的概念,是将两个对立面主动性的"和谐整合",而非两者间被动性的妥协。中国人相信,宇宙万物中有着竞争特性的事物都需要得到平衡。"中道"的哲学基础是提倡通过平衡各种极端,以维持一个整合性的生息。以此思维方式,所有对立的要素都能够构建成一个整体。

现今的中国文化延续了对中庸价值观的高度认同。儒家哲学推崇"中和",认为这一基于中庸思想的概念(字面上,中为"中庸",和为"和谐")是获取繁荣的关键:正如《中庸》所言:"致中和,天地位焉,万物育焉。"以这种观点,一个系统只有在将各种悖论倾向取得平衡时才是和谐的。因此,中庸哲学包含了两种对立但又相互依赖的思想:整体论和悖论。

11.3.1 整体论

从许多方面来看,中国和西方的世界观是哲学性的对立。追溯到前苏格拉底时期的德谟克利特(Democritus)哲学,西方思维一直以分析性观点为特征,即把事实解析成独立的研究对象。事实上,"分析"的希腊词根表示"解开"或"分解"。与这种对待宇宙"原子论"的方法一致,西方哲学普遍

[一] 本节广泛地借鉴了作者出版的书《透视华人企业:全球经理人指南》(*Inside Chinese Business: A Guide for Managers Worldwide*)(2001)的第5章(本书的第16章),以及作者基于自己从各种中国典著中获取的知识。

将他人与自我、生与死、善与恶等视为普遍存在的悖论,而且是不能调和的悖论(Schneider, 1990)。

相反地,中国思维传统上一直是接受整合性世界观的。按东方的整体论概念来看,生活中的所有事与它们的对立面都是密不可分的,单个要素被看作组成一个更大整体的一小部分。这种哲学思想的基础是指关系的相互依赖性,因此家庭和社会关系都不会被视为各自独立的,更确切地说,生活中的方方面面都是相互联系的(Chu, 1999)。何大一,一位艾滋病病毒/艾滋病(HIV/AIDS)领域的杰出研究者,而且被《时代周刊》杂志列为1996年"年度人物",曾这样阐述他的信念:"我或许是一个明智的学者、一个有名的商人或一个好父亲和好丈夫,但是,除非这些都做到了,我才算是成功。"(Ho, 1999)

"人-我-合"(或整体论)这一概念,作为所有中国有影响力的思想家(包括孙子、孔子和老子)的哲学基础,贯穿于整个中国文化。中国思维强调他人与自我是两个相互依赖的对立面,只有成对时才能被定义。按这种思维方式,他人与自我不是完全对立的,而是一对当彼此结合起来时能够构筑一个更大整体的部分。如前面章节所述这个想法在汉语表达"仁者,人也"中得到充分体现:"人"的含义是"仁",其中汉字"仁"的意思是人性,以及核心或种子,并且由"二"和"人"组成。因此,从中国视角来看,没有人可以脱离与他人的关系而独立存在(Chen, 2001)。

在社会情境中,个人应当服从集体利益(扩展开来的话,还有家庭利益和企业利益),并恪守"中庸"的精神(Nisbett et al., 2001)。在商界中,维持社群和谐是极其重要的。一个中国香港商人(坐拥数十亿家产)的儿子被问及父亲企业的企业文化和经营时回答道:"如果我要用两亿美元收购一家公司或者进行商业投资,我可能不需要经过我父亲的同意,但如果我想起诉某个人,不管对方显得多么无足轻重,我都必须先和父亲商量一下(Wang,

1997)。"从中国整体论视角来看，诉诸于法律的行为可被视为"找麻烦"，这种麻烦带来的是具有潜在破坏性的、不愿被看到的社会分歧。

涵盖了个人、专业以及社会范围的整体观，影响着众多中国企业家管理自己及他人的方式。根据儒家哲学，跨层级（个人、家庭、企业、国家）管理所需的技能体系基本是相同的：一个人若能够管理好自己，他也能够管理好他的家庭；同时，若能够管理好家庭，他也能够管理好他的企业。比如，有人可能会说，从中国视角来看，一个管理良好的企业往往源于一个管理良好的家庭或个人，而且，由于所有事物都被看作相互联系和相互依赖的，中国企业非常重视员工的个人成长和幸福。图 11-2 对整合的概念进行了阐释，展示了如何从一个层级到另一个层级，从一个场域到另一个场域（工作、事业、家庭、社会生活）。

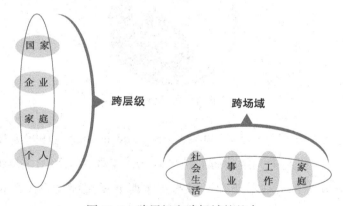

图 11-2　跨层级和跨场域的整合

11.3.2　悖论

拥抱悖论是中庸哲学另一个不可或缺的组成部分。正如著名的阴阳图（见图 11-3）所示，中国人认为两个对立面中各自包含对方的"种子"，并且一并形成动态的整体。这个图恰好阐明了中国对于悖论的观点：相互依赖的对立面（如他人与我）所形成的整体（人－我－合）。在道家的宇宙观中，对立面不能脱离彼此而存在。子曰，"阳卦多阴，阴卦多阳""一阴一阳之谓道""乾坤，其易之门耶"（孔子、《周易》、修改自 Chen，2001）。汉普登－特纳（Hampden-Turner，1981）认为，阴阳，描述了一个由多个矛盾所组成的整体，其图形更加呈现了与西方相反的观点，西方是将悖论视为互斥的对立面。与此同时，它代表了东方哲学是如何避免将矛盾单纯地极端化的。从这个角度来看，每个相反的力量（比如每对"他人"和"我"）包含了其对立面的"成因"，而且它们共同组成一个完整的整体。简言之，这种"人－我"二分及两者的整合，为了解中国人如何应对悖论提供了基本框架。

图 11-3　阴阳图

如前所述，彭凯平和尼斯贝特（Peng and Nisbett，1999）在其应对矛盾的文化差异性研究中，经验研究结果表明，中国人采用的是辩证或折中的（即保留对立观点的）基本要素，而不是像西方思想那样将矛盾极端化的方法。实际上，相互依赖对立面的概念嵌入并植根于中国语言。

或许最著名的中国悖论是"危机"，该词由"危险"与"机会"结合而成。危机的概念表达了中国人认为逆境和机会以动态关联的方式被密不可分地连接起来。危机并没有被视为一个难以克服的问题，反而被看作一项转变的功能，在这个过程中悖论思维能够引致恰当的行动。"危机"一词开始获得关注是在 20 世纪 90 年代末，当时西方经济分析家和媒体认为，正是这种战略视角使很多中国企业在亚洲金融危机之后发现了商机。第一太平洋公司被看作转化逆境为机会的标杆与先行者。这一总部位于中国香港的企业集团采取了一系列快速的战略举措，以抓住亚洲和欧洲动荡中新兴的商机，最终通过大量国际重组，以及对自己重新定位，为泛亚领军企业赚得10亿美元（Chen, 2001）。

以中庸的两个关键特征（整体论和拥抱悖论）来思考，第一太平洋公司的绩效暗喻着危机的另一个启示：伺机而动——响应要迅速，但要持有整体和长远的观念。实际上，中国人在历史上就一直尝试着将中庸哲学应用到各种商业和社会领域，在短期和长期之间找到平衡，采取"快－慢"行动，并采用广阔的视角来看待经营绩效和成功。如表11-1所示，在知识范式以及关于时间和绩效的概念上，中国和西方之间存在着显著的差异。

表 11-1 对比的视角

	中 国	西 方
学术范式	整体论 并存 相互依赖的对立面	部分分析 对立 互斥的对立面
时间	循环的 相关性和共存性 过程导向 顺其自然 历史和传统	线性的 因果关系 截止日导向 效率 未来导向
绩效表现	团队和谐和共享荣誉 定性的和主观的 以人为本 经济和社会问题	个体表现成就 定量的和客观的 任务导向 经济指标

注：改编自《透视华人企业：全球经理人指南》(Chen, 2001)。作者衷心感谢 Elena Ai-Yuan Yang (1996) 为编辑本表做出的贡献。

例如，以中国人的视角，时间被看作周而复始的，事件的发生是有相关性和共存性的，不像西方对于时间的概念是一种因果关系。中国人这种时间的整体观是中国哲学中世界观的核心。长期导向的观念使事件被放置于一个更大的整体情境下，而且强调联系而不是孤立的时间片段。同样地，中国人对于绩效衡量是由团队和谐并依据共同的成就来评估；相反地，西方对绩效和成就的衡量标准则是以个体表现为导向。根据两种哲学之间的精细对比，可以明显地看出中庸思维的核心：整体论（对比部分的分析）以及悖论性整合（对比互不兼容的对立面）。

中国很多企业已经成功地应用中庸的思维，并展示了长期导向的观念如何包含"快－慢"的行动，这样的事例比比皆是。正如中国最大的电子商务服务商阿里巴巴 CEO 马云所说的那样，"领导者必须跑得像兔子一样快，又要像乌龟一样有耐心"（Doebele, 2000）。又如利丰集团，成功地将西方的最佳管理实务与中国传统的家庭价值理念相结合，被视为将整体性整合原则付诸践行的范例之一。这一总部位于中国香港的跨国公司，通过采用现代西方管理和运营践行，同时保持其和谐与平衡的核心哲学，在 20 世纪 90 年代完成了从一个零售和批发贸易公司到一个无边界的"虚拟工厂"，以及国际供应链管理龙头的转型，拥有诸如沃尔玛这样的客户。

值得注意的是，中庸思维的实际应用也不是说完全没有缺点，尤其是从西方视角来看（Backman, 1999）。工作情境中对和谐的渴望常常会导致妥协，这种取舍往往意味着员工经常服从权威，而非对于实际状况的评估。同时，儒家的和谐和整体原则，也并不总是通用的，相反，它们常常只适用于社会中某些使个体有强烈归属感的层面，如家庭、村落或家族企业。自我中心是组成中国人性格的一项突出特征，但与西方形成对照的是，它以家庭和氏族为中心而不是个人。

11.4 悖论性整合：从"非此即彼"到"两者并存"

悖论性整合的概念，源自中国中庸的思维，对主流西方管理和战略文献做出了潜在的贡献。韦尔斯（Wels, 1996）考虑"作为悖论的战略与作为战略的悖论"。刘易斯（Lewis, 2000）提出了应对悖论的三种方法：逃避、面对与超越。悖论性整合——这个代表两个对立面（如"他人"和"我"）本质上相互依赖并共同组成一个全体（"整合"）的概念——对超悖论构成贡献。在这个框架下，悖论中的对立面不是仅以张力的状态交织在一起，事实上它们构成了一个整体的状态。因此，我们不需要像在辩证情形中那样来化解悖论中呈现矛盾性的要素；相反，这些要素可被和谐地整合。

本节首先阐述悖论性整合这一概念如何将关注的焦点，从互斥对立面转向相互依赖对立面，并从"非此即彼"的视角转向"两者并存"的框架，以丰富现有悖论文献。本节内容的结尾检验竞争／合作二分法，以展示对这项理论推进的实际运用。

相互依赖的对立面与"两者并存"

相互依赖的对立面与两者并存这两个紧密相关的概念，支持了悖论性整合框架的关键应用。每个应用都是基于这样的前提，即矛盾中的对立面不仅是被束缚于张力状态下的要素，更是互动着构成一个整体状态的组成部分。不仅解析这些相互依赖的对立面，悖论性整合还顾及其支持作用。

对"独立的""相互联系的"以及"相互依赖的"对立这些术语进行区分，可以帮助我们领悟悖论性整合框架的优点。"相互独立的对立"指的是"共同"存在，但完全互不兼容的概念或实体，比如，你是与某个你没有意识到的他之间关联的方式而存在。"相互联系的对立"指的是对于某些概念／实体的知觉，尽管不是完全地，但在某种程度上，是由对另一些概念／实体的知觉塑造的，比如，一个星系中的一个星体对另一个星体的影响。最后，我们用术语"相互依赖的对立"来说明只能在彼此的情境下存在的概念／实体，或者只能依据其对立面才能找到彼此定义的概念／实体，比如黑暗之于光亮（或者更抽象一点，没有数字"一"的存在就没有数字"二"的存在）。

沿着这个思路，思考"两个""孪生"和"二元"之间细微的差别是非常有价值的。"两个"隐含着相互独立的、分开的含义，"孪生"隐含着平行的、复制的含义，而"二元"则传递着相互依赖、合作关系的含义。西方传统一直倾向于将悖论的组成部分视为"两个"或"孪生"的（即视为不同的实体，即便有联系，也只是孪生关系）。然而，在中国的情境中，悖论是由两个相互依赖的对立面或者说对偶性所组成的。

西方的两个经典故事，若我们从中国视角对它们进行探讨，有助于我们阐明相互依赖的对立面的概念。代达罗斯和伊卡洛斯的神话故事，讲述了备受尊敬的工匠代达罗斯为使他的儿子伊卡洛斯能够逃离两人被监禁的迷宫，用羽毛和蜡给他做了一对翅膀。然而，因为飞行带来的兴奋感，让伊卡洛斯忘记了父亲交代的不能离太阳太近的警告。当他飞得太高而靠近太阳时，翅膀上的蜡就融化了，伊卡洛斯也坠海而亡。在这则故事中，让伊卡洛斯得以高飞的本质——他父亲的发明和他自己的雄心，这恰恰是他坠落的原因。米勒（Miller，1990）的伊卡洛斯悖论（Icarus Paradox）将这个神话故事应用到了企业层面，并认为成功的企业往往是被昔日辉煌所带来的任性所摧毁的。或者，如英特尔董事长安迪·格鲁夫（Andrew Grove，1999）评论的那样，"企业的成功蕴含了其日后衰败的成因"。同样地，在莎士比亚笔下的人物奥赛罗身上，极端的品质（如军人般训练有素的理性）如果管理不善，会转变成那种可怕又看似悖论的、猛烈且非理性的狂暴个性。需要再次强调，单一行为也蕴含了其对立面发生的成因。

若不以悖论性整合框架（强调"两者并存"的概念，其对立面是相互依赖的而非互斥的）来取代非此即彼的思维模式，中国人的思维方式将难以被理解。刘易斯（Lewis, 2000）写道："将悖论概念化需要建立能够容纳矛盾的构念。与其将现象极端化成非此即彼，研究者应当使用两者并存的构念来研究悖论，将同时性与相互依赖性纳入考虑。"正如本章想要论证的一样，这一基于东方哲学中的两者并存框架，将为那些正在寻求如何管理悖论的西方人提供一个有价值的工具。

隐喻性地来说，两个对立面之间的互动，可以被类比为安静和声响共舞，它们相互密不可分，而且离开了彼此就会失去意义。平衡的本质关乎整体性，所有的二元性、极端以及互补力量都能在这种整体性中被解决。这个哲学概念经常出现在大众文学中，比如鲁德亚德·吉卜林（Rudyard Kipling）很有名的一句诗是这么写的，"不论是遭遇过凯旋还是战败，都能保持同一意态"（Kipling, 1910）。传统智慧告诉我们，离真理越近，遇到的悖论也就越多，因为两个相互矛盾但又相互依赖的要素形成整体且定义彼此（Robbins and Mortifee, 1991）。

应用：竞争与合作

由于两者看似对立的本质，竞争与合作是显著的悖论性组织现象之一。一家企业经常与另一家企业同时进行竞争与合作（Brandenburger and Nalebuff, 1996）。世界第二大软件制造商甲骨文集团的CEO拉里·埃里森（Larry Ellison）描述了公司对于此类动态性的展现："如果你回顾过去的10年时间，SAP（居全球软件市场第五位）一直是我们公司第一、二大的竞争者，然而我们的工程师与SAP的工程师仍会合作"（Delaney, 2000）。这种竞争－合作互动情况在许多产业都是常见的。

近来，对于竞争与合作如何相互联系的研究的关注度正在上升（Branden-burger and Nalebuff, 1996; Bengtsson and Kock, 2000）。其中一

个广受采纳的观点是将两者看作完全独立的。"将两种力量分离开来是很重要的……正如油和水一样,竞争与合作不相混合。它们是一个挨一个、一个接一个,或者一层接一层操作的"(Gomes-Casseres, 1996)。从标准的新古典主义经济学,特别是寡头市场理论(Scherer and Ross, 1990)的观点来看,以一种跷跷板式的或者说相反的关系来说明竞争与合作,当一家企业与另一家企业的合作性活动增加时,这家企业对其竞争性活动就会减少,反之亦然。

还有一些学者将竞争 – 合作二分法视为相互联系的"孪生关系",其中一个的存在是为了服务另一个。因此,尽管看上去是一项合作,实际上它可能是获取竞争优势的手段。正如一则商业格言所说的那样,"与你的竞争者进行合作,然后战胜它"(Hamel, Doz and Prahalad, 1989)。反之,那些看似竞争的行动可能只是一个把对手带回(合作性)谈判的战略目的(即"吓唬")。

学者对竞争 – 合作关系的洞察与理解也取得了进展,也就是从"竞合"构念的情境来进行检视。然而,近期竞合(co-opetition)研究(一个由 Novell 公司创始人莱·诺达引进的合成词,因布兰登勃格(Adam M. Brandenburger)与内勒巴夫(Barry J. Nalebuff)1996 年的书籍而闻名)的特点却是缺少准确和一致性的定义,还是在非此即彼的框架里概念化两者的关系,总体上,现有文献中悖论的诸多维度还未被探讨。

在两者并存的框架里,强调两个对立面相互依赖的概念,能够使得竞争和合作表面上的极端化得到调和与整合。正如悖论性整合观点所提出的,每一组成部分都含有其对立面的"成因"。

Visa 的创始人兼 CEO 迪伊·霍克将悖论性整合的概念恰如其分地投射在商业情境中,"一切事物都有对立面,尤其是竞争与合作,除非将两者无缝结合,否则两者都不能发挥各自最大的潜能"(Waldrop, 1996)。Visa 卡的起源阐释了企业拥抱竞争和合作这种看似对立的悖论方式（Waldrop, 1996）。创建 Visa 卡需要一种基础性张力的调和。一方面，Visa 的金融机构成员彼此间是激烈的竞争者。发行 Visa 卡的是金融机构而不是 Visa，这意味着金融机构不断地在追逐彼此的客户。另一方面，成员之间也需要互相合作。对于工作系统来说，参与的商家必须能够接受由任何一家银行在任何地方发行的 Visa 卡，遵守某种标准，并参与一个共同的清算操作㊀。

为解决这个矛盾，Visa 卡对这种与生俱来的悖论进行了调和。即便 Visa 的金融机构成员处于最紧密的合作关系，各成员仍允许以 Visa 的名义自由地制作、定价并营销自己的产品。这种竞争与合作的和谐融合使该体系即便面对不同的货币、语言、法律条款、关税及文化，仍得以在 10 年内实现了全球性扩张。

诸如可口可乐这样的公司也正在探寻悖论性整合的市场启示。通过消费者调查，这家公司确定，"可乐不仅会唤起精力充沛和善于交际的感觉——它的制作者一直以来都知道且在广告中宣扬的东西——还能赋予平静、独处和放松的心境"。有幅图景贴切地概括了可乐的悖论性本质，图中是一个和尚在拥挤的足球场上冥思。可口可乐公司的一位研究员总结道："我们有个重要的洞察，那就是可口可乐真的是一瓶二合一的饮料。"

针对竞争与合作之间的相互作用进行更多系统化的分析，并采用更具延伸性的观点，将可从更高层级的整合上，以及新理论的涌现上制造更多的机会。"悖论性整合"进一步探索竞争－合作的交叉性，以及竞争－合作在管理与战略的践行中的可观前景。

总之，如图 11-1 所示，悖论可以有三种形式：逃避、面对和超越。中国式中庸哲学推崇整体论和悖论两个概念，人－我－合形成了这种思维的基

㊀ 本例仅作解释性用途。另外一件很有名且正在进行的事是，美国司法部于 1998 年起诉 Visa 和 MasterCard，因它们阻止银行发行竞争性信用卡，如 American Express。

础。最后，源自中庸视角的悖论性整合，在东方哲学和管理学领域与西方悖论文献之间建立了概念上的联系。

11.5 启示和延伸

通过援引中庸的视角这一个华人社群中的典型哲学，本章致力于丰富西方思想与既有的管理文献。如前所述，本研究直接响应了普尔和范德文（Poole and Van de Ven）以及刘易斯等（Lewis et al., 2000）学者的呼吁，对于超悖论理论的进一步研究，这是一个在战略和管理研究文献中被高度关注的理论。同时，本章也展示了其对研究与践行的广泛意义。

11.5.1 研究启示

通过中庸的视角，我们可以找到一个新的框架，并在该框架内培育一个具有选择性、更加扩张性的悖论概念，即悖论性整合。本章首先推进了既有悖论文献。通过推动现有范式来突破既定的限制，悖论性整合意味着，我们关于对立面的观点，从"非此即彼"到"两者并存"的进展，并且以相互依赖的对立概念替代了冲突、相互独立的对立概念。

多面向关系（既有个人层级，也有企业层级）日益普遍且重要，特别是在全球化的情境下。随着全球化的持续发展，全球性企业的管理及研究日益复杂，迫切需要一个具有灵活性且包容性强的战略框架。实际上，这一包容性强的简单框架能够允许甚至要求对冲突的或者对立的想法进行调和，这对许多研究主题有着广泛而富有成效的启示。刘易斯（Lewis, 2000）断言，"管理悖论意味着要捕捉它的启发性潜力"，暗示在悖论性整合的概念下，我们可以找到一种方式来满足这种需求："实际上，组织的错综复杂性、模糊性和多样性使得研究者的悖论性思考能力变得更加重要……越来越多的组织理论认为,要说明极端化的趋势与变动,可能需要其他形式的框架——一个能够帮助研究者和践行者探索悖论的框架。"

第一,本章提出中国"中庸"哲学,或者更确切地说是悖论性整合框架,使我们对于互斥的和相互依赖的对立面概念的理解向前迈进了一步。这急需研究者深入探索各种不同形式悖论,以及这一多面向的概念如何应用在组织层面。

第二,本章对战略研究具有启示作用。整合是战略的精髓,对整合的研究和理解是战略研究的重要议题。很多研究者都探讨过整合的不同表现形式:整齐性(alignment)(Sabherwal, Hirschheim, and Goles, 2001)、平衡性(balance)(Westenholz, 1993)、一致性(consistency)(Harrison, Hall Jr. and Nargundkar, 1993)、相容性(congruence)(Miller, 1992)、适配度(fit)(Drazin and Van de Ven, 1985)。本章提出一个新的视角,源自一个不同的范式。悖论性整合对于战略的启示是"他人"和"我"并不是完全对立的,对这个议题的探讨还有很多对话和跨领域合作的机会,例如,应用在企业的内部分析和竞争性市场分析上。按照这个思路,关于传统的直接竞争研究将可借由其他选择,如资源转置(resource diversion)这类间接竞争的战略来加以强化(McGrath, Chen and MacMillan, 1998)。在方法论层面上,本章研究表明"两家成对企业"可以成为组织研究领域非常有前景的分析单位,这与在动态竞争文献中采用的方法是相似的(Chen and MacMillan, 1992; Chen, 1996)。

第三,本章展示了一种理解中国文化和哲学,及其后续商业和社会启示的本土方法何以能够丰富西方主流的管理与战略思维及研究。这里提出的框架为我们重新考虑那些令人头疼的国际化问题,比如本土化实践与西方商业实践,提供了逻辑基础。本章提出的观念和导向与更为广泛的文化与社会范围也有所关联。比如个人主义和集体主义,就像家庭和人际关系这样的基本概念一样，可能会有不同的文化内涵（Chen, 2001）。更重要的是，正如本章表明的，个人主义与集体主义本质上不是一定对立的。我们有必要从"他人"的视角开始，这就使得本土方法对于全球研究来说非常必要。同样重要的是，本土化理解必须再整合回主流的全球概念。这一连续不断地"人－我－合"的过程能够丰富未来的研究。

按照这个思路，本章也为中国管理研究做出了贡献。与福山（Fukuyama, 1992）文化焦点的论点一致，本研究对中国文化和哲学的根源进行了探索。此方法与当前以经济和制度取向来研究中国企业形成了鲜明对比，尽管这种取向已经受到当前管理和战略文献的高度关注（Boisot and Child, 1999; White, 2000; Peng and Luo, 2000）。

11.5.2 践行的启示

本研究对于管理教育、研究以及政策都有践行上的启示。在西方情境下，哲学（学术）常常被限制在众所周知的象牙塔中。从东方人的视角来看，"学术"和"践行"并不是冲突的概念，比如，中国人对学术的定义总是包含践行的成分。这个概念可以对管理教育产生深远的影响。总体来说，管理教育和研究面临的最大挑战之一，是如何调和知识严谨性与践行相关性之间的持续性张力。中庸思维为识别和解决这种张力，事实上也为个人生活、职业生涯或是工作平衡中的挑战，提供了一个应对的工具。

本章所提出的想法对学术研究和文章的发表也做出贡献。比如，研究者经常面对意见不一致的评审人，正如我们所知道的，有几种方法可以帮助处理分歧：（1）遵从编辑的建议；（2）遵从最支持你的评审人（将支持最大化）；（3）遵从持最否定意见的评审人（将阻力最小化）；（4）遵从看似最强有力的评审人（可从评述的字里行间读出来）。以悖论性整合的视角，研究者通过寻找观点收敛和相异的地方，能够吸收所有这些观点。如果看上去缺乏收敛点，则说明它可能超过了一个既定的参照点。此时产生一个截然不同的框架，其机会油然而生，这个框架能够容纳所有发散性的观点，并为所有评审人所接受，而这往往正是获得主要贡献的来源。

想象运用悖论性整合对于一般管理和战略的启示。鉴于当今商业的全球化本质，企业正日益被镶嵌于复杂关系的网络中。随着持续的国际化趋势，而且全球性企业管理的复杂性倍增，对一种多元范式战略框架的需求将会变得更加紧迫。通用电气前 CEO 杰克·韦尔奇将管理多面关系的挑战称为现代"斯芬克斯之谜"（Riddle of Sphinx）：某某企业早晨时还是我的客户，下午变成了我的对手，而晚上成了我的供应商（Bradley, 1993）。实际上，企业的成功在于有能力超越现有的参考点，去寻找保持各方利益的共同基础。悖论性整合提供了一个框架，让我们得以根据现有的参考点发现一个更大的聚合体。

将悖论分割成内部和外部的组织情境会引发很多管理问题，而悖论性整合的框架则可以够帮助管理者解决这些疑问。比如，一个企业应该如何做到创新的同时又是稳定与可靠的？去中心化，但同时又保有控制权？采取绩效薪酬并拥有强大的员工奖励激励机制，但同时又需要员工遵守道德准则？安然公司（Enron）的案例恰恰适用于这类检验：一种新的商业模式、一家在金融工程方面非常成功的企业——正是它的成功最终导致了它的衰落。

悖论性整合概念是具有灵活性和包容性的，因此能够用于考虑研究和管理之外的问题。当然，它与政治也有关联。在政治领域中，盟友和对手之间的区分并不清晰。例如，对比尔·克林顿来说，中国是美国的一个"战略性伙伴"；对乔治·布什来说，中国则是美国的一个"战略性竞争者"。如同所有人类的关系一样，中美之间的关系也是多面向且具有悖论性的。以一个简单的非此即彼的框架，中美关系的复杂性是不能够被涵盖和分析的。

11.5.3 未来研究

未来研究可以沿着几个不同的方向进行延伸。首先，从最基本的层次来看，给予"悖论性整合"一个更加精确的定义是有其必要性的，测量和应用这一新构念的方法论也亟待发展。我们希望研究者使用本章介绍过的视角和概念，检验管理和战略领域很多显著的矛盾或对立面间的张力，例如，全球主义与本土主义、效率与效能、灵活性与原则性、异质性与同质性、交易导向与关系导向、集体主义与个人主义（创业家精神）、中心化与去中心化。将这些现象定义为互斥的对立面会限制思维，有成效的方式是将这些对立面视为相互依赖的且相互定义的"对偶"来进行检验。通过应用这样的视角，将理论进行整合的可能性是很大的。

同样地，不同类型的矛盾和对立面也需要进一步探索，本章所提出的框架中的对立面也需要检验。中国人在语言上对于对立面的处理或许可以作为一个范例。尽管中国人将悖论结合起来创造新的术语，正如前面所讨论的，这些组合（formations）可能涉及不同类型的张力和对立面。比如，"矛"和"盾"是对立的要素，它们组合起来产生了一个全新的概念："冲突"。另一方面，"内"和"外"这两个汉字组合起来形成了一个整体："到处"（事实上，甚至"对立"的建构，其内涵是绝对的对立面——普遍存在于我们的日常词汇中——值得在相互依赖对立面的情境下被重新检验）。

自然地，不能期望中庸哲学还将继续以过去（比如 500 年前）的那种方式影响着中国社会。因此，探索在当今的商业和社会背景下这门哲学是如何体现，将会是很有趣的。按照这个思路，不能假定中庸哲学会对世界范围的华人社区都产生同等影响，这是由于它们之间存在的社会面、经济面和制度面的差异。这种类型的问题应当也是未来研究可以检验的课题。

最后，为了展示应用的可能性，本研究将"悖论性整合"的视角延伸到了竞争－合作二分法的探索中。理论家已经提出了关于竞争和合作间的概念性关系及相互作用的问题，这本身就是一个成果甚丰的研究领域。走更远一步，悖论性整合的应用提出了一个基本问题，即"竞合"这一衍生构念的自主权问题（Brandenburger and Nalebuff, 1996）。如同普尔和范德文（Pode and Van de Ven, 1989）的建议，若要完全拥抱竞争－合作的悖论，以及推进相关研究，其中一种方法就是为现有的合成词"竞合"引进一个新的且不相关的术语。这样一个术语的诞生将表示"竞合"和其相关成分所构成的现象，是超越竞争与合作的加总。

总言之，关于悖论性整合的研究，只有通过探索发现西方思维和中式思维的共同点甚至相互依赖性才会取得硕果——这种理解方式高度符合超悖论的目标。理解并管理这些思维方式的共存及共生关系的益处，其管理和战略意义是未来研究的一项课题。然而，单单考虑悖论性整合的可能性，在广义上也是很有启发力的。相互依赖对立面的概念指引着我们——尽管看似悖论性。鉴于全球化的情形，除了了解其他国家的文化和惯例以外，更要多花时间了解自己的文化与惯例。在这一新思考方式的框架下，国际化成为一种学习（learning）以及"抛弃所学"（unlearning）的相互依赖历程，而且同时从全球和本土的视角前进，这可能就是悖论性整合的终极示范。

11.6　结语

在同事的建议下，我采用了一种非传统的方式来总结本章。这个结语同时也表达我对恩师爱新觉罗·毓鋆的感谢。本章的研究主题对我是十分珍贵的，无论是出于学术知识层面还是个人层面的原因。

20 世纪 80 年代初赴美之前，我接受过关于中国古典历史和哲学广泛的一对一训练，以及企业管理和社会科学领域的距离教育。我在毓老师的指导下，有机会阅读了中华古代思想鼎盛时期（公元前 772～前 222 年）21 位哲学大家中 16 位的原著。在这个时期，我将孙子的著作（及其浩瀚注疏）钻研了七遍。

20 年来，我的研究一直以企业的竞争为中心。将竞争概念化为一个动态且相对的概念，转化为行动－响应作为分析单位，我检验了竞争性响应的预测因素，例如攻击行动和攻击者的特征。使用这个概念框架，我所采用的竞争者分析法是基于市场和资源维度上企业间的两两比较。"竞争相对性"和"竞争不对称性"的概念——d（a, b）≠ d（b, a），都是沿着这个思路自然发展的概念。

在过去 20 年里，我不止一次在我的论文中提到孙子和孔子，或者其他中国思想家。有一天我稍做回顾并意识到"人－我－合"概念——这一奠定中国古典哲学基础的框架，已经对我的理论和经验研究产生了深远的影响。我突然意识到这两个完全独立的研究路径间的理性联系和平行性："我"相当于一个焦点企业，或者这个企业发起的一项行动；"他人"就好似一个被考虑的竞争者，或者是它所做出的一项响应。因此，在一个竞争情境（整合）下，它们彼此间相互联系的方式就反映在诸如响应可能性和时机这样的变量中。

"人－我－合"是一个广泛的概念，它意指极端之间的平衡，以及长期性、共同性和关系性的识别。哥伦比亚大学商学院的一位前同事曾询问我："在你的理论框架中，客户在哪里？"我的答案："这无关紧要。"竞争者、客户、合作伙伴、投资者无非是"他人"的不同形式，相同的方法可以被应用于预测竞争者，同样也可以应用于客户的响应。

不对称性（asymmetry）——关于两两成对企业对彼此关系的相异观点，具有广泛的意义，而且不仅局限于竞争环境中，它可以被延伸到各种关系的研究中，个人层面及组织层面上的。最终我意识到，管理是应对悖论和张力，而战略则是整合与平衡。对于那些寻求兼顾教学、科研、专业服务以及其他很多活动的学者来说,和谐的平衡实际上是一个能用于日常的哲学。

"悖论性整合",以及更为本质上的生活与学术的平衡,只有努力超越日常生活中的诸多悖论时,才能得以实现,这是我作为一名中国哲学的学习者,以及一位接受西方系统化训练的学者,所习得的一课。对我而言,"中国"是一种思维方式,它不是只有中国人才享有的特权。我希望这个不朽的哲学,从研究的角度,不仅具有启发性,并且能够成为战略和管理研究的思想源泉。

| 第12章 |

从四书五经中提出"动态竞争"理论?

原文出处 高宜凡,从四书五经中提出"动态竞争"理论?
《远见杂志》,2011。3月号,92-93页。

57岁的陈明哲,是近年来在国际上相当活跃的华人管理学者。他不仅是美国弗吉尼亚大学达顿商学院教授,还是国际管理学会前主席,在国际上知名度颇高,曾多次与杰克·韦尔奇、迈克尔·波特等国际管理大师同台。

宏碁创始人施振荣推动的"王道薪传班",课程内容与来自世界各地的讲师阵容,便委托陈明哲一手策划。第一期招收近30位企业高阶主管。

有趣的是,在距离陈明哲美国住所半小时车程内,有六位历任美国总统的出生地。这片极度保守的南方乡镇,却吸纳了这位管理学界的"华人之光",未来他还要在国际的学术殿堂上给西方大师们授课,教授他们什么是"东方式的管理哲学"。

12.1 旅美前读国学，打造学术底蕴

虽然离乡背井近 30 年，而且在国际学界成功闯出名号，但陈明哲身上看不到一丝的傲气与洋腔洋调，他反而深感，"我的一切，都是中国文化所赐"！

在决定出国深造之前，陈明哲早已把四书五经、诸子百家等国学典籍，统统熟记于心，充实自己的文化内涵。服兵役时，他每天一大早就躲在厕所里背诵《孙子兵法》，"因为那时候只有厕所有灯光，"他笑说，"大家都说《易经》最善谈变，但我觉得董仲舒的《春秋繁露》更会讲组织变迁！"

这种沉浸书海却怡然自得的情况，对出身台东乡下的他来说并不陌生。小学四年级的时候，陈明哲每天都到图书馆报到，要看完 26 份报纸、杂志，像块疯狂吸收知识的海绵。

1997 年，陈明哲在宾夕法尼亚大学沃顿商学院任职时，创立了"全球华人企业发展中心"，当时根本没有什么"中国热"，他开创了西方第一家以华人企业为研究对象的学术机构。

之后帮他奠定学术地位的"动态竞争"（competitive dynamics）理论，也看得出其中国国学文化的内涵，例如有围魏救赵、远交近攻、欲擒故纵等具备东方典故的比喻手法，更有源自《孙子兵法》的战术哲理，这些全都被融入西方式管理架构中。

21 世纪头 10 年，全球掀起了一股中国热，这让将中国国学融入管理的陈明哲在西方爆红。不少西方企业都找到他，讨教如何渗透中国大陆市场、管理大陆员工。这几年来他几乎每一季都往来于美国与中国，成为东方与西方管理的桥梁。

2008 年金融海啸的爆发，导致全球经济板块产生重组，让许多遭遇瓶颈的西方企业开始反思，积极寻找更新的管理思维，此时正是向全球推荐中

华国学管理的最佳时刻。

12.2 提"王道管理",展现中庸

2011年年底召开的国际管理学会年会上,这个堪称管理学界最高殿堂的场合,陈明哲发表"当西方遇见东方"的重要演讲,向欧美学者解释何谓东方特色的管理文化。"这篇文章我已经放了四年,就等这个机会!"他难掩兴奋地说。

对于东方式管理的领悟,陈明哲整理出一套"王道管理"的脉络。他分析,现代企业的管理思维多取自西方,因此常落入最佳实践(best practice)的迷思,强调一套放诸四海而皆准的标准模式,追求最高利润。

直到最近,大家才开始质疑这套模式的永续性,检讨企业是否应为了满足少数人的短期利益,而牺牲了长远的价值。

陈明哲一语中的地形容:"西方谈管理,是'绝对'的,但东方的概念,却是'相对'的"。

过去的走向,让西方的管理教育出了很大问题,太强调专业标准,想把任何事情都量化,导致经营企业时忽略了个人的平衡,缺乏人文思考以及多重目标的兼顾。

东方管理哲学的包容度更高,懂得凡事都要看正反两面,做事求中庸之道,与竞争者关系也可转为合作。

以汉字为例,许多词语都由两个意义相对的字组成,如里外、矛盾、多少、存亡、危机等,巧妙地展现了二元对偶的观念。

陈明哲强调,"除了'正'和'反',中国人更会讲'合',这对西方人来说是很大的反省",中华文化可在他人、我甚至两个相对立的东西间找到巧妙的平衡点。

除了中庸之道,"王道管理"是陈明哲的另一套管理创见,恰好与西方的"霸道"观念截然不同。

他解释,王道经营重视包容与融合,鼓励企业追求互利、共赢、永续经营,勿落入"零和竞争""赢者通吃"的丛林法则或割喉式竞争之中。例如,《孙子兵法》中的"不战而屈人之兵"、《老子》中的"不争之争"、儒家主张的"内圣外王"等,都是这类概念。

京瓷创始人稻盛和夫、宏碁创始人施振荣、孟加拉国的"穷人的银行家"尤努斯(Muhammad Yunus),都是王道企业家的代表。

当日本航空陷入破产危机时,日本首相鸠山由纪夫即请出年近八旬的稻盛和夫,替国家拯救日本航空。陈明哲总结,中国国学文化有丰富的哲学概念,但缺乏管理架构;西方管理则擅长系统化架构,但缺乏哲学思想,两者有极高的互补性。

取两者之长,避两者之短,进而融合出一套新的路线,这正是在此管理浪潮中的机会点。

| 第13章 |

论王道企业家

原文出处　陈明哲，论王道企业家，《北大商业评论》，2011，第8期，40-50页。

> 王道企业家致力于事业成就与人文关怀的平衡，兼顾企业个体与社会总体的需要，追求整体的统一与长期的发展。
>
> ——陈明哲教授

"王道"是千百年来中华管理文化最核心的内容，更是后金融危机时代企业领导者亟须提升的经营思维。

"王道"与"霸道"是相对的观念，前者重视包容与融合，后者强调征服与压制。王道企业追求互利共赢，有能力和抱负却不试图主宰一切，虽不与人争却能保盈利，虽不霸道却能成其大。反之，霸道企业仅考虑单方面利益，奉行"零和竞争""赢者通吃"的竞争模式，以及"你输我赢""你死我活"的丛林法则，虽可大却难持久。

现代企业的管理思维与模式大多来自西方，尤其是美国。然而，许多西方企业在进行全球运作时却时常陷入"最佳实践"的迷思，强调放之四海而皆准的标准化运作模式，并用强势的文化优势来主导当地市场，而非因地制宜，根据风土人情来调整管理手段。金融危机发生之后，许多人开始质疑西方资本主义和管理模式的适当性与永续性，尤其是一些企业为了少数人的短期利益（如 CEO 的超高报酬）而牺牲公司长远价值的行为，更令人难以苟同。

《尚书·洪范》："无偏无党，王道荡荡。"所谓"王道精神"，源自 2000 年前孟子主张的"王道"政治。孟子说："以力假仁者霸，……以德行仁者王。""霸"与"王"的差别在于，前者以"力"，而后者以"德"、以"心"。孟子主张将政治与道德合一，以"德"行仁，以"王"天下。

中国历代政权重视文治而不是武功，在对外关系上也多强调文化的交流与融合，而不是武力的征服，其基本思维即为"王道精神"。明朝郑和七下西太平洋和印度洋，行经 30 多个国家和地区，不占领土地，不敛取当地财物，这就是王道精神的具体体现。

王道精神表现在企业经营管理上，是师法孙子的"不战而屈人之兵"与老子的"不争之争""无为而无不为"，尽量避免与其他同业竞争对手的正面对抗，或者置对手于死地的"割喉式竞争"。

宏碁在国际化过程中，先进入发展中国家，避开与西方国家企业的直接竞争，并且采取了"全球品牌、当地经营"的模式。宏碁不仅从事当地生产，结盟当地伙伴，授权当地主管，雇用当地员工，因地制宜调整管理措施，同时造福当地百姓。

日本京瓷经常对陷入经营困境的企业伸出援手，实施"救济型并购"，同时采取不裁员、开放式沟通、邀员工参与决策等方式，赢得被并购企业员工的信任，进而使他们一起为公司打拼。这些也都是王道精神的体现。

凡企业家都想争雄，此心古今中外皆同。然而，王道企业家更加致力于事业成就与人文关怀的平衡，兼顾企业个体与社会总体的需要，追求整体的统一与长期的发展。王道企业家也更关注经营的核心领域，创新求变，寻找利基市场，开发蓝海，在全球市场与产业分工中确立独特的定位，具备盱衡全局、动态整合的能力，领导企业成为该领域的中坚力量。宏碁的施振荣、京瓷的稻盛和夫、"穷人的银行家"尤努斯以及康宁的霍顿，可以说都是王道企业家的代表。

王道企业家既传承了中华文化的特色，也可以作为西方企业培养领导人的一种典范。换言之，这是一个中西方企业都可以运用的前瞻性管理观念。此时提出这一观念，具有重要的时代背景与意义。首先，中国的"再崛起"为华人企业的全球扩张带来了新的契机；其次，中国企业家正在思索既具有中华文化特色又能结合世界潮流的可持续发展模式；最后，更重要的是，金融危机导致全球经济板块重组，西方企业开始反思过去的作为，积极寻求新的管理模式与思维模式。

美国在金融危机中受创很深，但是大部分反思仅停留在经济层面，没有触及更根本的文化、价值观与管理层面。事实上，美国的管理尤其是管理教育，出现了很大的问题。最大的问题就是太强调所谓的"专业标准"，凡事都追求量化指标，而且仅重视单一指标的短期表现。这种本末倒置的结果，使企业经营完全忽略了个人的平衡发展、人本与人文精神，以及多重目标的长期落实。

在这种情况下，根植于中华文化的王道精神与经营思维，对华人企业家显得特别有意义。综而观之，本章认为新时代的王道企业家应具备以下几个特点：

- 了解中西企业的商业模式与运作的优缺点，取两者之长，避两者之短，具备跨文化、跨区域的整合能力。
- 尊重当地文化与风土人情，平衡不同的需要，积极培养当地人才。
- 统一义与利，兼顾社会公益与私人利益，调和短期绩效与长期价值。
- 强调"服务"的思维，实现"专业"与"人文"的平衡，重视精神与理念的"传承"。

- 保持开放、终身学习的心态，从世界各地文化和各国企业中吸取新的知识，与时俱进，创造价值，维持企业的持续发展。

从本质上说，王道企业家是承袭孔孟思想来立身行道并创新进取的企业经营者，所谓"苟日新，日日新，又日新""天行健，君子以自强不息"，就是这个道理。因此，"王道"必须完全反映并落实到企业的日常经营中。从管理的观点来看，王道就是"文化"精神、"策略"思维与"执行"能力的具体表现。"文化－战略－执行"三环必须环环相扣，一以贯之。

儒家强调"诚意正心""内圣外王"，因此，拥有王道的个人、企业与组织将更有可能永续经营。华人企业应该善用本身的"文化"优势，有信心以王道精神来面对全球竞争，所谓"君子务本，本立道生"就是这个道理。

13.1　外法内儒，王道企业

如何在引进西方系统性、规范性的管理手段的过程中，实现中西方优秀管理思想的交融？这是目前中国企业面临的关键问题。国际管理学会前主席、院士（fellow）陈明哲教授认为，王道精神是融合中华文化与西方管理方式的有效途径。为此，《北大商业评论》特别邀请陈明哲教授与本刊执行主编何志毅教授一起探讨中国企业面对转型压力如何积极运用王道精神。

不仅是道德诉求，更是战略思维

何志毅：王道精神，这一从儒家思想中汲取智慧、追求经营平衡之道的企业理念，具有明显的中国传统文化特色，作为一名长期在海外从事管理研究的学者，是什么促使您提出"王道企业"这一理念？

陈明哲：我常在思考，任何企业都希望做到永续经营，这是企业的理想，也是企业家的本分。那么企业怎样才能实现永续经营呢？这是我首先思考的问题。

其次，面对全球化竞争的压力和挑战，我看到中国企业正在迅速崛起，开始大批地走出去。然而，看到客观经济行动活跃的同时，我开始自问，企业能否在深厚的中华文化中找到自己的文化竞争力，形成更深层、不可替代的竞争优势？

另外，我对美国和美国企业的理念也进行了反思。为什么美国政府为世界做了那么多事，却招来骂声一片？因为美国是强势文化，认为自己有最好的制度，放之四海而皆准，所以往往居高临下，把自己的价值观与思维习惯强加于人。美国的企业在这方面也一样，追求所谓标准化的全球运作，引来了其他国家的反感。事实上，2008年的金融危机正是暴露了美国200多年来管理制度的脆弱本质与结构缺陷。

这些因素促使我提出了"王道企业"的理念。我认为，中国与华人企业不能再走美国的路子。

何志毅：王道的对立面是霸道，说到霸道，往往会想到美国，它通常会以一种绝对主义的姿态，将一些思想和模式强加于人。从这个角度而言，王道应该也有道德层面的内涵，而王道精神的一个基本特点就是文化和价值观上的包容性，那么我们如何理解这种包容性呢？

陈明哲：其实我不仅将王道看作一种道德诉求，更将其看作一种战略思维，本质上是一种寻求差异化的理念。在全球化过程中，中国企业在结合西方管理优势的同时，也要把握中华民族文化自有的特性。在这方面，王道企业是非常合适的差异化战略。进一步地说，起步较晚的中国企业，如果只会追随或模仿西方的管理模式，不仅很难跟西方企业竞争，长此以往甚至会陷入困境；相反地，如果要在全球竞争中大力跃进，战略性地运用自身特有的王道精神，反而可以创造可持续发展的竞争优势。

另外，我很认同您说的文化和价值观上的包容性，也就是说，企业必须平衡全球化与本土化。比如，美国或美国企业对世界经济增长贡献很大，但世界各国对美国颇有微词，从根本上分析，就是因为它们没有以全球化的视角考虑问题。

何志毅：在中国的传统历史和文化中，"王道乐土"更多的只是士大夫和老百姓所想象与描绘的一种理想境界，大多数强盛王朝奉行的都是"内法外儒"的统治思想。那么，王道企业的思想能否在现实中得到应用，而不是停留在一种理想主义的描述中？

陈明哲：我认为，王道企业更应该奉行"外法内儒"。企业和政治有很大差别，王道企业是王道精神在企业的表现。虽然强盛王朝在政治上推崇"内法外儒"，但在企业管理上，基本上是"外法"为主，而至于"内儒"，则要每个企业根据自身情况决定是否推崇。

为什么是"外法"？因为从企业的经营环境上看，"外法"是让企业在一定的法规制度下运作。无论公司法还是财产法，都是规范企业行为的法规。更重要的，还有市场规则。如果企业违背了市场规则，就可能被市场淘汰。很多西方大公司都是经历多年市场游戏规则的考验而幸存下来的。

"内儒"则来自中华文化，因为组织的文化和国家的文化可以互相呼应。文化的建立非一朝一夕可以完成的，企业家必须长年培育企业文化，并将其铭记于心，更重要的是于行动中见真章，践行王道。

对于正在"走出去"的中国企业，王道企业是一个具有前瞻性的战略思维与管理理念。

13.1.2　平衡各方利益是根本

何志毅：对于与中华文化迥然不同的西方企业，王道精神对它们是否同样适用呢？文化的差异是否会使王道精神在理解和执行上存在较大的障碍和偏差呢？

陈明哲：实际上，王道精神本身就是中西文化的融合，它不仅适用于中国企业，也适用于西方企业。中国有一个成语叫"水乳交融"，其实就是王道精神的精髓。就像中医和西医一样，西医很强势，他们往往认为自己比中医更为科学；但中医却有上千年的历史，蕴含着更为深厚的文化与哲学精髓。然而，医生在救人时，根本不会考虑是中医还是西医好，只要能把人救活就行。

这里还有一个更深层次的问题，就是王道精神本身推动了中西文化的融合。中国的企业家也在寻找未来发展的方向，文化差异是他们面临的第一个挑战，怎样跟中国传统文化挂钩？怎样与西方管理思想融合？西方企业最大的优势在于其系统规范的管理，但它很少触及理念和文化的层面。也正是出于这一点，我才会从文化、王道这两个角度对中国企业提出建议。

为此，我最近提出了"文化双融"的概念，并将 2011 年国际管理学会年会的主题定为"当西方遇见东方"（West Meets East），副标题则为"启迪、平衡与超越"（Enlightening, Balancing, Transcending）。

何志毅：那您在西方讲学的时候，如何将王道精神里面的中华文化传递给西方企业？

陈明哲：主要强调的还是理念和实践，我觉得中国有很多有益的思想，但是怎样去推广和应用这些思想正是我们这一代要做的。

王道其实就是"内圣外王"，也就是企业以自身的理念与实力"王"天下。所谓"为政以德，譬如北辰，居其所而众星共（拱）之"，"政"是"众人之事"，其实企业本身就是众。因此，我在西方讲王道，其实是通过王道精神把周围的伙伴吸收进来。比如，宏碁在海外扩张的时候，它永远不绝对控股，持股比例一定是在 50% 以下。

总之，对于企业而言，归根结底要考虑的是如何平衡各方利益的问题，这和"财聚人散，财散人聚"是同样的道理。在这种想法与做法下，王道自然能成为企业长青的一种方式、一条路径。

何志毅：我们在学习西方文化时，曾经提出"中学为体，西学为用"，西方在应用王道理念管理企业时，在方法论上是否有别于东方企业？您在研究中是否发现西方王道企业的典型案例？这些案例对于中国企业有哪些借鉴意义？

陈明哲：王道精神包含的内容较为宽广，西方企业如果处理得好，同样能取得成功。比如做弧焊的林肯电气，它是一家百年老店，其他同业企业面临倒闭的时候，它还保持长青的活力。第二次世界大战时，林肯电气把所有的技术成果与同业者分享，这就是王道精神的很好体现。从西方的战略观点来看，林肯电气可以说是运用了其他竞争者的资源来扩展整个产业的规模与份额，这种商业模式与生态系统在许多高科技与移动通信行业已经被证实是一种有效的模式。

由于林肯电气的技术共享降低了整个社会的生产成本，然后它以产品数量的增多和价格的降低来回馈顾客，因此林肯电气的这一做法很好地平衡了股东、员工、上下游厂商等各方的利益。同时，林肯电气还倡导个人竞争，发挥每个员工的创造力。所以，一个好的理念或精神，不管是在中国还是在西方都应该适用。

13.1.3 "己"与"彼"的关系是精髓

何志毅：您的研究主要是从文化、王道这两个角度对中国企业提出建议。但是，现在研究在企业管理中运用中华文化的人，大多是历史、文学、哲学领域的学者，因此他们的研究往往只有理念和概念，而没有系统性、规范性的制度支撑。

对于管理理念我归纳成四个方面，分别为道、法、术、器。道是理念和概念，法是规章和制度，术是应用管理的方法，器是形成的软件工具。也就是说，在管理研究中，首先要有一套成体系的理念和概念，在此基础上要有能够支持这些概念和理念的规章和制度,另外还要有管理方法,最后还要形成一些简单的工具。

陈明哲:您说的四个层次正好与我的想法一致,我通常也将管理思想用四个层次来描述:最高层次是文化理念,接下来是系统化的知识,第三个层次是实际管理经验和案例,最后才是实际操作过程中的一些方法。

我所钻研开创的动态竞争战略之所以被称为"后波特时代的竞争优势",就在于它以中华文化作为思想内核,同时又整合了西方社会科学的实用性与分析法,也就是您所说的"道""法""术""器",一以贯之。其中"道"置于首位,企业竞争离不开文化的根基与战略的较量。

对于战略管理思想,我一直用以上四个层次进行阐述,并且强调体系化的联结。例如,《孙子兵法》云:"知彼知己,百战不殆。""知彼"是针对竞争对手,"知己"是针对自己,儒家思想的精髓就是"彼"和"己"的关系,也就是这两者如何实现融合,达到"人–我–合",这将直接影响企业的竞争力。

何志毅:刚才您说到动态竞争理论,它是研究"己"和"彼"关系的典范,我们知道在社会化大生产的商业生态系统中,不同企业之间甚至不同行业之间存在千丝万缕的联系,在这种牵一发而动全身的系统内,动态竞争无疑体现出巨大的价值。

陈明哲:是的,复杂多变的商业生态系统,让宏观、固化的竞争方法效力减弱。我所主张的动态竞争,就是研究如何从竞争对手的角度来看世界,然后针对竞争对手的策略做出判断,最后再看这个判断与竞争对手的实际行动有多大差距,这个差距就能测度你对竞争对手的了解程度。竞争对手可以通过利益相关者,包括上下游厂商,来影响你的竞争结果。类似这样的要素,你只有通过具体、动态的分析才能觉察、判断进而行动,并经过一系列的竞争实践,最终实现自身的竞争战略。

怎样平衡各方利益?这也可以利用王道精神。商业生态系统既有上下游的关系，还有不同行业之间的关系，如果能把生态系统价值链上的所有利益相关者都清晰地画出来，并把你所处的地位和创造的价值也画出来，你就可以找到各方利益的平衡点。

13.1.4 真正的王道讲求互利共赢

何志毅：您刚说到价值链，这让我想到了中国企业在世界市场中的定位，现在国内产业领域的两个主要趋势，是由"中国制造"转变为"中国创造"，以及国内企业在全球化竞争的压力和挑战下越来越多地走出去。但与此同时，在西方世界中也越来越多地出现了"中国威胁论"的论调。是不是可以说，中国企业在海外扩张的时候，并没有很好地体现王道精神？

陈明哲：首先，我觉得中国企业要走出去，在21世纪继续对世界做出应有的贡献，关键和必需的一点就是要实现"中国制造"向"中国创造"的转变。至于创造的内容，可以是技术的创新、管理制度的创新以及管理理念的创新。我认为，基于本土特色创造出适合中国企业特性的管理理念才是内核，而王道精神就是一种非常适合中国企业的管理创新。

从根本上说，中国企业在从事全球化拓展时，不应当依赖单方面的霸道思维，而需多关注当地文化，并且留意各利益相关者的需要。中国企业若能赢得当地百姓的支持和当地舆论的赞赏，而不只关注眼前的财务利润，那么距离成为王道企业就越来越近了。

当然，中国企业如果要实践王道精神，还是要审视一下"天时、地利、人和"，不能急于求成。现在大陆有家王品牛排，它最初创建于台湾，这家公司对员工的管理所体现出的王道精神，是很少有企业能够达到的。所以我一直坚持一个观点，那就是中国企业应该成为大家尊重的对手，而不是令人生畏的对手。这也反映在我的另外一个观念上：真正的王道讲求互利共赢、共创价值，以共同利益为基础，把竞争的代价降到最低，功效提到最高。中国与西方之间，同样可以实现王道的平衡。

林肯电气的王道精神

　　林肯电气是世界上最大的弧焊产品制造商，公司由约翰·林肯（John C. Lincoln）创建于 1895 年。约翰发明了一种便携式焊机，随后林肯电气在该领域取得了领先地位。到了第二次世界大战，林肯电气已经成为弧焊设备首屈一指的美国制造商。

　　战略。林肯电气的战略简单而坚定。公司的优势在于制造，管理层相信林肯电气能够用比竞争对手更低的成本制造出质量更高的产品。他们的战略就是专注于降低成本，并通过不断降低售价使顾客受惠于成本节约。管理层一直坚持这一政策，即使由于产能不足而出现产品供不应求的状况时也是如此。

　　薪酬制度。薪酬制度是体现第二任总裁詹姆斯·林肯激励管理思想的关键内容，包括三部分：工厂的大部分工作采取计件工资制；年终奖可以等于或超过个人全年工资收入；所有工人都有聘用保障，不会被解雇。

　　员工的看法。在林肯电气，员工流失率远远低于其他公司。员工说："我喜欢这里，因为只要你做你该做的工作，你就是自己的老板。你为自己的工作负责，甚至会将你的名字刻在你生产的机器上。"

　　管理风格。所有人都是管理者。不管在停车场或餐厅，都没有给高管准备的专门车位或就餐室。由选举产生的员工代表组成的咨询委员会，为推动公司的成功发挥了举足轻重的作用。

| 第14章 |

陈明哲与陆雄文
如何培养当代的"士"

原文出处　陈明哲与陆雄文：如何培养当代的士，《FBK Talk 观复谭》，2014 年 3 月 29 日。

14.1　什么是"士"

陆雄文：非常高兴跟陈教授一起讨论"士"的问题。古代有"士""名士"，今天我们很少再讲"士大夫"，但是在实现中华民族伟大复兴的时刻，尽管很多商人也有不少浮躁的追求，但我认为沉下心来跟陈老师探讨我们如何为"士"，我们是不是需要"士"，以及我们怎样在中国当代环境下培养中国所需的"士"，是非常有意义的。首先请教一下陈教授，在您的理解当中，"士"从古代到当代有着怎样的演进过程？在不同的时期怎样去诠释？我们今天如何为"士"做一个新的诠释，如何让中国企业家努力追求士、士大夫的精神和规范？

14.1.1　"士"概念的演进

陈明哲："士"这个词，中国自古以来有 200 多种不同的讲法。我先从"士"演进的角度对"士"的观念稍微做个说明。其实在西周之前，士一般指担任公职的人，他们在大夫家里工作，可以说是中国早期最底层的公务人员。到了西周与春秋的时候，士开始进入稍高一点的级别，到卿大夫家族中工作。孔子的出现让中国对"士"的观念有了很大的转变，因为孔子把"士"与"君子"联结在一起，所以在这个阶段，"士"已经不是传统的中低阶层的公务人员，而是一群"士君子"。《春秋繁露》中有"人人皆有士君子之行"，意思是说，除了担任职位以外，还要再加上一些道德、修养各方面（的要求）。到了西汉以后，开始大量用读书人担任政府的职位，所以"士"就慢慢变成了统治阶级的一部分。到了武则天以后，大举兴起科举制度，这个时候"士"本身就变成一个非常特殊的文化的族群。下面和陆院长的交谈中，能够谈到现代中国"士"的这种观念。

有心之士即志向

孔子讲"士志于道"，孟子讲"士尚志"，志是志气的志，"志"是"士"加"心"，意思是说，有心的士就是有"志向"，等于说帮士提供了一个方向。

士需通古今、知分寸

上过我课的同学都知道，我完全不照中国传统的方式来讲中国传统文化，我喜欢拆字。你们如果把"士"拆掉，就是"十加一"，即孔子所说的"推十合一"。因为一是数字之首，十是数字之末，从一到十，引申的含义就是完成一件事。许慎的《说文解字》谓："士，事也。数始于一，终于十。从一从十。孔子曰：'推十合一为士，凡士之属皆从士。'"从中可以知道，"士"就是做事的"事"，任事的"事"，任就是担任。也就是说，任公职的人，第一个是通古今，第二个是更重要的——"辨然否"，意思是说需要有"是非"的观念，知道分寸。

士需循"道"

儒家讲"士"的话里面，我最喜欢的有两句。一句是曾子讲的，"士不可以不弘毅，任重而道远。仁以为己任，不亦重乎？死而后已，不亦远乎"（《论语·泰伯章》），把责任的观念加到士的身上，与"道"相结合。

还有一句话是大家听得比较多的，北宋张载有一句话，"为天地立心，为生民立命，为往圣继绝学，为万世开太平"，这与我们传统里面讲的"大学之道，在明明德，在亲民，在止于至善"是一脉相传的。"为天地立心"其实就是"明明德"；"为生民立命"就是"亲民"或"新民"，这个"亲"是"新"的意思；"为往圣继绝学"，士的责任；"为万世开太平"讲的就是"止于至善"。

士需保持个人的独立性

陆雄文：荀子曾讲道，"莫不以仁厚知能尽官职"（《荀子·荣辱》），士不仅要能够读书、做官，还要做到"仁厚知能"，荀子对道德有很高的要求。从这个意义上来讲，知识分子从一开始就被赋予了为社会建立道德标杆的作用，被赋予了这样的责任和使命，同时要去担当。

陈明哲：荀子还有一句话非常重要，士"从道不从君"，意思是，士要遵守或者跟随道的规范，而不是顺从君主的旨意，这其实在当时是非常大胆的说法，但这也代表了士从一开始就被赋予了某种程度的独立性。

陆雄文：这是非常难能可贵的。先前士是作为谋臣寄身于贵族家庭而扮演的一个职业角色。后来孔子也讲过"士"的内涵。子贡问孔子："何如斯可谓之士矣？"孔子说："行己有耻，使于四方，不辱君命，可谓士矣。"孔子说，做事情要遵循一定的道德规范，不能做羞耻的事情，但是他说做事情要不辜负君主的任命。后来慢慢演变到，士要有气节，要讲名望，要讲品格，要有独立性，这是很大的进步。

14.1.2 中国与西方知识分子的区别

陆雄文：从汉代以后，士族作为官宦阶层慢慢没落，后来科举制度兴起，所以士就变成了像知识分子那样的泛称了。士作为社会的一个群体，并不代表社会的固定阶层，他们散落于社会各个层面，只要你真正是读书的，有才能的、有担当的、有品格的、有气节的，都可以成为士。中国知识分子与西方知识分子相比，您觉得在溯源上，以及在整个哲学理念上有什么区别？有什么差异？这和古代"士"概念的演进有没有关系？

陈明哲：有关系，但是这点也牵扯到西方的哲学思维与中国传统的哲学思维，尤其是原始儒家对于士的看法，还是有很大区别的。西方强调知识传授，而中国自古以来，做事的根本是做人，这点对整体的影响很大。《论语》里提到，有人问孔子，他的哪个弟子最好学，结果孔子回答"颜回"，他下一句话是，"回也，不迁怒，不贰过，今也则亡"。我想请问一下，"不迁怒，不贰过"跟学问有没有关系？完全没有关系。所以，中国自古以来学问的学、学生的学，其实是在讲"行"，也就是刚刚陆院长讲的"行己有耻"，强调的其实是行。

"士"之近代典范——张謇

陈明哲：我们现在把时光隧道拉到 20 世纪初。南通出了一个中国近代以来最称得上是士的人——张謇，他也是复旦大学的校董。张謇在 1894 年考中状元，授翰林院修撰。他最后居然放弃了状元的身份，回到南通重新开始。他的父亲办实业，母亲办教育，他则把实业和教育整合起来，创办了小学、中学、专科、大学等各类学校。1905 年，张謇和马相伯一起创办了复旦公学（复旦大学的前身）。从某种程度来讲，现代中国张謇是最具代表性的"士"的典范。

实业救国与教育强国并重

陆雄文：我们很幸运，张謇做过我们的校董，所以复旦大学的基因里面有士的风范。状元肯定是士，状元相当于现在的博士，硕士相当于进士。他放弃可以求高官的机会，去创业，实业救国，同时他又办教育。为什么办教育？这是中国士大夫很重要的传统，"士而事也"，做知识分子最重要的责任就是培养更多的士，就是要办教育。张謇自己读书中状元，但他仍然念念不忘地要培养更多的人，来学习知识、追求真理——为国家的繁荣昌盛提供支持。没有知识、没有真理追求、没有科学发达，国家是没有希望的。张謇是一个状元实业家，他给我们的最重要启迪是：教育是一个国家最根本的战略和最重要的事业。

超前的社会责任意识

陈明哲：我觉得要跟张謇学习的地方很多，我讲两个小故事：第一，他创办了中国第一家民营资本集团；第二，他当时就有非常强烈的做社会公益的想法。当时，他有一个助理，负责把他募集来的钱拿去周转，完成周转之后，他非常得意，因为他帮公司赚到了钱，然后可以生利息，但他被张謇臭骂了一顿。为什么呢？张謇的意思是，这是股东的钱，不是他的钱，不能把这个钱拿去用了，等到赚了钱之后再还回公司。这在当时的环境下是非常先进的做法，就是所谓企业家的社会责任，企业家对股东负责，怎么负责，怎么承担风险和承担责任，这说明张謇是相当有眼光的，而且是有一种道德规范的。

14.2 培养当代之"士"的意义

陆雄文：很典型地，士大夫重名节、高品格，能够公私分明，取利取义，君子好财取之有道。张謇给我们留下许多精神财富，可以让我们进行反思和学习。

还有一个非常有趣的问题。今天的复旦大学是有优良人文传统的大学，在管理学院里面，您怎么理解商学院为什么要讨论"士"这个主题？

14.2.1　中国企业家需要提升人文素养

陈明哲：中国企业家要从两个角度重新思考"生财之道"：第一个是中国的角度，第二个是全球的角度。对企业也好，对企业家的发展也好，现在是一个关键点，或者说是一个拐点：过去30多年的改革开放，造就了很多企业家，这些企业家其实很多时候赚的是"机会财"，从现在开始，未来30年"机会财"越来越少，要赚"管理财""智慧财"，更重要的是，要赚"人文财"。

30多年的发展也造就了很多非常成功的企业家，他们衣食无虞，也有很大成就，他们真正缺的是什么？缺的可能是心灵里更深一层的寄托，缺的是更深的人文素养。所以，在这个时候我们提出企业家要做现代中国的"士"，对企业家，尤其是EMBA⊖的同学或校友来说，目前是提升个人修为或人文素养的一个非常好的时机。借由个人人文素养的提升，我相信对企业会有最直接的帮助，会让企业家有更大的格局、更具有战略性的思维，来面对更大的挑战。因为企业家担负着重要的责任，所以他们的稳定是很重要的。现在全世界人心是非常不安、非常浮躁的，这就要回到人文素养的层面。我也希望能名正言顺地对大家过去30多年的辛苦努力，给一个有办法与中国传统接上地气的正式的名分。

⊖　EMBA是中国管理教育发展中最具有中国特色的管理学位，西方管理教育的重点不是EMBA，而是MBA或本科。

14.2.2 避免重蹈金融危机的覆辙

陈明哲：从国外来看，2008年发生的金融危机，以及后来发生的"占领华尔街"运动，这其实就是1%的精英阶层与99%的普通民众之间的对立。这批人（精英阶层）没有很强烈的道德意识（当然他们有基督教文明的束缚），很多人为了追求专业的极致，追求数据化的极致，最后造成了金融风暴。所以，如何避免中国也走上同样的路？在这个时候提出企业家是现代中国的"士"是非常具有前瞻性的。除了给各位企业家一个历史传承的使命，某种程度上也是陈述一个事实。

14.2.3 商学院应补上"道义"教育

陆雄文：西方社会之所以有2008年的金融危机，部分原因是缺乏金融市场纪律。因为商学院用"科学"的方法培养了从事金融的学生。金融学不是经济学院在教授，而是商学院，它是从微观层面、资本市场层面教授的，用非常科学的一套理论，包括数学、心理学、统计学、行为学等来培养这些学生，学生就去金融界设计产品，利用人性中的贪婪，把产品做得非常精致，不断地衍生再衍生、创新再创新，风险不断打包、不断递延，但一旦这个产品包在某个环节上出了问题，风险就会蔓延开来。为什么风险会不断递延呢？因为要赚钱，每次创新都会带来很多的财富。对于产品的设计者、推销者来说，他们是得利者，所有围绕产品的一层一层的投行，包括保险公司在内，都赚了无数的钱，房地产商也赚钱，商业银行也赚钱，完全就是"在商言商"。"在商言商"背后是科学，我们不能否认这一点，但它的价值观是错的。今天批评商学院、批判西方商业社会唯利是图，根源在于商学院有责任，因为商学院只教了学生技术，没有教他们要去遵从一些道、一些正确的价值观，所以这是商学院要反思的地方。

中国社会不同的地方在于，早些年企业家都不到商学院学习，认为教授的理论方法都没有用。西方的理论实践是有规则的，哪怕衍生品，创新也是有规则的，销售也是有规则的，保险也是有规则的。但在中国，没有规则可以成企业家，有规则就成不了企业家，大家想想是不是？你要创业，你要在夹缝中求生存，你一定是打破规则的，无序当中诞生了很多财富拥有者。

你们在创业、在职业发展的时候想到了回归理论，但你们要的不完全是西方的方法，你们来了之后便要思考，毕业之后怎么担当更大的责任，怎么参与整个社会的进步。但是我们要想的一个问题是，我们能不能有更高的道德要求，让我们来恢复古代名士的气节和品格。不仅自己要自律，为他人建立道德的标杆，还能够自觉参与到社会的正确价值观、正确方向的形成上去，带领和影响更多的人，这是我们在商学院讨论所谓"士"的意义所在。

14.2.4 汲取传统文化精华，与世界对接

陈明哲：我这里也讲一下，"国学"这两个字我不主张用，国学源于在"五四运动"时对西学压制的一种叫法，因此用"国学"这两个字其实把中国学问讲小了。中国学问有很大的共同价值，在这个时候提出企业家是现代中国的"士"，有特别的意义。

陆雄文：尽管我对国学还很生疏，但是我们小时候也受了一些国学的影响，"父父子子"，所以我爸跟我说他什么都是对的，因为我们受传统文化影响。国学里面有不少糟粕，今天这个社会按照古人定的规矩行事，那个规矩是那个时代社会发展过程当中对人的一种行为规范要求，对外有利于统治阶级，对内有利于家庭，传承家庭的基因。

我认为国学当中也有很多值得吸取的东西，尤其是具有共同价值的东西。它们是在中国几千年传统文化当中慢慢演进和积累起来的，这就是陈教授一直推崇东方和西方要进行交融，相互了解、相互理解的原因，要从对方的文明当中吸取对自己有用的，并成为整个人类社会都可以学习、汲取的营

养，这点我非常认同。这是我的看法，国学不是不能学，要学，因为我们要补上这一课。

但是，补完这门课以后，如果不与世界对接，就会变得保守。我们学国学并不是要回到两三千年以前，而是要面对未来的两三千年，抱着这样的心态学习国学中优秀的部分，再拿这些部分和世界对接，成为我们这代人的使命。再讲到更大的问题，怎么让中华民族很多优秀的东西成为共同价值，与西方社会当中几千年来演进的共同价值进行交流、交融，成为整个人类共同的精神财富？让我们大家可以学习、行动，也可以成为这个时代给下个时代、这代人给下一代人的精神财富？这个使命是很宏大的。

14.2.5 中华文明蕴含共同价值

陈明哲：刚刚陆院长讲到几个关键。前几年我与宏碁的施振荣一起创办了"王道薪传班"，他是立德、立功、立言。我当时用的案例不是用中国的案例，而是一家美国企业，叫林肯电气。这家公司虽然是在完全西方的文化里，但是它做的事情完全符合中国的"王道"思想，为什么呢？中华文化的传统，最重要的是抓住人心、人性，就是人本，这是非常不得了的，所以中国才会讲"因其国以荣天下"，天下观是普世的。经过30多年的发展之后，现在面临着思考中国和中国企业家如何对世界文明的发展有一些贡献，这个时候提出"士"的观念，其实是非常适合的。

14.2.6 当代之"士"的三大素质

陈明哲：我现在就当代中国的"士"可能需要具备什么样的素养或条件，抛砖引玉地与大家进行分享。这一点完全能够与中国的传统对接，虽然大家不一定能感受到，但是事实上中国的这些文化和思想是在大家骨子里的。

第一个素质，立志修心。你这一辈子只做一件事，这件事是什么？这个志就是一个方向，还有就是修心。

第二个素质，立群立业。我来参会的原因是希望能够人走群立，把群立下来之后，用这个群发展大家的事业，从而立业。

第三个素质，文化双融。希望大家能变得"又中又西"，而不是"不中不西"，怎样从"彼此之间"找到"又彼又此"，也就是"又中又西"的关联，企业家要扮演社会教育家的角色。不管你们喜欢不喜欢，不管你们愿意不愿意，你们已经在扮演社会教育家的责任，所以希望你们能够薪火相传、生生不息，把你们的经验，把你们的智慧传承给下一代。

14.3 商学院如何培养当代之"士"

陆雄文：这里引申出了两个问题。第一个问题，西方管理学界、商学院定义了所有管理的主要理论，理论、哲学、方法和体系都是由西方商学院教授定义的，现在中国商学院引进西方的MBA、EMBA课程的时候，包括老师在做研究的时候，都是按照他们所定义的这些理论、方法和体系在中国重新检验，因此我们的课程基本上是复制他们的课程，当然我们也尽可能地本地化。在这样的背景下，我作为管理学院的院长，想要培养具有中国"士"特征的MBA和EMBA的学生，这里面会不会有一些矛盾和冲突？

14.3.1 中国商科教育不应照搬西方模式

陈明哲：陆院长，如果你真的想成为全球一流的管理学院院长，你就必须完全放弃模仿西方的做法，因为目前我们学的东西可能都是西方的那一套，都是西方的工具。你们的合作伙伴有一次和我讲，他说，"我们搞了40年，却只是做西方管理学院的代工"。这个时候大家恐怕必须要思考，到底中国需要什么样的管理教育？

我们其实现在看得非常清楚。我在美国已经待了30年，坦白讲，我有20年没有研读中华经典书籍，但是现在这段时间我重新回过头来每天看《论语》《中庸》，我发现这些经典的核心思想已深植在自己的心中，这就是所谓跨越和回归。过去我不敢讲，现在以中国的国力甚至于"中国梦"，其实是到了一个拐点，我们必须思考：我们到底需要什么样的中国管理教育，同时又能够和西方竞争？现在是最好的时间点。这个问题不容易回答，也不容易解决，可能需要两三代人的努力，所以我才会讲薪火相传。但我认为，我们必须开始问这个问题。我举一个例子，西方的学问是非常零碎的，每个人都是术业有专攻，只搞自己专门的一个领域，也正是因为这样，我30年只研究一个课题，这个有没有用？非常有用，因为我的理论自成一家。但是，它有没有缺点？当然有，你很难成为一个通才。第二个就是因为重视科研，重视很多指标，导致把教学牺牲了，甚至于把社会服务牺牲了。

14.3.2 以中国实践贡献世界

陆雄文：陈教授也知道，我的动力和使命就是想让中国的商学院成为世界级的商学院。复旦大学管理学院一定是最有条件、最有机会的，因为我们身处上海，我们最早国际化。复旦大学管理学院的使命非常清楚，就是扎根于进步中的中国，我们招老师，要求很简单也很直接，要做世界级的学问，这个学问在国际任何等级的期刊上都能发表，但是你的研究是源于中国的，要让中国的研究成为世界级的研究，不要跟着美国人、欧洲人做研究。总跟在他们后面，就不可能在他们的问题导向上超越他们。中国的研究全世界都会来看，提出一些新的理论，这些他们也会研究。要多些这样的理论，首先不仅为中国所适用，而且为其他发达国家、新兴国家所适用，再进一步推广到全球。我们能够从中国非常丰富的动态变化的格局中找出研究问题，然后变成一个有重要意义的理论。

所以，我们培养的学生既要懂中国，也要懂世界。更直接地讲，我希望我的学生，不管是EMBA同学，还是本科生、研究生，他们将来能够讲英文、懂中国，在全世界任何角落都能够生存发展，都能够进行跨文化的交流，都能够在当地组织里面扮演领导者角色，或者把中国企业带到全球各地去。当然，更长远地，我们为世界培养人才，像哈佛大学、斯坦福大学一样，为全世界的青年精英提供一个管理教育的平台。但是，今天我们首先为中国的崛起、为中国的发展而努力。从这个意义上来讲，复旦大学管理学院成为世界级商学院的竞争战略就是差异化战略。我们与别人错位经营，而且我们有这样的国家使命和这样的时代以及地理位置的机会，这种差异化战略从根源上来讲，就是要培养有担当的企业家和管理人员。

14.3.3 融合中华文化理念与西方系统化知识

陈明哲：刚刚陆院长讲到一个关键的要点，在我的观念中就是文化双融。我把知识分成四层：顶层是文化与哲学理念，第二层是系统化知识，再往下走是案例和经验，最底层是工具。西方有非常好的系统化知识，不管是动态竞争、战略思维，还是工具，都很好，但是缺了顶层的文化与哲学理念。我引用两句话来讲中国对"利"的看法。《易经》上有一句话为"利者，义之和也"。利等于所有适合的东西，等于道义的总和，这是中国传统的对利的看法；还有一句话更重要，"计利当计天下利"（于右任）。所以在这种情况下，对于利益相关者的"益"字，我可能会建议改成道义的"义"——利义相关者。因为你当初已是或者现在已经成为绅士，但是当年和你一起打江山的那些人现在还停留在"土豪"的阶段，我觉得这与义气相关，你也不应该把它给淡然处理掉。恐怕中国的企业家更有机会把"中西"做到"又中又西"。

14.3.4　企业家肩负社会教育家的使命

陆雄文：回过来请教陈教授第二个问题。我们的企业家，他们现在来接受教育，读 MBA、EMBA，听陈教授的课，听很多大师的课。他们回去以后，有知识、有动力、有担当，把企业经营得越来越好。他们能够把企业领导好，对国家有税收贡献，也让企业员工提高了收入，顾客对产品和服务也满意，增加了社会福利，您为什么还要让他们成为社会教育家呢？提出这样的一个使命是出于什么目的，或者您觉得有没有可能完成这种使命呢？

陈明哲：其实不是我希望，而是大家已经在扮演社会教育家的角色。因为企业家已经在带人，他们的下属跟着他们做很多的事情，他们会看到他怎么做事、怎么做人、怎么创业，会跟着他走。我更多的是期许，把目前的现实做一些重塑，让过去没有的名分回归，名正言顺地把你们扮演的社会教育家的角色给讲出来。

陆雄文：我非常同意这种观点。有一次我给 MBA 学生做演讲，我讲得很直接，我根本不在乎你毕业之后工资有没有涨 30%，5 年之后升到了什么职位，我关心的是 5 年、10 年之后你有怎样的成就，在怎样的平台上领导怎样的群体。如果你有这样远见的时候，你来学习、来实践，学以致用，你就有很足的动力。

2013 年夏天全社会都讨论"在商言商"的问题。社会是很分化的，对于中小企业的企业家或管理层来讲，在商言商足矣。他们能够把一个企业经营好，有效率、有竞争力、有利润，产品顾客喜欢，也不偷排污染物，并且能够持续通过技术创新提高产品和服务的质量，让顾客满意，让员工有很好的福利，供应商愿意把高质量的原材料供应给他，他通过渠道卖的时候不行贿、不恶意竞争，我觉得足矣。但是对大企业来说，在商言商够不够呢？显然不够。为什么呢？一个大企业的企业家说的话，社会上会有回应、有反响，会对社会产生影响。有大型房地产商说房地产要涨价，所有人都开始买房子,说房地产市场会崩溃,大家都开始抛房子,股票也是一样,他的影响绝不限于他的企业边界之内。正面的例子如乔布斯,乔布斯的影响力绝不限于苹果本身,也不限于IT产业,也不限于美国,他的影响力是全世界的。无论是iPhone还是iPad,他所创造的产品不仅为我们提供了一个好玩的玩具,它们改变了我们的生活方式,改变了我们对生活的理解,提高了我们对生活的想象,提升了我们的生活质量,还给予了我们创新的模式。

从产权层面上来讲,企业家的影响是有边界的。企业家在自己的领域发号施令、配置资源、买进原材料、提供服务,对员工有绝对的影响力和配置能力,但不能影响供应商的员工,不能够给分销商发工资。当企业家创造精神财富到一定规模,对社会有很大影响力的时候,这种影响力已经溢出产品和服务本身含义时,他的思想、精神、理念、价值观也随着这个产品或服务溢出企业边界,影响整个社会。竞争是全方位的,包括经济、社会、理念和价值观。现在很多企业重视环保,比如捐助希望小学,某种角度上讲是在做公关,是为了更好地推销产品和赚取利润,而不是真正对社会承担责任。如果都是基于这样的出发点的话,这个社会很容易陷入混乱。我们时常会听到有人说希望移民,理由是吃、喝、呼吸都不安全,这在一定程度上是没有正确价值观的企业家造成的,所以说企业家对社会有很大的责任和使命。

14.3.5 商学院学生应成为"商儒"

陆雄文:我曾经讲过,我们的EMBA、MBA的同学毕业以后是硕士,按古时候的等级相当于进士,也是"士"。有一次我在EMBA毕业典礼上讲,希望同学们不要仅仅成为"儒商",更要成为"商儒"。商是你的外衣、你的衣钵、你的形体,但是你的实质是什么?你的内心追求是什么?是儒,是士,是对这个社会未来发展方向的一种关心、一种担当。要有忧国忧民之心,才配得起被称为"士"。以自己的能量,以思想的积累,更多地参与到社会主流文化的形成中，传播正确的价值观，影响社会上的其他人，然后去推动社会的进步，如果这样做的话，就会创造这一代的奇迹，就会与别的商学院培养的EMBA、MBA不一样，中国的管理教育会与世界其他商学院，哪怕是现在最有名的商学院不同，这是我们今天跟陈教授探讨和分享的很重要的目的所在。

14.3.6　点燃推动中国进步的火种

陈明哲：我最近和清华大学国学院接触比较多。当年的"四大导师"（王国维、梁启超、赵元任、陈寅恪）都不太教书，但是他们为什么有办法影响多位弟子，后来影响中国各方面80年的发展呢？他们其实只做了一件事情，就是把这些学生心中的火种给点起来了。我非常希望与陆老师的交谈，多多少少能够把大家心里的星星之火再燃旺一点。

陆雄文：我觉得对"士"的探寻，从古代、现代到当代，让我们厘清了一个脉络。在任何时代，士都扮演着社会思想的引领者、启蒙者、教育者的角色，同时也是创造新的知识，引领社会朝着正确方向发展的重要力量。今天我们谈"士"的意义非常简单，我们的社会要继续朝前发展，经济要繁荣，但是我们不能失去方向。这个方向可以由很多人参与制定，对于社会的正确方向大家可以一起探索、引导。作为从事企业管理的EMBA、MBA的同学、校友来说，你们有天然的担当。如果这样的话，中国未来的崛起就不会让世界感到恐惧。因为我们的文明与西方的文明可以对接交流，我们就可以成为世界的一部分，要坚持你所信仰、所追求的理念和真理，不为别人所左右，不轻易跟从、盲从，要有正确的判断。最后，必须有人文关怀，对社会的贫弱要有同情心，对于一些丑恶和鄙俗能够站出来伸张正义。

陈明哲：接着陆老师的话来说，过去中国是制造大国和经济大国，其实下一步很自然就是文化大国和人文大国，这样中国才会从可怕的对手成为可敬的对手。

陆雄文：谢谢陈老师。

| 第15章 |

夏之大者，执两用中，体用归元

原文出处　李攀，夏之大者，执两用中，体用归元 —— 对话陈明哲教授，《复旦商业知识》，2014年3月20日。

　　动态竞争理论创始人陈明哲教授再度接受在线平台"复旦商业知识"（FBK）专访，提纲挈领地分享他的另一重要理论"文化双融"，并追本溯源，分享最新学术思考：当下不应再谈"国学"，而应提倡更大格局的"夏学"，即复兴由孔子集大成的中国学问之"原儒"或"元学"，并应用于企业家的个人修为和管理实践，做到"体用不二"，培养同时追求专业成就与人文关怀极致的"双融"人士。

　　与陈明哲教授的初次见面，就如同拜会一位久已熟稔的蔼然长者。谈笑间，学贯中西、旁征博引、谦和淡泊、洒脱不羁，这些在历经多年媒体生涯后我本以为自己不会再用以描摹人物的"大俗词儿"，竟然又从意识深处鲜活地迸了出来，恢复了它们的本义。

　　如果用陈教授的理念来解释，这应该就是一个祛魅还"元"的过程。对于这位曾有过和正有着诸多高大上头衔的国际知名管理学者而言，他最珍视的应该还是"教授"或"老师"这样最简单的称谓。授业、解惑，最重要的是传道。因为陈教授和复旦大学管理学院的深厚渊源，这里的学生有不少机会得以亲炙其教。此次他再度从弗吉尼亚远道而来，是为了和复旦大学管理学院院长陆雄文教授商讨开创一个全新的企业家培养项目"夏商"，而曾就"动态竞争理论"对陈教授进行过专访的FBK，也再次有机会和其进行更为深入、更见本心的对话，关于东西"文化双融"，关于"夏学"，关于管理世界的"中道"哲学与"体用"之辨。

15.1 "执两用中"的现代版本

FBK：您创立的"动态竞争理论"被公认为是过去20年国际管理学界出现的最重要的理论之一，而您曾进一步指出，"动态竞争"是"文化双融"的一个典范。那么，对于您所开创的另一个重要的也许更根本性的理论——"文化双融"，能否概括一下它的核心内容？

陈明哲：用最简单的话来讲，文化双融就是"执两用中"。中国古代对大舜的德行最为推崇，《中庸》里孔夫子对舜的评价是："舜其大知也与！舜好问而好察迩言，隐（遏）恶而扬善。执其两端，用其中于民，其斯以为舜乎！""执其两端，用其中于民"，这就是"中道"，中国的"中"字就是从这里来的。所以，"文化双融"就是"执两用中"的现代版本。

我讲的"文化双融"，其中"文化"两字并非西方传统讲的国家文化和种族文化。"文"字，其实是中国传统讲的"经天纬地曰文"，只要与人和事有关的，都与"文"有关。这个格局就拉得很大，不只是东西方文化的差异，还有传统与现代、短期利益与长期利益、专业与人文，甚至于讲家族化管理与专业化管理，或者是制造业与服务业……感觉上好像彼此是对立的但事实上两者各有所长，所以"文化双融"的基本观念就是如何把两个看似对立的东西进行调整和融合：第一步，从"either…or…"的关系，或者竞争或者合作的关系，调整为"both…and…"，既竞争又合作的关系；第二步，从这两者之间,把竞争中体现出来的好的东西与合作中体现出来的好的东西融合在一起。西方人讲"竞合",其实还是认为竞争是竞争,合作是合作,只是两者可以同时并存,但在中国传统文化的认知里,两者其实是相互交融的,你中有我、我中有你,即所谓"竞合相倚"。

15.2 "国学"把中国人的学问讲小了

FBK:说到中国的传统文化,您怎么看待中国企业界近年来的"国学热"?比如一些企业家会每天早上带着员工背诵《弟子规》,还有的会在厂区内建一个有孔子塑像的"儒学学堂"等,您觉得这样的做法有助于他们的企业管理吗?

陈明哲:我其实是从"西方"过来的,看"国学"可能跟国内的人角度不一样。第一,现在很多人讲国学,太过利益导向。有些人把国学的东西当作道德规范,每个国家的企业都需要道德规范,孔子讲过"君子而时中……小人而无忌惮也",当下中国讲国学的积极意义可能在于:让中国的企业家知"止",知道什么事情不能做,基本规范在哪儿。西方人理解的"止"的意义是"敬天畏人",宗教给他约束,法制观念很强。中国过去是用儒家观念来约束,但如果现在把它当成一种礼教来搞的话,我是不赞成的,已经过时了。

第二,我会从另外的角度来看所谓的"国学"或"西学",我把它当成一种战略思维,这样来看里面就有很大的发展空间。这样"双融"的观念就进来了,对解决企业的问题,短期有帮助,长期无妨害,能够兼顾短期和长期。

坦白讲,在当下这个时候,我觉得不应该再谈"国学"。因为"国学"其实是在清末民初相对于"西学"的一种学术概念,觉得中国要有"国魂",

所以必须保持这些传统的东西。钱穆在《国学概论》中有一句话讲得很好，"学术本无国界。'国学'一名，前既无承，将来亦恐不立"。"国学"其实把中国人的学问讲小了。

在中国再崛起的时代背景下，要讲"夏学"——华夏之学，这与国内讲的"国学"完全不一样。为什么现在要讲"夏学"呢？第一，因为中国在过去30多年整个经济、社会各方面都有很大的进步和发展；第二，2008年和2009年发生了世界经济危机，西方的发展也碰到一个大的瓶颈；第三，现在西方也在反思，怎样找到人类学问的共同源头。像法国的学术界就在问一个问题：如果当初西方不是走拉美这条路，而是走希腊这条路，现在的世界会怎样？其实希腊的整个思维方式与中国传统上的思维方式很接近，是比较融合的。拉美系统则完全是科学式思维，一分二，二分四，分到最后不知道怎么收回来。

15.3 夏学是未被污染的中国"元学"

FBK："夏学宗师"爱新觉罗·毓鋆先生是您创立文化双融理论的东方导师。学界对毓老的境界有一个简要的评价——"以《春秋》公羊学之'微言大义'为用，以《大易》为归，贯彻群经"。那么，您能否简单归纳一下何为"夏学"？它的核心脉络与理论框架是什么？毓老对您最有影响的观点或启发又是什么？

陈明哲：毓老师对我的影响深入骨子里，不是说哪一个学说、理论，我觉得那就把中国人的格局说小了。我觉得我们现在复兴"夏学"最麻烦的一件事，就像毓老师当初骂我的一段话，他说我们"既没有吃过肥猪肉，也没有看过肥猪走"——我们现在其实已经不知道什么样的人叫作"古人"。而且很重要的一点，我们一向用文化来决定何为"中国人"，而不是用种族、地域来决定的，所以才会有"（夷狄）入中国，则中国之"这个说法。

其实西方与东方最大的区别，是对学问和知识的看法存在根本的不同。中国的学问一向是讲"学行合一"，讲的不算数，做的才算数。有人问孔夫子，你的弟子里面哪个最好学，孔子说是颜渊，"不迁怒，不贰过"，可这跟学问又有什么关系呢？一点关系都没有，这句话就是说，你讲再多都没有用，一定要做。我去年 8 月在美国演讲，刚好稻盛和夫的一个助理在下面听，事后通过我在哈佛的一个同事转达，他听完演讲后哭了，他说一个东方人有勇气在西方的场合，把中国人的观念给讲出来，太难得了。他后来和我联系，希望能够安排我与稻盛和夫见面。稻盛和夫其实践行的就是王阳明的"知行合一"。但你们知道吗？子路才是全世界最早提出"知行合一"的人，《论语》里有句话为"子路有闻，未之能行，唯恐又闻"，意思是，我今天答应的事一定要全部做完。东方与西方这方面的差距很大，毓老师最主要的是让我知道做人做事的基本道理，他常说，"你学问再高，有本事不要在教室讲，而是到外面去讲"。所以，中国的学问是非常入世的，与西方象牙塔里的知识很不一样，当然这与西方的神学体系有关。为什么中国人没有所谓的"宗教观"，这可以用夏学体系来解释。

当前为什么讲"夏学"？有几个简单的理由：（1）夏学是中国学问的源头；（2）夏学代表的是中国没有经过污染的学问；（3）夏学等于是"原儒"——原始儒家，与后来"九流十家"的儒家是不一样的；（4）夏学抓的是人心人性，就是本心本性，这就是为什么夏学有它的普遍性。

FBK：您提倡"夏学"，是要对中国的传统学问正本清源？

陈明哲：正是！孔子是"夏学"的集大成者，他集的是尧舜时代的学问。有句话叫"至于禹而德衰"，到禹以后，道德就衰微了。当然，禹对中国的贡献也很大，一是他治水有功，二是他治国辛劳。用现在的话讲，他首创了治理国家的"KPI"，自己则累死在会稽山。但是，他首开世袭制，尧舜时代是"传贤不传子","天下为公"的观念到了禹以后就被彻底破坏了。其实很可惜,中国有那么好的东西,没有传下来。

说到《大易》和《春秋》,一定要传承师说,因为所有的东西是"意在言外"。在君主时代,把想表达的东西(抵触君主的统治)讲明白是要被杀头甚至抄家灭族的,所以包括孔子在内,都只能是"微言大义"。学校里一般讲孔子是"忠孝节义",其实他的思想是最具"革命性"的,大家都讲他追求的是"复周礼",其实他一生的思想历经"三变"(三个阶段的变化)。

事实上,每个人的思想都会随着年龄、学识和阅历的增加而改变,孔子当然也不例外。从《论语》中可以看出他的变化:第一个阶段,"郁郁乎文哉,吾从周",孔子最初认为周朝的典章制度(周公制礼作乐)超越夏、商二朝,因此成为他遵从的对象;第二个阶段,孔子自述"久矣吾不复梦见周公",因为孔子在奋斗的过程中深刻认识到,旧的制度由于跟不上时空环境的剧烈变化而崩解失效,到必须"革新"的时候了,所以说他已经很久不再梦想实现周公所创设的制度了,这是一种比喻;第三个阶段,孔子更进一步体悟到,夏、商、周三朝以来的世袭制度是以私为尚的"家天下"之制,不合于天道、不以民为重,必须拨乱反正,建立"天下为公"的新王之制来取代,所以他说"如有用我者,吾其为东周乎",意思是,如果有人愿意任用他,让他推动理想,难道他还要为了东周,维护周朝的旧制吗?这是十足的革命思想。想想看,在君主时代,孔子能够如何表达这些?孔子志在《春秋》,这些思想都在《春秋》的微言大义中,唯有一代接一代的师承传授才能保存下来。这三句话在《论语》中都有,但是要有师承师说,看完《春秋》才能知道孔子真正的想法。

现在我们讲的"夏学",我把它当作中国的"元学"。孔子最大的贡献就是"变一为元",这就是中国人的智慧!"一"跟"元"其实是一件事情,"一"就是用,"元"就是体,所以中国才会讲元年、元代、元首等。"元"其实就是"一"的抽象化。"一"是开端而具体的,"元"则是本源而无(开)端的,中国人的智慧讲"终始"之道,周而复始,生生不息。"始终"则是从开始到结束为止,没有后续,没有想象的空间了。

FBK:中国的道家也讲"循环",讲"无始无终",这两者有什么不同?

陈明哲:道家讲"一生二、二生三、三生万物",着重在"一"之后的推演;孔子则将万物归属于"一",再系于真正的源头"元",以"元"涵容并推展一切。其实刚开始是不分什么道家、儒家、法家的,孔子还曾经问道于老子,那些学问派别都是后人给贴上的标签。我们现在研究"夏学",法家的东西也是要看的,但它比较工具化,比较接近西方。

15.4 "文化双融"需要无止境地行践

FBK:您的西方精神导师是战略管理研究大师威廉·纽曼教授,他特别强调企业管理中的全局观和调节资源的能力,您觉得他对您启发最大的思想或观点是什么?

陈明哲:他对我最大的启发就是中国思想的跨国界。我觉得他比我认识的99%的中国人还中国,他其实有着非常"中道"的思想。第一,他重"行",他对中国管理教育的发展有过非常实际的帮助。他是1984年最早来中国开设管理培训班的四位美国教授之一,那时是在大连。第二,他教授的方式比较接近中国传统的启发式。我1997年到上海,在和平饭店碰到两个沃顿商学院的校友,当知道我与威廉·纽曼是忘年交后,两位老先生用半个小时的时间,把1943年威廉·纽曼教他们的第一堂课全给背了出来,好可怕! 1943～1997年,已有50多年。第三,他最厉害的一点就是想得很长远,是讲"永恒"的。这位老先生92岁过世,去世前不久他还和我一起在弗吉尼亚大学教了四天的课。他是贵格教徒,非常的中道和平,他最后关心的是贵格会未来 60 年的教育政策。这位老先生 87 岁到印度尼西亚，88 岁到西藏，89 岁重走丝绸之路，90 岁上北极，一个人去，还要办 8 个国家的签证。我问他到那里干吗？他说全世界 40% 的石油在那里，他想去看看。现在全球暖化，北极的战略意义凸显，可见老先生的预见性！更重要的，他在 20 世纪 90 年代初就已经告诉我美国要出大问题，这就是 2008 年我们看到的世界金融危机。

我在两位中西方大师身上看到的其实是同一件事——文化双融。回到刚才讲的，"元"字其实就是源头、本原，"元""原""源"这三个字其实是通的，所以"夏学"就是元学，也是因此，它有普遍性。中国如果要对世界有贡献的话，这就是最好的贡献。

FBK：您认为国际管理学研究的趋势是从"西学东渐"到"东学西渐"，以及"西方遇见东方"。在历史上，《孙子兵法》《易经》、禅宗以及儒家理论，很早就对西方管理产生过影响，或者通过日本管理实践的理论总结对西方现代管理发生过影响。那么，当代"东学西渐"要重新从中国出发的话，应该秉承怎样的路径？

陈明哲：我觉得中国企业家在实践方面做得很好。比如，EMBA 就是非常具有中国特色的管理教育，而西方是以本科或 MBA 为主，EMBA 为辅。中国这些企业家本身生意已经做得很好，再返过头来读书，经由这批人实践的成果，再加上中国的传统智慧，结合在一起，应该可以开创出一套既有中国特色又能对世界有影响的管理知识体系。

西方的一些观念，可能与宗教传统有关系，我称为"绝对的价值观"，对错分明。中国最大的智慧就是任何事都有正反两面，而如何取得平衡点，又与时间有关。在全球化的过程里，西方有一个"最佳管理实践"的迷思，其实任何事物都是相对的，不是绝对的，不管企业或个人，一辈子都在追求平衡的过程。我去年 8 月的演讲，题目是"Being Ambicultural"，但最终版本是"Becoming Ambicultural",一字之差,意思差很多,"being"是一个静态的结果呈现,而"becoming"是一个无止境的动态过程,与中国"苟日新,日日新",即"与时俱进"的观念相通,"好"总是相对的。像毓老师这样能够活到106岁,教书教到人生最后的阶段,需要怎样的一种意志力呢?这个过程又经过怎样的变化呢?包括我自己的认识和想法,也是在不断调整的。

15.5 "体用不二"与秉持"王道"

FBK:有观点认为,中国企业和企业家学习"文化双融",就是要"以道(华夏智慧)驭术(西方制度管理)",您认同这种说法吗?这和困扰中国学术界100多年的"中学为体,西学为用"的主张有何区别?

陈明哲:我很喜欢熊十力先生"即体即用,即用显体,体用不二"的思想,所以才会讲管理是"调和鼎鼐"。我把管理分为四个层次:文化与哲学理念为顶层,往下依次是系统化知识、经验与案例,应用性工具为最底层。西方的工具很强,系统化知识很强;中国有很多哲学、很好的观念,但飘在那里。

前阵子国内有人采访我,问我迈克尔·波特的管理咨询公司 Monitor Group 是不是倒闭了,他就是想让我讲出这也代表了波特"五力分析模型"的破产。这句话我绝对不会说的,这是两码事。波特的理论不包含文化,他讲战略而不谈文化,这在现在的全球化背景下是不可思议的。战略执行最后一定要提到文化的高度。我们先不去区分"道"和"术",先从工具开始也没关系,但一定要从更高的层次去思考。例如,罗伯特·卡普兰的平衡计分卡,大家都关注它作为工具的应用,但很少有人去想它的顶层哲学思想是什么,我们一般不做这种事情,从工具提升至系统化就停在那里了,这样不好。微软有一个"双重职业路径"(dual career path),一条是管理系统,一条是研发系统，在这个系统里可以做到职位很高，但是下面没有人，不存在管理。后来微软花了很长时间才意识到这种管理观念在中国行不通。像我母亲会对我说"你同学都做台湾大学校长了，你还是个教授"，我没法和她讲，这其实就是双重职业路径。

一个好的观念，在用的时候如果没办法落地执行，那就是空的。所以我才会强调"文化、战略、执行"这三环一定要贯穿在一起，这方面我受到熊十力先生的影响，就是"体用合一"。

FBK：您和陆雄文教授联合创立的"夏商"项目，我看到资料上关于宗旨的表述是要培养"内圣外王"的当代企业家。"内圣外王"一直是儒家关于国家治理的最理想状态，在当代我们应该如何理解这四个字？在企业管理中如何做到？

陈明哲：还是先回到"培元"，企业练好基本功，就不会怕环境的变化，不会为扩张而扩张，就会很自然地等自身有一定实力后再往外发展，这就是企业的"内圣外王"。我现在讲"夏商"也好，之前做"王道薪传班"的培训也好，最常用的一个企业案例就是美国的林肯电气。我在美国用，人家觉得这是资本主义的代表；在中国用，大家觉得是国有企业的代表；日本企业家觉得这是日本的企业；犹太企业家觉得是犹太人的企业……就是因为它抓到了"本"。本源全世界都是通的，人都有基本需要，那就是被尊重。像我美国的同事都在讲，我管你什么资本主义社会主义，只要有工作就好，这其实很现实。

FBK：中国历史上的政治治理，一向是"王道"和"霸道"并用，那您觉得今天在企业管理中霸道还能不能用，怎么用？

陈明哲：有些人把"王"与"霸"当成"经"与"权"的关系。"霸道"不是无道，春秋时代要成为一方之霸，必须"信立而霸"，霸道是以力假仁，至少要做到诚信的标准。一种有争议的论点是把霸道作为一种手段，王道当作一种目的，权变是一时的，终究还必须回归常道。最怕的是走上霸道这条不归路。从更大的战略思维来看，我觉得，如果一直有王道的思维，会逼着你想出一些看似"不可能"的解决方法。我个人遇到过很多这样的例子，心里一定要有一个限制，明白什么是自己不能做的，这就是孔夫子讲的"从心所欲不逾矩"的"矩"。孔子说"五十而知天命"，天命指天人合一，为什么能做到天人合一？因为有"公"的观念。为什么会有"公"的观念？就是因为他此前已经做到了"四十而不惑"，不惑于欲。庄子讲"其嗜欲深者其天机浅"，这句话反过来就是"其嗜欲浅者其天机深"。四十岁经过"欲"这个坎，到五十岁就会看透人生，回归自然。所以，中国为什么没有宗教观，其实就是因为自然。人是一个小宇宙，天地是一个大宇宙，把人和自然结合在一起，就能每天过得很快乐。

15.6 舍最取中，回归根本

FBK：我们刚才一直在讲，"中道"是文化双融的核心价值，但我注意到您在一个归纳文本里有这样的表述："东方与西方各有独特的优势与劣势。对专业人士（无论是企业经理人还是管理学者）来说，关键在于取其最优而避其最劣。"那么，这个"最"字，是否本身就与"中道"的价值取向有所矛盾呢？

陈明哲：好问题！西方追求所谓的"专业的最大化"，经常为了追求该最大化，而丢失了人文的基本。现在全世界的领导危机，就是出在大家都在追求专业上的完美，而牺牲掉了人文、人本的核心东西上。这段表述，是从英文翻译过来的，为了让西方人明白，我借用了"最"这个词，但并不是这个意思。就像佛经里所说，我只是借用这个词语或概念，但我不是指那个意思。

FBK：您提出，理想的文化双融的专业人士应该"尽毕生之力同时追求专业成就与人文关怀的极致"。那么,您认为世界范围内达到这个标准的企业家有哪些?在中国有没有看到这样的企业家或具有这种潜力的企业家?

陈明哲:在中国,我觉得柳传志、任正非就不错,香港利丰集团的冯国经和冯国纶,也是"文化双融"非常好的代表。2013年8月我邀请海尔的张瑞敏到国际管理学年会演讲,他讲的主题就是"没有领导人的领导",这其实与林肯电气"集体创业家"的观念是一样的,就像《易经》里所说,"见群龙无首,吉",我们现在以为很先进的东西,其实只是回归到了最初的根本。

第四篇

宏观-微观双融

在管理研究中，往往存在着组织（外）层面与组织中个体（及群体）层面的双重关注倾向。以组织层面为参照系，考虑组织面对的市场、制度以及竞争者特征因素，倾向于展现一种宏观管理上的考虑；类似地，考虑组织内部员工与员工团队的心理以及生理因素，则倾向于展现一种微观管理上的考虑。虽然两个研究领域和关注的问题在许多方面具有共同之处，但是两者之间所展现的差异和二分的割裂，包括两者在理论与哲学基础、研究方法偏好乃至价值偏好的诸多方面，均具有明显的范式差异。融通宏观-微观管理，有助于整合两方之长，消减两方之局限，进而更深刻地理解连续的、流动的与持续生成的组织与管理生活。

第 16 章是动态竞争理论体系中一篇题为《竞争性行动、响应与绩效：期望－效价架构之应用》的文章。在这篇文章中，两位研究者融合了微观管理领域的典范理论、弗鲁姆（Vroom）的期望理论（也称"效价－手段－期望理论"），以及宏观管理领域动态竞争理论中的竞争者交互这一典范议题，探讨了影响降低竞争对手报复行为的关键前置因素，包括行动的明显程度、竞争者响应该行动的困难度，以及受攻击的市场对竞争者的重要性。

期望理论的提出，旨在探究组织内员工工作与激励的心理与行为的科学原理。然而，战略管理学者将此框架应用于典型的宏观管理层面，即企业之间攻击－回击互动的分析中，两者整合进而揭示出其中的关键决定因素，最终贡献于动态竞争理论。本章内容以一个典型性研究为范例，有助于启发那些聚焦于宏观管理（或微观管理）的研究者，如何从自身关注领域的对立面中获得更多的理论洞见和研究启迪，并以此形成自己独特的平衡研究风格。

| 第16章 |

期望-效价模型在动态竞争中的应用

原题 竞争性行动、响应与绩效：期望－效价架构之应用

原文出处 Chen, Ming-Jer and Danny Miller. 1994. "Competitive Attack, Retaliation and Performance: An Expectancy-Valence Framework", Strategic Management Journal, 15: 85-102.

本章主要探讨竞争性行动如何有效地降低竞争者采取竞争性响应的可能性。笔者借由期望－效价（expectancy-valence）模型的发展，将竞争性响应视为一项竞争性行动的三种细致（subtlety）特质的函数，即竞争性行动的明显程度（visibility）、竞争者响应该行动的困难度（difficulty），以及受攻击市场对竞争者的重要性（importance）或"中心性"（centrality）。根据动机理论，上述三项自变量必须同时存在，才足以诱发竞争者采取竞争性响应。换句话说，如果上述三种特质仅有一项存在，例如，明显程度低、响应的困难度高或市场重要性低，那么竞争者就不会采取竞争性响应。然而，这个观念在本研究中并未获得支持。本研究发现，首先，每个自变量均可能引发竞争性响应；其次，如同期望理论所预期的，在特定组合下，这些自变量间的交互作用确实会提高竞争性响应的可能性，其中，兼具高明显程度和低响应困难度特质的竞争性行动，最有可能引发竞争性响应；最后，由于竞争性响应的数目与行动者的绩效呈负相关，因此，如何降低竞争性响应，对行动企业而言具有实质的诱因。

16.1 绪论

企业战略家一直十分关注竞争者之间经常采取的各种竞争对抗手段，如降价、广告战以及新产品与新服务的导入等。然而遗憾的是，有关竞争性行动及其所引发的竞争性响应，两者间的交互影响与绩效意义，迄今尚处于初步探索与验证阶段。基于此，本章以期望-效价的动机理论架构（Vroom, 1964）为基础，探讨战略性行动与响应之间的关系。首先，本章检视哪些特质的竞争性行动比较容易引发或降低竞争者采取竞争性响应；其次，进一步探讨竞争性响应的绩效意义。

一般来说，在任一竞争者皆不具有支配力的情境下，采取细致的攻击战略会比蛮劲十足（brute force）的战略来得有效。企业之所以采取蛮劲十足的战略，通常是希望吓退竞争者，希望通过让人无法反制的竞争性行动，迫使竞争者顺服，然而，结果往往适得其反。这种明显的且具有胁迫性的战略不仅容易引发迅速的竞争性响应，还会降低行动企业的潜在利益。波特（Porter, 1980）指出："竞争性行动/响应的形式不一定会让行动者和产业整体变得更好，如果竞争性行动/响应持续扩大，产业内的所有企业还有可能比先前差。"也就是说，如果企业采取的是明显的、容易响应的并具有重大威胁性的竞争性行动，那么戒慎恐惧的竞争者将会产生响应该竞争性行动的动机，以至于行动者的潜在利益可能不保（Nelson and Winter, 1982）。

相反地，细致的竞争性行动比较可能降低竞争性响应，并避免扩大可能耗尽所有竞争者资源的竞争。当企业采取隐秘的、难以响应的且锁定市场边缘区域的竞争性行动时，它们更可能创造出"不对称性"（asymmetries），因而获得持续的报酬。也就是说，它们更倾向于不惊动竞争者去采取有效的响应，从而减少后果严重的冲突发生，正所谓"行千里而不劳者，行于无人之地也"（《孙子兵法·虚实篇》）。

本章的研究重心即在于"行动者可以有效地限制竞争者行为",即通过某些微妙且审慎算计的竞争性行动,企业可以避免引起竞争性响应,借此达成既定目标。

细致的竞争性行动之所以比蛮劲十足的竞争性行动能够降低竞争性响应,可以根据动机理论的期望-效价模型加以推论。根据期望-效价模型,任何具有威胁倾向的竞争性行动若要引发响应,必须基于两个基本前提:有效响应的主观报酬价值或"效价",以及响应者对自身响应能力的知觉。当威胁非常明显时,竞争者采取响应的动机会达到最大。也就是说,如果一项竞争性行动对于响应者的利益具有潜在重要性,响应者就有采取反制行动的诱因。在竞争的情境中,竞争性响应的价值主要是能够有效地抵消或消除一项竞争性行动的期望报酬,因此,当一项竞争性行动所攻击的目标越"中心性"(central)时,竞争性响应的效价越高。

然而,即使一个竞争性行动具有高度的利益相关性,对潜在响应者来说,除非它们相信本身有能力可以执行有效的响应,否则它们未必会采取实际的响应来赚取相称的报酬。

根据上述说明,竞争者采取竞争性响应的必要条件,就是要有一项重大的报酬,并且相信本身的能力能够赢得该项报酬。大部分心理学者相信,这些因素相乘的结合,会决定竞争者的响应动机。也就是说,两个因素必须同时存在,竞争者才可能响应,任一因素都无法单独引起竞争性响应。

除此之外,另一项竞争性响应的潜在决定因素是,竞争性行动的明显程度。大多数人类动机模型均假定,竞争者对竞争性行动采取响应的前提必须是潜在响应者能够察觉到威胁的存在,因此,当竞争性行动越明显时,引发竞争性响应的可能性越高。

总言之,企业战略家可能会偏好细致的竞争性行动,以便将行动的明显程度及竞争者对自身有效响应能力的知觉降至最低,同时也降低竞争者采取有效响应的效价。这种观点不仅与大部分心理学家的想法一致，更与军事战略家哈特（Hart, 1954）和孙子（Griffith, 1963）、政治学家德伊兹（Deutsch, 1969）和谢林（Schelling, 1960），甚至产业经济学家波特（porter, 1980）的论述不谋而合。

16.2　理论建构与研究假说

16.2.1　企业的竞争性行动与响应

为了将个人层次的动机心理学应用到公司层次的竞争行为，必须思索期望与效价在战略竞争上的意义。如前文所述，除非竞争者能够察觉到竞争性行动，否则它们不会采取响应，正因如此，行动的明显程度可说是期望-效价模型中一个隐性的先决条件。对企业而言，通过努力投入以获得正向结果的期望能否实现，取决于察觉反击的困难性，也就是竞争性响应的困难度。当竞争者认为有效响应的机会不大时，采取竞争性响应的可能性较低。另外，一个有效响应所伴随的效价，在企业的响应决策上也扮演着重要角色。当企业在具有高度价值或中心性的市场采取竞争性行动时，竞争者很可能会采取竞争性响应，以避免或降低严重的损失；相反地，如果企业是在不重要的市场采取竞争性行动，竞争者采取响应的效价可能微不足道，因而可能会对该竞争性行动漠不关心。

根据上述推论，我们认为以下三项因素与竞争者的竞争性行动响应密切相关：竞争性行动的明显程度、竞争性响应的困难度（期望的代理变量），以及竞争性行动的中心性（效价的代理变量）。除此之外，我们也将指出竞争性响应会不利于行动企业的财务绩效。

1. 竞争性行动的明显程度

竞争性行动的明显程度越高，表示该行动越有可能被潜在响应者察觉和响应。《孙子兵法》指出："能愚士卒之耳目，使之无知。易其居，迂其途，使人不得虑。驱而往，驱而来，莫知所之。聚三军之众，投之于险，此谓将军之事也。"某些竞争性行动，例如，在价格敏感度高的市场从事降价竞争，可能会因过于明目张胆而立即引发竞争者的响应；相反地，某些比较细致的竞争性行动，例如，仅在服务上做少许改变，或者私下与供货商签订非正式的契约，则可以避免竞争性响应。

一般来说，如果竞争性行动是模糊不清的，而且不会对竞争者的某个市场造成显著影响，那么竞争者的警觉性会比较低，自然也就降低了它们采取竞争性响应的可能性。此外，如果一项竞争性行动公然地对外宣布，那么竞争者将有高度的响应诱因。当竞争者察觉到其他企业正等着看它被攻击的狼狈样时，为了彰显自身的积极主动性，并且借此警告日后有所意图的企业，竞争者采取竞争性响应的动机会特别强。实务上，当防御者面对一项公开的竞争性行动时，如果不采取响应的做法，它的声誉将会遭受重大打击，而且也会变相鼓励攻击者与其他竞争者采取进一步的竞争性行动。因此，为了避免下一波的攻击，防御企业往往不得不响应。

假说1：竞争性行动的明显程度越高，受攻击企业的竞争性响应的数量就越多。

2. 竞争性响应的困难度

在竞争情境中，企业的期望－效价取决于竞争者所采取响应的容易程度。当一项竞争性行动容易被模仿，也就是说，竞争者采取简单的、经济的且不需大规模资源投入的响应即可加以反制时，由于难度不大，因此竞争者会采取竞争性响应。例如，面对一项价格变动的行动，由于竞争者不需特别专业、复杂的协调与重要资源的投入即可响应，因此这类行动很容易引起竞争者的快速响应。

然而，如果一项竞争性行动涉及新产品或新流程的开发，则它的困难度相对提高许多，因此，它能引发的竞争性响应会比较少。一般认为，这类竞争性行动需要投入比较多的管理与财务资源，而且还可能牵涉部门间或外部顾客间复杂的协调、现行系统的改造、人事的重新配置，以及因尝试失败而面临的高昂代价。因此，竞争者的响应困难度比较高，竞争性响应的数量自然比较少。

> 假说2：竞争性行动响应的困难度越高，受攻击企业的竞争性响应的数量就越少。

3. 竞争性行动的中心性

采取竞争性响应的效价或期望报酬，是竞争性行动中心性的重要函数。对潜在响应者来说，竞争性行动所攻击的市场的规模和价值性，在竞争性响应的决策上扮演着关键性角色。当企业所攻击的是竞争者的主要市场时，竞争者会采取竞争性响应，如果竞争者没有采取有效的响应，必然会蒙受重大损失。

在实务上，当一项竞争性行动锁定的是被忽略或尚待开发、未受重视的市场时，遭遇的反制的可能性会比较小。但是，如果竞争性行动是发生在众所瞩目的市场上，除非采取攻击的企业与竞争者之间的实力相差悬殊，否则攻击者势必会遭遇强大的阻力。这样，当一项竞争性行动同时威胁到数个竞争者的重要市场时，可以预见，它会引发许多竞争性响应。

> 假说3：受攻击市场的中心性越大，竞争性响应的数量就越多。

4. 相乘关系

如前所述，期望－效价模型的期望（知觉的响应困难度）与效价（竞争性行动的中心性）有一个相乘（the multiplicative relationship）的关系。另外，行动的明显程度也会影响竞争性响应的数量，因此本研究预期，这三个变量的一阶与二阶乘积结果，将与竞争性响应的数量呈正相关。

<u>假说4：竞争性响应的困难度、竞争性行动的明显程度与竞争性行动的中心性的一阶与二阶乘积，与竞争性响应的数量呈正相关。</u>

在心理学相关文献中，动机的期望模型是使用效价与期望的乘积来预测响应的。心理学家认为，高期望本身并不会引发响应的动机，除非还存在一个具有价值的预期报酬；如果只存在一个有价值的报酬，而没有高度的期望，也无法引发响应。换句话说，单独一项期望或效价，无法产生明显的响应动机，依照这个逻辑，只有在竞争性行动是明显的、容易响应的，以及受攻击的是竞争者的中心市场，三个条件同时存在时竞争性响应才会发生。因此，如果采取攻击行动的企业能够消除这三个条件的任一条件，就能避免竞争性响应的产生。期望效价模型在解释个人的行为动机上具有积极的意义。然而，由于企业在考虑竞争性响应的决策过程通常牵涉许多复杂的因素，因此，本研究预期，除了相乘效果外，三个行动特质的主效果应该也有影响力。

16.2.2 竞争性行动、响应与绩效

对攻击企业来说，竞争性行动的结果至少有一部分必须视该行动所引发的竞争性响应的数量而定。如果攻击企业的竞争性行动引起非常多竞争者的强力反弹，那么行动者的获利可能会受到严重影响。以往的研究指出，随着加入战局（fray）的竞争者数量的增加，行动者的竞争优势将随之减少；相反地，竞争性响应者的数量若能维持在少数，行动者则可持续享有准独占市

场的地位。

就竞争性响应来说，它不仅能削弱竞争性行动的利益，而且能让行动者采取进一步的竞争性行动。举例来说，如果行动者为了增加市场占有率刊登广告，而竞争者采取相同的方式响应，那么，行动者为了保有市场占有率，势必要再刊登广告。此时，行动者的成本将因此提高，销售额也可能不如预期的理想，这些均不利于行动者获利。

假说 5：一项竞争性行动所引发的竞争性响应的数量，与行动者的绩效呈负相关。

16.3　研究方法

16.3.1　研究样本

本研究以 32 家美国主要航空公司为样本，主要是因航空业已经有相当完整且界定清楚的竞争性行为信息，同时，该产业的竞争者不仅明确可辨，而且公开信息也十分丰富。由于本章的所有假说都是建立在事业层次而非总体层次的战略，而我们所采用的航空公司样本均是单一事业或主导性事业的企业，因此航空业可说是验证本研究假说较为适合的对象。

我们以对偶的竞争性行动/响应，即竞争性互动的基本元素，作为分析单位，并且选择 1979~1986 年《航空日报》每一则有关竞争性行为（包括竞争性行动与竞争性响应）的报道，都是借由"结构内容分析法"来加以定义及分类。《航空日报》是航空业中众所熟知的公开发行刊物，该刊致力于报道各航空公司对外宣告的和客观的竞争性行动，对航空业相关的竞争性行动提供了最全面的可靠信息，因此这些报道受到事后合理化而扭曲的可能性很低。

16.3.2 竞争性行动/响应的定义

我们全面查阅了 1979～1986 年每一期《航空日报》，从中发现了航空公司所采取的各类竞争性行动（move），包括降价、促销活动、产品线或服务改变、配销渠道变更、市场扩张、垂直整合、购并以及战略联盟等。就本研究的目的来说，清楚地辨识出一个竞争性行动所对应的所有竞争性响应相当重要。为此，我们借助关键词的搜寻，来辨识《航空日报》中所有竞争性行动所引起的竞争性响应，这些关键词包括"跟随"（following）、"一来一往"（match）"在……的压力下"（under the pressure of）、"迎击"（reacting to）等。举例来说，《航空日报》报道："联合航空和边疆航空（Frontier）反击（respond to）大陆航空（Continental）降价 35% 的行动。"（1984 年 2 月 7 日）在这个例子中，大陆航空的降价被视为一个竞争性行动，而边疆航空则采取了竞争性响应。一般来说，如果《航空日报》后续的报道没有改变，则一个宣告的执行计划将被视为有效，然而，如果《航空日报》稍后报道该行动已被取消，则该行动将被排除于样本之外。

本研究投入相当多心力去追踪一连串的竞争性行动，并且回溯一系列竞争性响应所对应之最初的竞争性行动。首先，评分者（raters）必须按年代先后顺序，去阅读 1979 年 1 月 1 日~1986 年 12 月 31 日的《航空日报》的所有报道，以便发现所有市场的竞争性行为。接着，透过上述关键词的描述，评分者必须先辨识出竞争性响应，然后往前回溯《航空日报》8 年间的相关报道，以找出所对应的最初的竞争性行动。采用此方法可以追溯到每一个最初的竞争性行动，以及此行动所引发的所有竞争性响应。最终，研究样本共包含了 780 个竞争性行动（分属 14 种行动类别），以及 222 个竞争性响应。

16.3.3 衡量工具

1. 竞争性行动的明显程度

本研究采用三种衡量工具来评估每一项竞争性行动的明显程度，前两者以问卷方式来测量，第三种为客观性的衡量。首先，受访者被问到每一项竞争性行动受到产业内瞩目的程度（industry publicity）；其次，受访者被要求评估该类竞争性行动类型会由高层主管公开来宣告的可能性；最后，为了客观衡量明显程度，我们计算每一项行动在《航空日报》中被报道的行数总数。这三种衡量工具经标准化后加以平均，克朗巴哈系数（Cronbach's a）为 0.62。

2. 竞争性响应的困难度

竞争性响应困难度的衡量包括五项：（1）采取行动所需的费用估计；（2）对于例行行政与管理系统的影响程度；（3）人员或设备重新配置的数量；（4）跨部门间整合的复杂度；（5）采取该行动的整体主观困难度。以上五项的克朗巴哈系数为 0.95。

3. 竞争性行动的中心性

将每一项竞争性行动所影响的航空公司定义为：在该行动影响的所有样本机场中，某一机场内有提供服务的公司；一项竞争性行动的中心性以竞争者每年受影响的乘客比率来衡量。

4. 竞争性响应的数量

以所有竞争者针对一项竞争性行动实际采取响应的总数量来衡量。

5. 竞争性响应的比率

假说5的分析层次为企业层次（其余为行动/响应的对偶层次）。因此，我们以采取竞争者响应行动的企业在某一年度的竞争性行动总数的比率来衡量。

6. 绩效

财务绩效以三项指标衡量：总营运收入/付费乘客里程数（revenue passenger mile, RPM）、营运利润/RPM、边际利润。

16.4 研究结果与讨论

我们相信本章的论述，有潜力用来建构未来的总体战略以及多点竞争领域的理论。

16.4.1 研究发现

本章的核心议题是，相较于明显程度高、较具中心性、相对容易模仿的竞争性行动，细致的竞争性行动所引发的竞争性响应会比较少。统计分析的结果确认了我们的假说，即明显程度、中心性和困难度三项竞争性行动的细致特质与竞争性响应之间的关系，获得了经验研究支持。相乘效果部分，有两个交互作用项与预期的结果相符，但明显程度非常低。经过进一步分析后发现，低困难度与高明显程度的行动组合最容易引发竞争性响应。此外，如所预期的，行动企业的获利率与竞争性响应率之间具有相当一致的负相关。

上述研究结果显示，用期望理论来分析竞争性行动与响应间的关系，虽然具有价值性，但当将此动机架构应用到公司层次的议题时，仍有必要进行某种程度的调整。一般来说，期望理论的学者均假设，当交互作用项加入模式时，主效果会变得非常不显著。然而，此假设却与本研究的发现大相径庭。在我们的模式中，主效果的影响远大于交互作用的效果，换言之，竞争性行动的明显程度、中心性和困难度，在引发竞争性响应上，各自扮演着非常重要的角色。

根据期望理论的基本论点，当竞争性行动同时具有高明显程度、低困难度和中心性的特质时，才能引发竞争性响应；如果仅有一两项特质，则无法引发任何响应。然而，如此严格的解释即使在个人行动的研究中，也难以获得支持（Arnold, 1981；Landy and Becker, 1987）。在公司层次的情境中，由于竞争对手对彼此间往往具有某种程度的认知与了解，同时也都具有响应对方威胁的能力，当它们遭受竞争性攻击时，也都会蒙受一定程度的损失，因此，这些构面的效果均为正向。在这种情况下，当它们两两相乘时，它们的影响并不会相互抵减，从而导致主效果失去了单独情况下该有的解释力。

然而，我们的部分研究发现确实与期望-效价理论的预期相符，即当竞争性行动同时具有高明显程度与低响应困难度的特质时，特别会引发竞争者响应。因此，问题不在于变量之间的交互作用是否会引发竞争性响应，而在于哪一种组合会引发响应。

16.4.2　连锁型响应与关卡型响应

接下来，我们利用连锁型（chain model）和关卡型（gate model）两类响应模式来进一步分析期望-效价理论。严格地说，以期望-效价观点来分析竞争性行动与响应，可以视明显程度、困难度与中心性三项竞争行动特质为一系列关卡，除非以上三道关卡均打开，否则将不会有竞争性响应。所以，发动攻击的企业可以借由关闭以上任何一个关卡来避免竞争者的响应，以确保自身获利。

相对而言，连锁型响应模式主张：当竞争性行动的竞争特质具有高明显程度、高中心性与低响应困难度时，在此连锁中，竞争者较有可能采取响应。也就是说，连锁型响应中的任何一处关卡若存在弱联结点，都可能引发竞争性响应。此种连锁型响应与关卡型响应的观点，可以用来检视本研究三个自变量的主效果与彼此的交互效果。

本研究发现，连锁型（指自变量的单一主效果）和关卡型（自变量间的相乘效果）两种观点都适用于竞争性响应的分析。连锁型响应中的任何一个弱联结点，似乎都可能引发竞争性响应，但是相对于个别变量，某些"关键组合"关卡的开放，更可能提高竞争性响应。

16.5 结论

本章的经验研究发现，成功的组织必须尽量避免竞争性响应的发生；它所采取的竞争性行动必须运用期望－效价模型中的三项元素，使行动具备细致的特质，以便最小化竞争者采取竞争性响应的诱因，借此获得有效的利益。当一项竞争性行动展现出隐秘性、复杂性和拐弯抹角的特征时，才能彰显它的细致度。一旦疏忽了这些特质中的任何一项，即在连锁型响应模式中如果正好有一个弱联结点，将增加该行动的竞争性响应率。另外，关卡型响应模式显示，同时开启高明显程度与低响应困难度这两道关卡，将会增加竞争性响应的可能性。然而矛盾的是，具有高度潜在报酬的竞争性行动，它的明显程度往往也比较高。

本研究显示，了解竞争战略最好的方法之一，似乎是研究产业中企业个别的竞争性行动，并且追溯竞争者采取的所有竞争性响应，因为这是竞争对抗实际发生的层次。后续研究可以继续延伸，进一步探讨本研究发现所适用的条件与范畴,例如,在什么情况下,明显程度比中心性更容易引发竞争性响应。另外,未来也可以运用更多其他领域(如心理学、经济学和社会学)的架构或模型,来探讨企业的竞争性行为,例如,博弈论有助于建构竞争者间相互影响的动态模型,或许更适用于竞争性互动的研究。毋庸讳言,任何跨领域的方法莫不伴随着风险,只不过跨越疆界藩篱的利益或许会远远超过它所伴随的成本。

第五篇

文化双融的应用

"致广大而尽精微,极高明而道中庸。"萌生于对东西方管理实务差异的观察,文化双融观点作为管理研究中的二(多)元范式整合工具,对组织与管理中纷繁芜杂的实务具有智力启发与技术引导的功能。文化双融观点主张思维和行动的并重与合一,因而尤其强调对于管理实务的实用与实效。换言之,将文化双融理念有效践行于管理实务,是文化双融观点的根本目的。

第五篇是由三章有关文化双融理念的应用方面的内容所组成,这些文章涉及的对象涵盖了中西双方的不同管理者与企业。第14章以一个典型的职业生涯情境为例,简明扼要地展示了文化双融在职业人士的工作场景下实际运用的技巧；第15章以丹麦乐高集团的业务转型为例，阐释了文化双融的组织在制定战略决策时，如何整合风险与机遇，危中求机；第16章则是笔者《透视华人企业》专著中的一个章节，系统地阐释了文化双融观点所凭依的中庸之道，如何深刻地影响并作用于华人（以及具有中国式思维的人）企业及其领袖的思维和行为模式。

　　文化双融观点脱胎于对东西方管理实务的直接且严密的观察，本章的内容从全面性的角度，借以实务界的职业人士与各色组织，略窥文化双融理念在实际商业行为上的精妙。具有文化双融理念特征的组织及职业人士，能够游刃于两种或多种相互冲突的文化、价值观、思维方式乃至综合体系之中，尽得两方之精妙，而又不失自我的本真与风尚。需要注意的是，本篇关于文化双融理念在思维与技巧上的示范，并非对文化双融技法的穷尽与盖棺定论，"及其至也，虽圣人亦有所不知焉"（《中庸》），追寻文化双融在管理实务上的运用，需要真诚而又持续不断的努力。

| 第17章 |

文化双融
两种价值体系的和合

原文出处 Chen, Ming-Jer and Gerry Yemen, 2016, "Navigating between two value systems with 'ambiculturalism'," The Washington Post, July 31.

核心问题：全世界有70多亿人，数百万人离开了他们的祖国，到外地工作。一个人的人生经历，会受其国籍身份、原生家庭、成长环境、交往的朋友、工作的场域的影响。这些因素决定了我们在哪一种文化中能感觉最舒适，因为在这个文化中，大家有相近的信念、价值观和想法。但是，当我们离开自己熟悉的文化，面对不同的信念和价值观时，该怎么应对？我们是否仍然可以自在地做自己并获得成功？两者的平衡点又在哪里？

案例分析：最近，蔡凯文（Kevin Tsai）加入了一家美国半导体企业。该公司重金聘请他来带领工程师团队，希望他能在一个重要的项目中起到关键作用。凯文在中国香港出生长大，是香港最好高校的尖子生。他来美国后取得了斯坦福大学的MBA学位，随后在硅谷工作，这些都证明了他的实力。总之，他是一个冉冉升起的明星。

在美国，凯文经常受到别人的称赞，可他总感到有些尴尬。在华人文化中，谦虚是一个根深蒂固的品格。通常，不论受到何种赞美，人们总是习惯礼貌性地推辞、转移话题。即使当一个人的成就已经得到了多数人的认可，他仍要将这些获得的赞誉"归结"于其他人——从导师到家人。

在新公司的第一次项目会议上，高级项目经理称赞赏凯文先前的成就，并表达了对他的高度期待。这位高级项目经理转身面向凯文，那一刻，会议室里所有人都在看着他，但是这位年轻的团队领导发现，自己又一次处于尴尬、不舒服的状态中。虽然他已经在西方生活多年，但还是不知道如何在这种情境中游刃有余地自处。

那么，凯文应该如何回应呢？

解决方式：美国式的标准答案，往往是一句简单的"谢谢"，或者评论一下工作，但这种方式不符合凯文的文化习俗。在中国文化中，一般人通常会回应"我很幸运"或者"这要归功于我的父母和老师"。西方人却觉得，这种表达方式是"不真诚"的。

那一刻，凯文过去截然不同的东西方生活经历汇聚到了一点。他停了一两秒，点点头，简洁地答道："您人真好。"他的回答适合贴切地平衡了两种文化，是一种微妙又深刻的"文化双融"的表达方式。

启示：要在一个异于过去生活经历的文化中"做自己"——既要适应新环境，又要保持原来的自我，需要知道如何应对文化习俗中那些"不舒适"的情景。文化双融的关键在于"和而不同"，在看似不相容的差异也能和谐共存。

在商业领域，文化双融包括地缘经济文化（如东方与西方、全球与本土）的持续整合。从更广的层面来看，文化双融涉及一系列对立情况的相融。

就文化双融的视角而言，如果能够了解与欣赏另一种文化，然后相互桥接、融合，任何两个体系都能超越它们之间的差异。

在当今的全球化环境中，这种思维方式比以往更为重要。对立会引发不安、紧张，文化双融则是解决这类问题的有力方式，不仅是在组织中，更是在这个日益互联、相互依存而又分裂的社会中。

| 第18章 |

文化双融

乐高如何在好莱坞舞台上赢得机会

原文出处 Chen, Ming-Jer and Jenny Craddock, 2017, "Lights, camera, Lego: How an 'active play' giant took a chance on Hollywood", The Washington Post, October 20.

核心问题：2008年，数字娱乐和以玩具为主角的电影呈现逐步增长的趋势，对具有代表性的丹麦玩具制造商乐高（Lego）构成了威胁与挑战。乐高思考着是否要与华纳兄弟公司合作，以品牌电影的形式进行第一次电影发行。最后，乐高以一种文化双融的视角，即通过有效融合不同文化的精华，来思考在新的全球化情境下拓展公司业务对企业结构的可能性影响：这让乐高能够审视自己的积木在电影中的呈现，到底是一个高风险的挑战，还是一个千载难逢的机会。

案例分析：尽管好莱坞制片人认为一部电影在南加州开始和完成是很常见的，但偶尔也会有那么一个充满前景的项目，让他们不惜花时间飞到另外一个国家，试图催生一部好电影。这就是在2008年发生的事情，当时华纳兄弟制片人林丹（Dan Lin）和编剧凯文·哈格曼（Kevin Hageman）二人前往丹麦比隆的乐高总部，邀请乐高CEO乔根·维格·克努德斯托普（Jorgen Vig Knudstorp）共同创作一部乐高电影。

这已经不是乐高第一次收到来自好莱坞的电影拍摄邀约。事实上，多年来乐高已拒绝许多导演和制片人制作乐高电影的邀请。然而，这次情形略有不同。林丹是从观察他的小儿子玩乐高积木时得到了灵感与启发，电影的构想主轴是一个由积木搭建的太空飞船，而电影的卖点则是所有场景由动画呈现，由真实演员表演，而且电影中的所有东西都用乐高积木组合而成。

林丹邀请之际，正是数字娱乐大好之时，许多人认为这将对传统玩具行业造成威胁。在这样的背景下，"主动参与"（active play）的战略应运而生。此时的乐高已经是一个成功的玩具制造商，虽然它几年前曾濒临破产，但目前正逐步复苏中，2007年的营收增长率接近20%。通过专注于核心的组合性产品，并鼓励孩子们主动参与，乐高将自己从破产边缘拯救回来，但这种战略与制作电影的冒险想法相比，存在潜在的冲突。同时，另一家玩具公司孩之宝（Hasbro）于2007年推出了动画片《变形金刚》，该电影虽然为派拉蒙和梦工厂成功创造了票房，但并未反映在玩具销售上。孩之宝公司的年度报告也显示，2007年和2008年的节日销售成绩令人失望，这更提供了一个反面案例。此外，华纳兄弟公司还要求乐高提高研发和市场营销的资金投入，这有可能损害其品牌或声誉，而且可能无法挽回。那么，投入电影制作是否风险太大，无法承担？

解决方式：正如克努德斯托普所预期的那样，他处于乐高长期战略性增长计划的初步阶段，预计的增长将来自对生产能力、销售和营销投入的增加。把乐高电影视为战略计划中的营销机会，有助于解开克努德斯托普对于这种情况的两难选择——把一个未知的不确定性转化成新的增长机会。克努德斯托普最终同意合作拍摄一部乐高电影，该于2014年2月发行。"乐高电影"融合了真实演员、乐高角色和笑话，吸引了许多年轻观众和家长。这部电影不仅为2014年美国国内票房创造了2.5亿美元的收入，（华纳兄弟公司该年度最成功的专案），而且带动乐高玩具在当年的销售额增加了15%，让乐高首度超越美泰（Mattel），成为全球最大的玩具制造商。2015 年，乐高还参与了另外三部电影的制作，其中两部已经上映。

启示：未知的创新及外部环境的变化，都会挑战整个行业，而且几年前濒临破产的威胁更可能会让许多高管偏向以安全及规避风险的方式来面对挑战。以文化双融的视角可以帮助企业将挑战转化为机会。

| 第19章 |

中庸之道在
企业中的应用

原文出处 Chen, Ming-Jer (2001). The Middle Way: A Holistic Perspective on Time and Performance. Inside Chinese Business: A Guide for Managers Worldwide (pp. 85-102), Boston: Harvard Business School Press.

相互依存的对立概念植根于中国语言中。不少常见的中文词语由两个意思相反的汉字组成:"多"和"少"合起来的"多少"表示数量;"矛"和"盾"二字组成的"矛盾"意为冲突;"内"和"外"两个字相连表示"到处"。

"China"意为"中国"。"中国"一词的字面意思是"中央之国"。"中央之国"是具有哲学意义的,它指的是"居中"的原则,即保持平衡和完整的生活观与世界观。"中"字浓缩了孔子"中庸之道"的精髓:允执厥中(避免走极端,保持温和的立场)。老子,作为孔子的前辈、道家创始人,同样也在其哲学思想中提出了"中庸之道"。

这种基于儒家哲学的价值观取向对中国商业界产生了广泛的影响。例如,1999年被英国《金融时报》评为"全球最受尊敬的30位商业领袖"之一的海尔集团CEO张瑞敏,承认他的管理哲学和践行深植于老子、孔子和孙子的哲学(Paine and Crawford, 1999);在20世纪90年代末,中国最大的方便面企业顶新集团在天津建立了一个以整体论为导向的高管培训中心,在那里，高管们定期参加旨在平衡和协调体内能量流动的太极课程。

本章将详细阐述"中庸之道"两个不可分割的面向——整体论和悖论，并说明它们与中国商业行为的关系。理解了整体论，也就能认识中国对于绩效的观念。同样，理解了悖论，也能更好地理解中国商业行为中某些看似矛盾的方面。同时，我们将看到，整体论和悖论与中国人的时间观念如何紧密相连。

19.1 整体评估

从哲学角度来说，中西方的世界观在许多方面是对立的。自苏格拉底之前的德谟克利特以来，西方传统总体来说通过剖析、分裂或原子论，来理解宇宙是如何运作的。西方思维方式的主要特点是分析方法，把现实的碎片看作单独的研究对象（实际上，"分析"这个词的希腊词根表示"解开"或"分裂"）。这一传统在现代西方医学中得到了体现，例如，它倾向于单独分析身体器官以确定其功能，即将身体分解成几个部分，用以理解整体。

相比之下，中国人则采取了一种"综合"的观点，即从社会、经济或生物的综合角度来考虑它们之间的关系。这种观点也可以称为"整体论"：把单个元素视为一个更大整体中不可分割以及与整体相互依赖的部分。商业作家朱津宁解释说："在亚洲文化中，商业、精神、人际关系和战争艺术（来自《孙子兵法》）之间没有区别。生活的每个方面都是相互联系的。"（Lim，1999）与西方单独对待各种疾病不同，中医力求使人体的各个部位达到平衡。例如，在传统的反射疗法中，脚上不同的穴位被认为会影响头部、胃部和背部。用中国成语说就是"牵一发而动全身"。

陈文雄（Winston Chen）全面阐述了平衡和整体论应用于实际企业运作的方法。陈文雄是一名居住在美国的海外华人，旭电科技公司的老板。旭电科技公司被《商业周刊》评为全球第三大 IT 企业，2000 年的市值为 240 亿美元，1999 年的销售额为 94 亿美元。他把自己的成功归功于将孙子"平衡"哲学思想运用于自己公司的管理。对于陈文雄来说，"道"（正确的方式）意味着强调员工关系和共同目标，"天"（上天或和谐）等同于及时适应环境的变化，他把"地"（环境）解释为战略定位，而把"将"（领导者或领导力）解释为寻找最好的人。最后，"法"（方法）则包含制定明确的政策和管理制度的重要性。陈文雄的释义强调了事物各部分之间的相互关系，以及各部分之间实现动态平衡的需要。

另一个整体论的例子是中国香港的利丰集团，该公司是全球供应链管理的典范。利丰集团在其自身运营和与客户及供应商的关系中，实现了各项职能的几乎无缝整合。利丰集团最初是西方零售商和批发商的采购代理，现在为客户提供广泛的服务。在服装行业，它为华纳兄弟和沃尔玛等客户管理整个采购流程。虽然公司本身不生产，但它与处理每个不同生产步骤的工厂有着广泛而密切的联系。利丰集团安排专家与美国和欧洲客户合作，为每个客户指派自己的"销售经理"，为每个客户的订单找到最佳的生产流程，并从头到尾监督每项工作。因此，该公司在一个复杂的生产过程中整合了许多较小代理商的活动。无论是在总部还是在实际的客户服务中，整合（信息、连接和技术各方面）都是利丰集团成功的关键因素（Magretta, 1998）。

19.1.1　中和

中和，即"平衡的和谐"（相当于汉语中的"整体论"），是儒家哲学中实现繁荣的前提条件。孔子在《中庸》中提出"致中和，天地位焉，万物育焉"。中国文化高度重视"以和为贵"，这是儒家思想的核心（Cauqueline, Lim, and Mayer König, 1998）。为了达到中和，个人被期望服从于家庭的利益（扩展到事业的利益），遵循"中庸之道"的精神。

道家主张中和是"无为"的产物。值得注意的是,"无为"并不是鼓励被动,而是暗示着一种对自然事件变化的沉思、让步,或与之和谐相处。许文龙就是一个很好的例子,他是中国古代哲学家老子"无为"思想的坚定拥护者。在他的公司成为世界上最大的 ABS(丙烯腈-丁二烯-苯乙烯)制造企业之前,许文龙只有星期一在办公室工作,他每周花两天时间钓鱼以保持平衡中和的生活。如果无为真的是被动的,或者说"不行动",那么他就不可能建立起自己的财富和商业帝国。

一个中和的系统会在分歧的两端之间取得平衡。中国人对平衡的理解不是静态的(平衡一旦达到,就会无限地保持),而是动态的(需要不断地调整和适应)。老子认为水是灵性与适应性的象征,因为环境本身是不断变化的,任何改变都需要系统性调整,灵活性和开放性被认为是非常重要的优点。

专栏 19-1 Harmony 中的"Harm"与 Holism 中的"Holes":批判观点

从西方观点来看,儒家的中和思想可能并不理想——过分尊重整个群体或事件的"自然"变化,意味着个体要克制对群体的批评,即使这些批评是有益的。保持中和也可能意味着服从权威,而非坚持深思熟虑后的质疑和重新评估现状。

此外,虽然在西方,尤其是在西方新时代的论述中,有很多人提到整体论,但值得注意的是,对于中国人来说,整体论并不等同于整个社会或整个世界。许多批评家认为,儒家的中和与整体主义原则只适用于个人有强烈依恋的社会部分,即家庭、城镇或家族企业。因此,整体论并不一定表明,中国商人对世界的看法与西方商人相比更加富有同情心。很遗憾,通常情况恰恰相反。正如研究亚洲企业的作家兼评论员迈克尔·巴克曼(Michael Backman)所写:"尽管许多人持相反观点,但以自我为中心是亚洲社会的

一个显著特征。只是这里的'自我'大多是家庭或宗族，而不是个人。"（Ho, 1999）

资料来源：a Michael Backman, *Asian Eclipse: Exposing the Dark Side of Business in Asia* (Singapore: John Wiley and Sons [Asia], 1999), 18.

中国人在生活的各方面寻求中和与平衡。儒家思想告诉我们，一个有能力管理自己的人，也有能力管理自己的家庭、国家甚至整个世界。换句话说，所有管理工作所需要的技能基本上是相同的。从商业角度来看，个人层面的成长有望为公司带来更大的成功，因此，管理良好的企业始于管理良好的个人和家庭。这种思维方式意味着中国人会寻找社会、个人和职业之间的共同点，中国式的成功就是扮演好所有这些角色。《时代周刊》1996年度风云人物何大一这样评价道："我可能是一个睿智的学者、一个著名的商人，或者是一个好父亲和好丈夫，但在我成功扮演了所有这些角色之前，我还是没有成功。"（Ho, 1999）

专栏 19-2　代代相传的平衡

在整个大中华区，各种各样的创新标志着人们在努力平衡旧的价值观与现代世界的需求。"五代公寓"的增长就是一个例子，这种多层建筑为每个家庭提供独立的空间，但同时也让每个人住在一个屋檐下。通过这种方式，现代西方关于隐私的观念与中国传统照顾父母的道德义务得以结合。

建筑中的传统美学与理念也对西方产生了影响。这是中和的另一种表现，基于个人与宇宙融合的理念，中国人传统上会秉持天人合一的理念来决定在哪里建房，房子应该朝哪个方向，家具应该如何摆放。19世纪末，当铁路和电报线在中国农村建立时，许多中国农民抗议，铁路线隔断了人与自然的联系。如今，这种理念在大中华地区仍然具有一定的影响力，许多在亚洲的西方公司对此也开始认真对待。大通曼哈顿银行的一位前高管表示："这种理念下的选址就像是一项工程勘测……你就得这么做。"一些公司甚至认为，如果企业选址与布设不符合天人合一的美学与哲学原则，会损害业务："位于中国香港的大通曼哈顿商业银行曾因此陷入困境，直到咨询了一位传统选址专家。"

19.1.2　关于绩效

专栏 19-3　美国的风水

在美国，唐纳德·特朗普聘请了一位风水专家，就其位于纽约市的特朗普国际酒店和特朗普大厦的布局与设计进行咨询。专家建议建筑的入口面对中央公园，以达到与自然的平衡。

《财富》杂志称："对加利福尼亚州普莱森顿的开发商庞德罗萨（Ponderosa Homes）来说，风水似乎奏效。"庞德罗萨在加利福尼亚州弗里蒙特的一个开发项目中建造了 15 套价值 65 万美元的住宅，由于无法出售其中的 5 套，他们咨询了一位风水专家。在风水专家的建议下，庞德罗萨用曲线步道取代了直线步道，把长方形的前院变成圆形，然后在三个月内就卖掉了那 5 套房子。

资料来源：Enid Nemy, "Where the Room Is the View," *New York Times*, 22 September 1994; Sandra Kirsch, "Wind and Water as Business Builder," *Fortune*, 10 August 1992, 12.

正如风水是在无生命事物之间寻找中和关系一样，中国企业在社会经济关系中也注重中和与平衡。中国人认为宇宙中的一切事物（包括家庭、企业、国家）都包含着相互竞争的倾向，必须保持平衡——既寻求融入更大整

体的一体化，又有保持个性的自信（Capra, 1982）。"和为贵"的思想植根于中国人历史上为生存对合作的需求。用拥有西方哲学博士学位的董云虎的话来说，"西方强调个人和个人权利；我们强调个人与集体之间的融合关系"。从商业角度来看，这意味着任何企业都必须维护自己的独立性，并满足整个社会的要求，这样才能兴旺发达。

这就解释了为什么中国企业认为保持群体的和谐至关重要。中国香港一位家族资产达数十亿美元、位列富豪榜的商人的儿子，在被问及他父亲企业的文化和内部运作时谈道："如果我要花2亿美元收购一家公司或者进行商业投资，我可能不需要经过我父亲的同意。但是，如果我想起诉某人，不管对方显得多么无足轻重，我都必须先和父亲商量一下（Wang, 1997）。在中国人的关系脉络中，没有人是无足轻重的，即使是得罪一个不认识的人，也可能会破坏整个社会群体关系网络的稳定。

认识到这种对社会和谐的敏感性，是理解中国人对企业绩效态度的关键——全局优先于个体。如果用戏剧来比喻，演员、导演和幕后工作人员之间的关系必须非常和谐，所有参与者必须一起分享成果。中国人认为一部戏的"明星"不是单个演员，而是整个作品的制作过程和整体效果。各个角色演出不是为了个人的荣誉，而是为了群体的稳定性和连贯性。在商业领域，中国人评估绩效的方式是从一家公司的多方面进行评估，而不是以个人的成就为中心进行分析、逐项评估。在评估其业务时，中国公司可能会问：员工之间是否和谐？每个人都在随着业务的发展而成长吗？公司的员工是否认为奖励是公平分配的？

相比之下，西方公司在评估绩效时往往会强调更严格的指标——净利润或销售额、利润率和每股收益。在评价管理状况时，西方企业注重员工的流动率和工作满意度等因素。这种个人绩效评估的结果具有清晰且客观的优点，但如果没有适当的奖励机制，就会降低团队和谐与合作的效率。

由于中国企业集团对社会和谐的关注，相比西方企业，它们不太会随意出售一家无利可图的子公司。当这种情况出现时，企业集团的经营者会考虑他们与运营子公司的人的关系。如果这些运营子公司的人过去对公司做出了实质性贡献，或者与公司老板或领导有很强的社会关系，公司将会努力挽救该子公司；或者，如果子公司为企业集团提供了未来商业机会的有利定位，即使它亏损也会被保留。

类似模式也出现在公司之间的关系中。一个公司可能愿意向一个固定的供应商支付更高的价格。例如，如果该供应商是其业务网络的成员，尽管公司在某笔交易中赚的钱可能会少，但人们觉得现在吃的亏会在未来某天或以某种（通常是非货币的）方式让你得到回报。换句话说，对许多中国企业来说，将每笔交易的利润最大化并不是最优先考虑的问题。根据中国香港九龙仓集团吴光正的说法，这意味着一个有价值的项目不会立即获得回报："你永远不会为了美化利润表而出售东西，回报是发生在今年还是明年并不重要"(Kraar, 1994)，和合伙人一直保持好开放和积极的关系才是重点。

19.1.3　整体时间观

中和关系的价值与中国哲学世界观的一个要素——对时间的"整体"看法——密切相关。从长远来看，时间可以融入更大的整体，强调时间的联系而不是孤立的时刻。中国传统的生日观念说明了这一点：中国婴儿出生的时候已经被认为是一岁，因为在母亲子宫里度过的时间包含在一个人的年龄里。这种扩展的计算时间的方式微妙地与整体的、基于关系的感性联系在一起：一个人的年龄是"个人"身份的一个组成部分，它始于与母亲的缘分（而非与母亲的分离）。

中国人对时间的整体观念在一定程度上源于悠久的农业传统。事实上，直到1911年孙中山发动革命，中国官方仍然使用农历来测量时间。这个传统日历实际上仍在使用，并与现在的官方公历一起存在。与公历（以无限序列计年）不同，中国传统历法以每年为周期来衡量时间。在中国，轮回转世的佛教教义强化了时间轮回的观念。根据这一点，一个人在来生可能会得到今生没有得到的东西，过去的错误行为可能会对现在产生影响。

从这个角度看，事件的发生并不一定循序渐进。相反，它们周期性地展开：没有什么损失、得到或超越，而只是重复。成功和失败占据了同一个循环的顶部和底部。过去引领我们来到现在，而现在是未来的开始。未来，不管有多远，都源于当下的行动，无论它多么渺小。事实上，在汉语中没有表达过去和未来的时态。时间的三个维度始终是存在的，只有通过上下文才能区分。

专栏 19-4　时间对中国人意味着什么

凡星（Fan Xing）就中国的时间观如何与西方的时间观相背离给出了如下解释。

中国人倾向于传统，他们的心态和行为都深受过去文化价值观的影响。而在由不断变化塑造而成的国家里，比如美国人，他们视时间为稀缺资源，几乎每分钟都保持着精确的日程安排。对他们来说，时间意味着效率和行动价值，因此要精心安排，以实现个人或组织目标。中国人基于他们的生活哲学，把时间看作永恒的过程。那么紧张的日程有什么意义？水稻将按季节而不是按分钟生长，太阳将日复一日地升起。真正重要的是，如何使每天生活变得自然和愉快。如果一个人总是被时间压得喘不过气来，怎么能得到好的生活质量呢？中国人认为每一种体验都是不同的、独特的，而不是以线性方式累积的。观察停歇在荷花花瓣上的青蛙，那一刻是一种值得沉思默想的美丽，一件不能丢弃的东西。根据中国的文化价值观，生活中最大的回报就是从生活环境的熏陶中得到精神上的充实和宁静。时间是宝贵的,有时它被用来得到人类的最终回报;时间是灵活的、可重复的,不管现在的企业有多想与之抗衡。

资料来源:Fan Xing, "The Chinese Cultural System: Implications for Cross-Cultural Management," SAM Advanced Management Journal 60, no. 1 (1995): 19-20.

在中国文化中,时间被认为是循环的,事件经常被表示为是共存的,而不是在因果行动链中相互跟随。当事件没有因果联系时,人们就更会思索各种可能性,因为在某种意义上,一切可能都是"存在的"。这种对待时间的态度的负面影响是,它可能会导致缺乏问责机制。

此种将时间视为周期性、弹性和开放式的文化,更倾向于以群体为导向,强调发展或维护关系,而非单纯地完成任务。在这种文化当中,人们就算取得财务方面的成功,也不会随着时间的推移,获得一个优越的社会地位,所以在这种文化中的人很少是"单向思维的",他们会对人际事务和专业事务给予同等的关注(甚至更多)。在业务方面,他们将同时处理多个任务,并按照自己的时间需求管理每个项目,而不是遵循单一的议程。人类学家将这种文化称为多元的、长期的或"多时间的"文化,并将其与单一文化或"一次性文化"进行对比。后者倾向于个体主义和分析主义,他们对时间的看法是线性的、分割的、以最后期限为基础的(deadline-based),他们注重一次只做一件事(Hall and Hall, 1989)。

这种差异对商业有着广泛的影响。例如,在一个工作日,中国经理人的成就似乎不如美国经理人。然而,从多元角度来看,单纯以结果来衡量绩效过于简化了。多元文化的人不仅关注任务本身,而且关注所涉及的人、完成任务的过程等。如果一个中国员工被问道:"你今天完成了什么工作",他的回答很可能包括具体任务以外的事务。对中国人来说,他们可能为自己制定了一个目标，但同时存在许多其他目标。

从中国人的角度来看，时间和计划必须保持开放性与适应性，因为关系有其不可预测性，一旦出现改变就必须随机应变。例如，中国人和美国人在非正式谈话中分配的时间长短差别很大。美国人不太愿意在工作中随机应变，为了计划外的讨论而临时改变日程安排。相比之下，为了适应这种情况，中国人上班或参加社交会议可能会迟到。事实上，如果一个熟人看上去因为急着要离开某个地方，而抽不出时间来谈论业务和个人事务，中国人可能会感觉被深深地冒犯。因此，中国和美国企业对于日程安排的详细程度非常不同。在美国，事情的进展必须按照计划日程安排进行，但在中国，计划日程安排必须跟着事情的进展，这并不是一种夸张的说法。

19.2 "悖论"

> 我学会了开阔自己的眼界，就如同无限宇宙一般，这样就给思索矛盾提供了空间。
> ——汤亭亭（Kingston, 1975），《女战士》

就像汤亭亭这句话所暗示的，协调对立可能只是采取更广泛的角度来看问题。事实上，到目前为止，我们所讨论的"整体性"和长期时间观，是中国哲学世界观中另一个要素——接受矛盾——的关键基础。正如阴阳所形象地反映的那样，中国人认为对立双方其实相互包含，共同形成一个动态的统一。对于那些想要了解中国人思维方式的西方人来说，需要将"非此即彼"的框架改变成"两者并存"的框架，理解对立面是相互依存的而不是相互排斥的。外国人常常抱怨中国人的行为令人困惑，甚至认为中国人优柔寡断，这往往是误解了一种"接受矛盾"心态的结果。

当海尔集团CEO张瑞敏研究中国经典文学来发展个人和商业理念时，

他在老子创立的学说中发现一个中心原则，即悖论思想："天下之物生于有，有生于无。"矛盾概念整体也可以基本理解为老子对"无为"（妥协）和它的反义词"无不为"（做一切）的联合使用，人们通常将"无为"定义为"不行动"，而忽视了这种与"无不为"（行动）相对立的相互依存关系。

19.2.1　危机：危险-机会

最著名的中国悖论也许能从"危机"这个词中体现出来。由"危"和"机"两个字组成的"危机"，体现了中国人对逆境与改变的深刻理解。从中国人的角度来看，危机并不是一个不可克服的问题，反而是转变的一个方面，显示出悖论思维如何引导人们采取合适的行动。1998年下半年，许多西方经济分析师指出，危机的观点让很多中国企业迅速认识到亚洲金融危机后出现的机遇，并从中获益。

亚洲金融危机爆发后，中国香港太平有限公司迅速采取的商业行动就是一个很好的例子。在危机中发现机遇，太平有限公司重新专注于核心业务，进入新的高增长领域，并成功地将自己重新定位为一家全亚洲的领先企业。在亚太地区，数十家中国企业，无论规模大小都采取了类似的举措——充分利用新机遇。在泰国，一家名为联合拍卖（United Auction）的公司发现了一个蓬勃发展的新市场——拍卖在危机期间被收回的汽车。联合拍卖公司的规模后来扩大了两倍，成为泰国最大的拍卖商。一家电脑零售商在二手电脑市场上看到了新的商机，在新电脑销售额下降40%的一段时间里，这家公司的收入仅7个月就翻了一番（Mertens and Hayashibaro, 1998）。

冯家权（K. K. Fong）的一指通网络（I-One.Net）提供了另一个在危机中寻找机会的例子。20世纪八九十年代，冯家权将一家名为速印（Xpress Print）的小印刷厂，打造成了世界上最大的金融研究报告印刷商之一。然而，在亚洲金融危机之后，研究报告是企业削减成本的首批项目之一，冯家权的业务量下降了50%。此时，冯家权并没有缩小规模，而是采取了积极的方式，重新规划自己的业务，把公司名称改为一指通网络。从那时起，冯家权开始涉足各种互联网业务，他说他的目标是成为亚洲版的雅虎（Dolven，1999）。

19.2.2　快慢有节

报道东西方商业互动的文章在讨论到对时间的看法时，通常讨论"长期"和"短期"导向的差异，前者描述的是中国商业交易，后者则是西方商业交易。这些术语通常与"缓慢行动"和"快速行动"联系在一起。事实上，长期目标既包括快速行动，也包括缓慢行动。"危机"的思维敏捷的特点，只能在更全面、更长远的视角下出现。这个观点可以概括为"时机合适"，这意味着耐心等待或迅速行动抓住机遇。正如马云所说，"领导者必须跑得像兔子一样快，又要像乌龟一样有耐心"（Doebole，2000）。

许多中国商人是实干家和企业家，行动迅速。例如，他们进行现金交易的原因之一，是为了保持执行紧迫交易和快速决策。此外，许多中国公司的灵活性和较小规模允许其拥有机会主义思维和快速行动，从而使它们区别于较大的竞争对手。台湾一家电子公司发言人表示："我们无法制定标准，也无法承担巨大风险，但一旦制定了标准，我们有能力以更快的速度、更低的成本开发出领先产品（Williamson，1997）。"

事实上，耐心与速度相结合的能力是中国传统企业的最大优势之一。很多公司都在等待市场时机，寻找机会，然后迅速进入。1980年，台湾的洪银树（Alex Hung）创立了制造计算机小型冷却风扇的建准电机工业股份有限公司（Sunonwealth Electric Machine Industry，简称"建准电机"），当时的大型制造商IBM、西门子和奥利维特（Olivetti）都不愿接受建准电机所供应的节能风扇设备。因此，洪银树一直等到20世纪90年代。当时的计算机制造行业竞争加剧,制造商对建准电机所提供的节能设备产生了更强烈的需求。洪银树迅速重返市场,到1997年,建准电机公布税后利润为550万美元,较上一年增长92%,大多数台湾制造的计算机都使用其制造的风扇设备。

在亚洲金融危机的背景下,快慢结合帮助许多公司找到了机会。周期性的时间观使中国企业能够以全面的视角看待这场危机,并以非线性的方式看待这一事件。在它们眼中,这场灾难是经济周期循环的一部分。与此同时,它们并未将这种耐心转化为顺从或自满,而是转化成了迅速抓住机会的短期战略。中国企业的短期能力是长远眼光的一个重要"对立面",两者相结合才能从"整体"的角度看待中国的商业时间和时机,并有助于理解许多中国企业采用的看似矛盾的战略。

19.3　总结:保持平衡

"中庸之道"哲学的关键要素之一是寻求自我与他人之间的平衡。这两者并不是完全对立的,而是组成了一个更大的整体。这种哲学对于思考全球化和东西方关系特别有帮助,因为除非一个人对自己的文化和传统(无论是200年还是5000年的历史)有深刻了解,否则他不可能完全欣赏和尊重另一种文化。事实上,在发展全球性的观点时,必须先从自己的观点和信念出发,然后再去理解对方。

自我与他人整合的概念具有广泛的含义,不仅因为它有助于理解中国的商业行为,还因为它是一个自我反省的机会。我们常常忽视跨越时间、跨越生活的多个层面,以及我们生活和事业不同方面的普遍真理。但是,当我们逐渐失去分辨其中的关系性,以及将所学到的东西应用到另一个环境中的能力时,这可能就限制了我们的潜力,扰乱了我们的生活。

的确，过度狭隘和只关注实时业务，有时会消耗我们太多的精力，让我们失去中国特有的对时间和绩效的看法。为了避免这种偏见，我一直牢记爱新觉罗·毓鋆老师20多年前指导我学习的中国哲学和古典文学。他对于平衡性、整体性的观点皆来自他对于时间和成就抱持一种长期性观点。毓老师是一位非常受人尊敬的中国知识分子，他曾写过几部作品，虽未出版，但对中国文学和历史有重大贡献。他还健在的时候，尽管他个人、学术声誉和他对工作的投入令人敬仰，但这位90岁的老师却坚决拒绝让他的作品公开发表，他的愿望是让历史来评判他的作品。如果他的作品在他离开人世后出版，它们将不得不依靠自身价值来得到好坏的评判。在他看来，在他的一生中获得专业认可或荣誉并不重要，真正有价值的是他的思想能经得起时间的考验。